Friedrich Gerhard Bolte

Die Nautik in elementarer Behandlung

Einführung in die Schiffahrtkunde

Friedrich Gerhard Bolte

Die Nautik in elementarer Behandlung

Einführung in die Schiffahrtkunde

ISBN/EAN: 9783954273270
Erscheinungsjahr: 2013
Erscheinungsort: Bremen, Deutschland

© maritimepress in Europäischer Hochschulverlag GmbH & Co. KG, Fahrenheitstr. 1, 28359 Bremen. Alle Rechte beim Verlag und bei den jeweiligen Lizenzgebern.

www.maritimepress.de | office@maritimepress.de

Bei diesem Titel handelt es sich um den Nachdruck eines historischen, lange vergriffenen Buches. Da elektronische Druckvorlagen für diese Titel nicht existieren, musste auf alte Vorlagen zurückgegriffen werden. Hieraus zwangsläufig resultierende Qualitätsverluste bitten wir zu entschuldigen.

Die Nautik

in elementarer Behandlung.

Einführung in die Schiffahrtkunde.

Zur Förderung des Verständnisses der Schiffahrt in weiteren Kreisen, sowie zum Unterricht an Lehranstalten.

Mit 90 vollständig gelösten Beispielen, 260 analogen ungelösten Aufgaben mit den Ergebnissen, nebst 88 Figuren, sowie Erklärung der Kunstausdrücke der Seemannssprache.

Bearbeitet von

Dr. F. Bolte,

Oberlehrer auf der Navigationsschule in

Stuttgart.

Verlag von Julius Maier.

1900.

Vorwort.

Infolge des gewaltigen Aufschwunges, welchen die deutschen Interessen der Seeschiffahrt in den letzten Dezennien erfahren haben, und welcher die deutsche Rhederei an die zweite Stelle der Seestaaten gerückt hat, ist das Interesse an der Schiffahrt und an den Mitteln ihres Betriebes immer reger geworden. Die Erkenntnis von der grossen Bedeutung der Schiffahrt in volkswirtschaftlicher Beziehung drängt sich immer breiteren Schichten der Bevölkerung auch im Binnenlande mächtig auf und stetig wächst die Anzahl derjenigen Personen, welche der Seeschiffahrt beruflich näher treten, sei es durch Unternehmungen und Reisen nach fremden Ländern als natürliche Folge der steigenden Teilnahme Deutschlands am Welthandel, sei es durch die Wahl des seemännischen Berufs in der Kriegs- und Handelsmarine. Schon heute beläuft sich die Bemannung unserer deutschen Kauffahrteischiffe auf etwa 45 000 Köpfe und bei dem in der allerneusten Zeit erwachten Bestreben, die Machtmittel unserer Kriegsmarine mit der Entwicklung unserer Handelsflotte zur Erhöhung von Deutschlands Seegeltung in Einklang zu bringen, ist mit Sicherheit zu erwarten, dass aus ganz Deutschland immer mehr seelustige junge Leute sich dem Seedienste widmen und so das Interesse am Seewesen in immer weitere Kreise bringen helfen.

Dem bei dieser Sachlage notwendigerweise hervortretenden Bedürfnisse nach Aufklärung über das Wesen und die Mittel der Schiffahrt soll das vorliegende Buch von seinem Standpunkte aus entgegenkommen, und zwar hat der Verfasser hierbei in erster Linie die Förderung des Verständnisses derjenigen jungen Leute im Auge, welche sich dem Seemannsberufe der Handels- oder Kriegsflotte widmen wollen, soweit die Mittel und Methoden der Navigationswissenschaften, die sogenannte Steuermannskunst oder Nautik, in Betracht kommen. Zur Erreichung dieses Zieles war es erforderlich, den Aufbau der Nautik auf eine in mathematischer Hinsicht elementare Grundlage zu stützen und sich den den Schülern unserer höheren Lehranstalten zur Verfügung stehenden mathematischen Hilfsmitteln anzupassen. Um aber den jungen Leuten ein Mittel zu bieten, welches sie befähigt, vor Eintritt in die Karriere selbst noch auf der Schule die Gesetze der Navigierung zu verstehen, ohne, wie bei den grösseren für Schiffsoffiziere bearbeiteten Handbüchern der Navigation üblich, die täglichen Verhältnisse der Seemannschaft an Bord und die Kenntnis der seemännischen Kunstausdrücke vorauszusetzen, musste naturgemäss auf die Erklärung dieser für das gesteckte Ziel unumgänglichen Begriffe in einer jedem Laien verständlichen Weise gebührende Rücksicht genommen werden, wozu die gewählte, für die Zwecke des Selbstunterrichts besonders geeignete Darstellung nach der Methode Kleyer eine vorzügliche Gelegenheit bot.

Der zweite Gesichtspunkt, welcher für die Bearbeitung der Nautik sowohl hinsichtlich des Stoffes als auch der Darstellung massgebend gewesen ist, ist der Wunsch gewesen, dem mathematischen Unterrichte an unseren höheren Schulen ein Anwendungsgebiet zugänglich zu machen und eine Fundgrube von Aufgaben erschliessen zu helfen, welche in besonders hohem Grade geeignet erscheinen, die immer allgemeiner zum Ausdruck gelangenden Bestrebungen der Vertreter des mathematischen Unterrichts nach Anpassung desselben an die wirklichen Verhältnisse des praktischen Lebens zu unterstützen.

Bereits in der Jahresversammlung des „Vereins zur Förderung des Unterrichts in der Mathematik und in den Naturwissenschaften" zu Braunschweig v. J. 1891 ist einstimmig der Wunsch ausgesprochen, dass „das System der Schulmathematik von vornherein, unbeschadet seiner vollständigen Selbständigkeit als Unterrichtsgegenstand, im einzelnen mit Rücksicht auf die sich naturgemäss darbietende Verwendung in Physik, Chemie, Astronomie u. s. w. und kaufmännischem Rechnen aufgebaut werden möge", und denselben Gedanken finden wir in einer Resolution wieder, welche derselbe Verein 1894 zu Wiesbaden angenommen hat: „Es ist dringend zu wünschen, dass in den zur Einübung und Befestigung des mathematischen Systems bestimmten Aufgabensammlungen die Anwendungen auf die Verhältnisse des wirklichen Lebens und der thatsächlichen Naturvorgänge eine weit grössere Berücksichtigung finden, als das zur Zeit fast überall der Fall ist." Dass für diesen Zweck gerade die Nautik eine Fülle von Aufgabenmaterial zu bieten vermag, hat Professor Richter auf der Jahresversammlung des Vereins zu Hannover i. J. 1899 in seinem Vortrage „die Berücksichtigung der Nautik im trigonometrischen Unterrichte" in eingehender Weise nachgewiesen. Die Erkenntnis von der vorzüglichen Verwertbarkeit der Nautik im Dienste der mathematischen Aufgabenstellung ist inzwischen so allgemein geworden, dass unter die Vorlesungen des mathematisch-naturwissenschaftlichen Ferienkursus in Berlin vom 4. bis 14. Oktober 1899 bereits ein Vortrag von Professor Schwalbe aufgenommen ist „Ueber die Berücksichtigung der Nautik im Unterrichte". Auch in den „Unterrichtsblättern des Vereins zur Förderung des Unterrichtes in der Mathematik und in den Naturwissenschaften" (Jahrgang V, Heft 5 und Jahrgang VI, Heft 1) wird die Heranziehung der Nautik für die Dienste des mathematischen und physikalischen Unterrichts besonders hervorgehoben und mit Recht schreibt Professor Schwalbe: „Wenn einzelne Teile der Nautik direkt angewandte Mathematik sind, so ist dies in fast ebenso hohem Grade bezüglich der Physik der Fall" und diese Behauptung wird an konkreten Beispielen schlagend illustriert.

Wenn somit die Art der nautischen Probleme für eine Befestigung des durchgenommenen mathematischen Stoffes als sehr geeignet anerkannt ist, und zwar gerade auf einem Gebiete, welches das vollste Interesse unserer Jugend in Anspruch nimmt, so mag insbesondere hinsichtlich der geographischen Ortsbestimmung hervorgehoben werden, dass für dieselbe eine Darstellung gewählt ist, welche auf der klaren, durchsichtigen Grundlage aufgebaut ist, dass jeder Höhenbeobachtung irgend eines Gestirns als geometrischer Ort eine gerade Linie entspricht, auf welcher sich der Beobachter zufolge jener Höhenbeobachtung irgendwo befinden muss, aus welcher sich dann ungezwungen die Bestimmung des Beobachtungsortes als des Schnittpunktes zweier solcher „Standlinien" ergibt.

Für die zahlreichen, den einzelnen Problemen sich anschliessenden Beispiele sind, den Bedürfnissen der Nautik entsprechend, und in Uebereinstimmung mit dem allen nautischen Beobachtungen zukommenden Genauigkeitsgrade, vierstellige Logarithmen gewählt worden.

Hamburg, September 1900.

Der Verfasser.

Inhaltsverzeichnis.

Die Nautik in elementarer Behandlung.
Zur Einführung in die Schiffahrtkunde.

	Seite
Nautische Grundbegriffe	1

Erster Abschnitt.

	Seite
Die Küstenschiffahrt	6
I. Die Methoden der Küstenschiffahrt	6
II. Die terrestrische Ortsbestimmung	7
a) Ein Objekt sichtbar	7
1. Entfernung eines Feuers in der Kimm	7
2. Abstandsbestimmung durch Messung des Vertikalwinkels (Höhenwinkels)	9
3. Abstandsbestimmung durch Doppelpeilung	10
b) Zwei Objekte sichtbar	15
1. Abstandsbestimmung durch Kreuzpeilungen	15
2. Abstandsbestimmung durch Peilung und Messung eines Horizontalwinkels	17
3. Abstandsbestimmung durch Messung eines Vertikal- u. eines Horizontalwinkels	20
4. Abstandsbestimmung durch abgestumpfte Doppelpeilung	25
c) Drei Objekte sichtbar	28
Abstandsbestimmung durch Messung zweier Horizontalwinkel. (Problem nach Pothenot)	28
III. Die Stromschiffahrt	34
a) Aufgabe und Inhalt der Stromschiffahrt	34
b) Fall I der Stromschiffahrt	35
c) Fall II der Stromschiffahrt	37
d) Fall III der Stromschiffahrt	41
IV. Das Jagdsegeln	47
V. Das Kreuzen (Lavieren)	53

Zweiter Abschnitt.

	Seite
Die Schiffahrt nach der Besteckrechnung	56
I. Die zwei Aufgaben der Besteckrechnung	56
II. Die Verwandlung der Kurse	58
a) Die Verwandlung vom Kompasskurs in missweisenden Kurs und umgekehrt	58
b) Die Verwandlung vom magnetischen Kurs in wahren Kurs und umgekehrt	61
c) Die Verwandlung vom Kompasskurs in wahren Kurs und umgekehrt	63
d) Die Abtrift	67

Inhaltsverzeichnis. VII

	Seite
III. **Das Meridiansegeln**	71
a) Die erste Aufgabe der Besteckrechnung beim Meridiansegeln	71
b) Die zweite Aufgabe der Besteckrechnung beim Meridiansegeln	73
IV. **Das Parallelsegeln**	74
a) Abweichung und Längenunterschied	74
b) Die erste Aufgabe der Besteckrechnung beim Parallelsegeln	75
c) Die zweite Aufgabe der Besteckrechnung beim Parallelsegeln	77
V. **Das Segeln auf einem Zwischenstrich**	79
a) Das Kursdreieck, die Rechnung nach Mittelbreite	79
b) Die erste Aufgabe der Besteckrechnung beim Segeln auf einem Zwischenstrich	81
c) Die zweite Aufgabe der Besteckrechnung beim Segeln auf einem Zwischenstrich	83
VI. **Das Koppeln der Kurse**	85
VII. **Das Segeln im grössten Kreise**	87

Dritter Abschnitt.

Die Schiffahrt nach astronomischen Beobachtungen 98

I. Wiederholungen der astronomischen Grundbegriffe	98
a) Das Koordinatensystem des wahren Horizontes	98
1. Aufgaben über Höhenreduktionen auf See	101
α) Die Sonne	101
β) Fixsterne	102
γ) Planeten	103
δ) Der Mond	104
2. Aufgaben über Reduktion von Höhen über dem künstlichen Horizont	105
α) Die Sonne	105
β) Fixsterne	106
γ) Planeten	106
δ) Der Mond	107
b) Das Koordinatensystem des Aequators	107
c) Das nautisch-astronomische Grunddreieck zwischen Zenith, Pol und Gestirn	109
d) Die Berechnung der Greenwicher Zeit und die Interpolation der Jahrbuchsgrössen	110
e) Die Ermittelung der Stundenwinkel der Gestirne	113
α) Die Sonne	113
β) Die übrigen Gestirne	114
II. **Die nautisch-astronomische Ortsbestimmung**	116
a) Die Höhengleiche als Grundlage der astronomischen Ortsbestimmung	116
b) Die Bestimmung der Breite durch Meridianhöhen (Meridianbreiten)	119
1. Höhen im oberen Meridian	119
2. Höhen im unteren Meridian	125
c) Die Bestimmung der Breite durch Höhen des Polarsterns	130
d) Die Bestimmung der Länge durch Höhen im ersten Vertikal (Chronometerlängen)	132
e) Die astronomische Standlinie (allgemeiner Fall)	139
f) Die Bestimmung der Breite und Länge durch zwei Gestirnshöhen. (Zweihöhenproblem)	144
III. **Die Bestimmung der Gesamtmissweisung und der Deviation des Kompasses**	151
a) Die Berechnung des wahren Azimuts eines Himmelskörpers	151
1. Durch Amplituden der Sonne	151
2. Bei Chronometerlängen	154
3. Bei der Berechnung einer Standlinie	155
b) Die Bestimmung der Gesamtmissweisung und der Deviation des Kompasses	155
IV. **Die Berechnung von Hoch- und Niedrigwasser**	157

Vierter Abschnitt.

	Seite
Die nautischen Instrumente und ihr Gebrauch	162
I. Der Kompass	162
II. Die Reflektionsinstrumente. (Oktant und Sextant)	165
III. Das Lot	170
Tafel 1. Sichtweite eines Feuers in Seemeilen für gegebene Augeshöhen	171
Tafel 2. Tafel rechtwinkliger Dreiecke (nautische Gradtafel)	172
Tafel 3. Verwandlung von Seemeilen Abweichung in Minuten Längenunterschied	181
Tafel 4. Verwandlung von Minuten Längenunterschied in Seemeilen Abweichung	183
Tafel 5. Zur Berechnung der Breite aus Höhen des Polarsterns	185
Tafel 6. Zur Berechnung der Breite und Länge aus zwei Höhen	186
Tafel 7. Amplituden	189
Druckfehlerverzeichnis	190
Ergebnisse der ungelösten Aufgaben	190
Verweisungsregister sowie Erklärung der in diesem Buche vorkommenden Kunstausdrücke der Seemannssprache	194

Abkürzungen.

N	Nord	1h	1 Stunde
S	Süd	1m	1 Minute
O	Ost	1s	1 Sekunde
W	West		
sml	Seemeile		
kn	Knoten		
m	Meter		
km	Kilometer		
cm	Centimeter		

Verweisungen auf Tafeln mit römischen Ziffern I, II, III u. s. f. beziehen sich auf das „Nautische Jahrbuch".

Verweisungen auf Tafeln mit arabischen Ziffern 1, 2, 3 u. s. f. beziehen sich auf die im Anhang dieses Buches beigegebenen Tafeln.

Die Nautik in elementarer Behandlung.
Zur Einführung in die Schiffahrtkunde.

Nautische Grundbegriffe.

Frage 1. Was versteht man unter Nautik?

Antwort. Unter Nautik im weiteren Sinne versteht man die Gesamtheit derjenigen Kenntnisse, welche den Seemann befähigen, sein Schiff möglichst sicher und schnell nach einem bestimmten Orte der Erde zu führen. Zur Erreichung dieses Zieles ist die Lösung zweier Aufgaben erforderlich, welche den Inhalt der Nautik im engeren Sinne ausmachen, nämlich:

1. für eine bestimmte Zeit den Schiffsort zu bestimmen, und
2. den Weg des Schiffes bis zum Bestimmungsorte zu ermitteln.

Erkl. 1. Das Wort „Nautik" stammt aus dem Griechischen und heisst Schiffahrtkunst. Die Nautik im engeren Sinne wird auch „Steuermannskunst" genannt.

Frage 2. Welche Kreise und Punkte auf der Erdoberfläche dienen zur Bestimmung des Schiffsortes?

Figur 1.

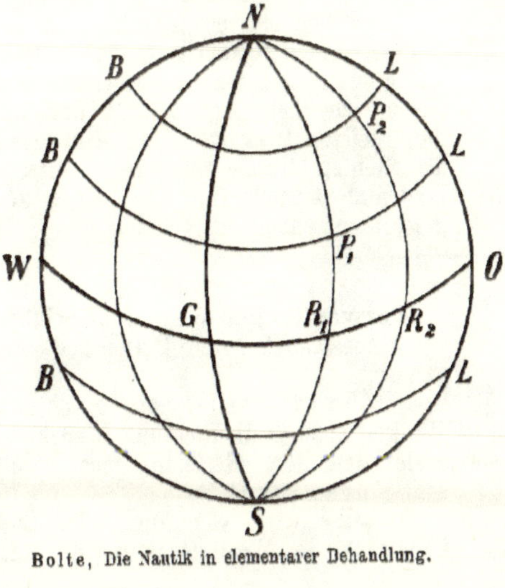

Antwort. Die Erde dreht sich um einen Durchmesser als Achse, die sog. Erdachse, von West nach Ost. Die Endpunkte der Erdachse heissen Pole, Nordpol (N) und Südpol (S). Denkt man sich durch die Erdachse eine Anzahl Ebenen gelegt, so schneiden diese die Erdoberfläche in grössten Kreisen, den sog. Meridianen. Eine durch den Erdmittelpunkt senkrecht zur Erdachse gelegte Ebene schneidet die Erdoberfläche in einem grössten Kreise, dem sog. Aequator, seemännisch auch „Linie" genannt. Alle anderen senkrecht zur Erdachse aber nicht durch den Erdmittelpunkt gehenden Ebenen schneiden die Erdoberfläche in kleineren Kreisen, den sogenannten Breitenparallelen. Der Aequator teilt die Erdoberfläche in eine

Erkl. 2. Die Gestalt der Erde weicht so wenig von der Kugelgestalt ab, dass man die Erde für die Aufgaben der Nautik als Kugel betrachten darf.

Erkl. 3. Durch jeden Ort der Erdoberfläche kann man sich einen Meridian gelegt denken, welcher für den Ort die Richtung Nord-Süd angibt; ebenso kann man sich durch jeden Ort einen Breitenparallel gelegt denken, welcher für diesen Ort die Richtung Ost-West angibt.

Erkl. 4. In Figur 1 stellen die Kreise NGS, NR_1S, NR_2S Meridiane, die Kreise BL Breitenparallele, OW den Aequator, N den Nordpol und S den Südpol dar.

nördliche und eine südliche Hälfte und ist überall 90° von den Polen entfernt.

Frage 3. Wodurch wird der Schiffsort bestimmt?

Erkl. 5. Man bezeichnet die Breite mit dem griechischen Buchstaben φ (gesprochen „phi"), die Länge mit dem griechischen Buchstaben λ (gesprochen „lambda").
Nord, Süd, Ost, West wird abgekürzt mit N, S, O, W bezeichnet.

Die griechischen Buchstaben:

α Alpha,		ν Ny,	
β Beta,		ξ Xi,	
γ Gamma,		o Omicron,	
δ Delta,		π Pi,	
ε Epsilon,		ϱ Rho,	
ζ Zeta,		ς σ Sigma,	
η Eta,		τ Tau,	
ϑ Theta,		υ Ypsilon,	
ι Jota,		φ Phi,	
$\varkappa$ Kappa,		χ Chi,	
λ Lambda,		ψ Psi,	
μ My,		ω Omega.	

Erkl. 6. Weil das Mass eines sphärischen Winkels der Bogen des grössten Kreises zwischen seinen Schenkeln ist, welcher 90° vom Scheitelpunkt entfernt ist, so kann man die Länge auch bezeichnen als den Bogen des Aequators zwischen dem Anfangsmeridian und dem Meridian des Ortes.

Erkl. 7. In Figur 1 hat der Punkt P_1 die Breite P_1R_1 und die Länge GR_1, der Punkt P_2 die Breite P_2R_2 und die Länge GR_2.

Antwort. Der Schiffsort wird bestimmt durch **Breite** und **Länge**. **Breite** eines Ortes ist der Bogen des Meridians zwischen dem Aequator und dem Orte; sie zählt vom Aequator nach den Polen von 0° bis 90° und hat den Namen **Nord** oder **Süd**, je nachdem der Ort auf der nördlichen oder südlichen Halbkugel liegt. **Länge** eines Ortes ist der Winkel am Pol zwischen dem Meridian des Ortes und einem bestimmten, als **Anfangsmeridian** angenommenen Meridiane; sie zählt vom Anfangsmeridiane aus nach Ost oder West von 0° bis 180°, so dass der Meridian von 180° West derselbe ist wie derjenige von 180° Ost. Als Anfangsmeridian sind mehrere Meridiane in Gebrauch. In der Nautik ist bei weitem am gebräuchlichsten der Meridian von Greenwich (bei London), da derselbe den meisten Seekarten und nautischen Tabellen zu Grunde gelegt ist. Deutschland hat denselben in der Nautik allgemein angenommen.

Frage 4. Wodurch wird der Weg eines Schiffes bezeichnet?

Erkl. 8. Näheres über den Kompass siehe Kleyer's „Lehrbuch des Magnetismus und des Erdmagnetismus" und den vierten Abschnitt dieses Buches „die nautischen Instrumente und ihr Gebrauch".

Erkl. 9. Früher gab man an Bord der Segelschiffe den Kurswinkel nicht in Graden,

Antwort. Der Weg eines Schiffes wird bezeichnet durch **Kurs** und **Distanz**.
Der **Kurs** wird bestimmt durch den Winkel, welchen die Richtung des Schiffskieles mit dem Meridian macht, den sog. **Kurswinkel**.
Derselbe wird von Nord oder Süd nach Ost oder West herum gezählt und

sondern in „Strichen" an, indem man den ganzen Horizont in 32 Striche, oder den rechten Winkel in 8 Striche teilte. Als Unterabteilung ist der Strich in 4 Viertel-Striche geteilt. (Siehe Figur 2.)

durch den Kompass gemessen, z. B. N 36° O, S 55° O, S 12° W, N 81° W.

Die Distanz wird bestimmt durch die Logge und in Seemeilen (1 sml

Die Namen der 32 Striche sind:

N	O	S	W
NzO	OzS	SzW	WzN
NNO	OSO	SSW	WNW
NOzN	SOzO	SWzS	NWzW
NO	SO	SW	NW
NOzO	SOzS	SWzW	NWzN
ONO	SSO	WSW	NNW
OzN	SzO	WzS	NzW

Hierbei wird ausgesprochen NzO: Nord zu Ost, NOzN: Nordost zu Nord u. s. w.

In neuerer Zeit tritt an die Stelle der Strichteilung immer allgemeiner die Gradteilung.

Figur 2.

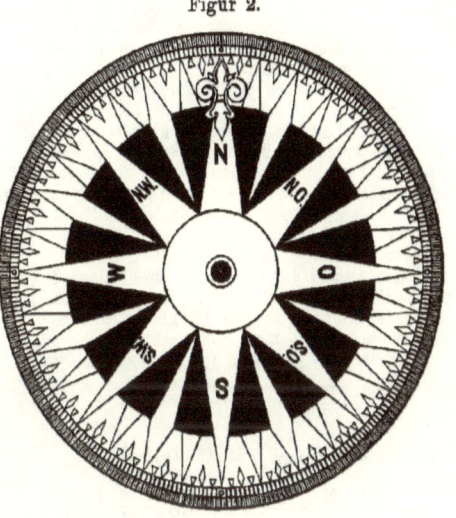

Figur 3.

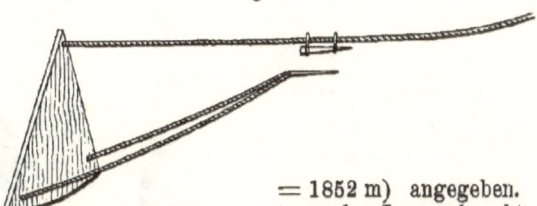

Erkl. 10. Um das Loggebrett nach dem Gebrauche leichter einholen zu können, ist die in Figur 3 erkennbare Einrichtung getroffen, dass durch einen kräftigen Ruck der Stift, welcher an den beiden vom Ende des beschwerten Kreisbogens abgehenden dünnen Leinen befestigt ist, aus einer an der Loggeleine angebrachten Hülse gezogen wird, wodurch das Loggebrett sich infolge der Fortbewegung des Schiffes horizontal legt.

Erkl. 11. Um das Loggebrett der nachsaugenden Wirkung, sog. Sog des Kielwassers zu entziehen, lässt man bei der Handlogge, ehe die Messung beginnt, einen Teil der Leine von etwa Schiffslänge, den sog. Vorläufer, auslaufen. Das Ende des Vorläufers ist durch eine Marke an der Loggeleine gekennzeichnet. In dem Momente, wo diese Marke durch die Hand des loggenden Schiffsoffiziers gleitet, ruft derselbe dem das Loggeglas hal-

= 1852 m) angegeben. Die Einrichtung der Logge beruht auf zwei verschiedenen Prinzipien: Bei der Handlogge (siehe Figur 3) ist am Ende einer langen Hanfleine ein Brett von der Form eines Kreisausschnittes, dessen Bogen mit Blei beschwert ist, so befestigt, dass dasselbe aufrecht im Wasser steht. Wirft man dasselbe am Hinterteil (Heck) des Schiffes über Bord und rollt dann entsprechend der Geschwindigkeit des Schiffes von der sog. Loggerolle so viel Leine ab, dass die Reibung möglichst vermieden wird, so lässt sich unter der Annahme, dass das Loggebrett im Wasser an derselben Stelle stehen bleibt, aus der in einer bestimmten Zeit ausgelaufenen Leine ein Schluss ziehen auf die in einer Stunde

tenden Matrosen das Kommando „turn" („kehr") zu. Wenn aller Sand ausgelaufen, ruft der Matrose „stop" („halt") und sofort verhindert der loggende Offizier durch kräftiges Zugreifen ein weiteres Auslaufen der Leine.

Auf den Umstand, dass bei den Kommandos „turn" und „stop" stets etwas Zeit verloren geht, ist die Einrichtung zurückzuführen, dass die Sanduhr anstatt $\frac{1}{4}$ Minute in der Regel nur 14 Sek. läuft.

Um beim Gebrauch der Handlogge der Aufgabe enthoben zu sein, aus der Länge der während der Laufzeit des Glases ausgelaufenen Leine, die stündliche Fahrt des Schiffes in Seemeilen zu berechnen, hat man durch eingebundene Knoten die Loggeleine in Abschnitte von solcher Länge geteilt, dass die Anzahl der während des Loggens durch die Hand geglittenen Abschnitte, der sog. **Knotenlängen**, gleich der Anzahl der in der Stunde vom Schiff zurückgelegten Seemeilen ist. Um z. B. für ein Viertel-Minuten-Glas die Länge der Knotenlänge zu berechnen, muss sich verhalten:

$$\tfrac{1}{4} \text{ Min.} : x = 1 \text{ Stunde } 1852 \text{ m}$$

oder in Sekunden:

$$15 : x = 3600 : 1852$$

$$x = 15 \cdot \frac{1852}{3600} = 15 \cdot 0{,}514 \text{ m}.$$

Weil es bei Annäherung an eine Küste aber weniger gefährlich ist, eine zu grosse Distanz zu loggen, als eine zu kleine, so rundet man 0,514 auf $\frac{1}{2}$ ab und gelangt so für die Einteilung der Loggeleine zu der Regel, dass bei den Knotenlängen für jede Sekunde, die das Glas läuft, $\frac{1}{2}$ m zu rechnen ist. So beträgt die Knotenlänge für

ein 14 Sekunden-Glas .   7,0 m
„   15   „   „   .   7,5 m
„   28   „   „   .   14,0 m
„   29   „   „   .   14,5 m

Auf diese Einteilung der Loggeleine durch eingebundene Knoten ist der Gebrauch zurückzuführen, die stündliche Fahrt eines Schiffes in „Knoten" anzugeben. Man sagt: „das Schiff läuft 10 Knoten."

zurückgelegte Anzahl Seemeilen. Die Zeit wird hierbei bestimmt durch eine Sanduhr, das sog. Loggeglas, dessen Laufzeit in der Regel 14 oder 15 Sekunden, seltener 28 Sekunden beträgt.

Da durch die Handlogge immer nur die Geschwindigkeit des Schiffes während der Zeit des Loggens ermittelt wird, so bedarf es besonders bei veränderlicher Windstärke und Windrichtung einer häufigeren Wiederholung, um die in einem Tage zurückgelegte oder gutgemachte Distanz mit einiger Sicherheit bestimmen zu können. Die so gefundenen Distanzen werden nebst den gesteuerten Kursen in das **Schiffsjournal** eingetragen.

Figur 4.

Figur 5.

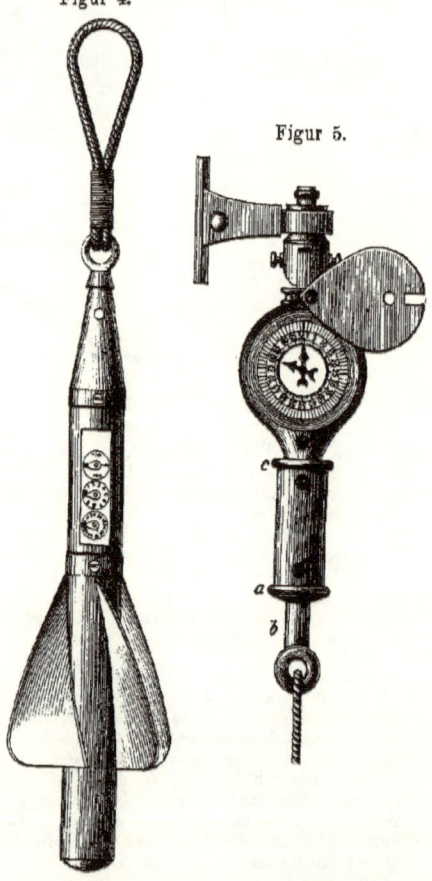

Erkl. 12. Die Patentloggen können eine doppelte Einrichtung haben. **Entweder** ist (Figur 4) die Schraube mit dem Räder- und Zeigerwerk an derselben Hülse befestigt; in diesem Falle muss die Logge vor jedem Ablesen erst „eingeholt" werden. Die so konstruierten Patentloggen heissen Schlepploggen. **Oder** die Schraube ist (Figur 5) durch eine längere Leine mit dem Räder- und Zählwerk, welches fest am Heck des Schiffes angebracht ist, verbunden. Diese Einrichtung

der sogen. Heckloggen gestattet, in jedem Augenblick, ohne Einholen der Leine, die seit der letzten Einstellung der Logge durchsegelte Distanz an Bord abzulesen.
Bei sehr langsamer Fahrt werden die Angaben aller Patentloggen unzuverlässig.

Erkl. 13. Eine Seemeile ist gleich einer Bogenminute auf einem grössten Kreise der Erdoberfläche. Da der Meridianquadrant 10 Millionen Meter lang ist, so ist:

$$1' = \frac{10 \text{ Mill.}}{90 \cdot 60} \text{ m} = 1852 \text{ m}.$$

Bedeutend bequemer ist die Anwendung der sog. **Patentloggen**. Die Einrichtung derselben besteht darin, dass eine am Schiffe an einer Leine nachgeschleppte Schraube mit vier oder fünf Flügeln durch die Bewegung des Schiffes in Rotation versetzt wird und dann diese Rotation durch ein Räderwerk auf ein Zeigerwerk überträgt, durch welches man die zurückgelegten Seemeilen direkt ablesen kann.

Frage 5. Wie wird die Nautik eingeteilt?

Antwort. Die Einteilung der Nautik entspricht der historischen Entwicklung ihrer Methoden. Sowie die ersten Anfänge der Schiffahrt auf die Navigierung in Sicht von Land beschränkt war, so werden im ersten Abschnitt der Nautik die Methoden der sog. Küstenschiffahrt behandelt, welche an der Hand von Karten durch Konstruktion oder Rechnung den Schiffsort durch terrestrische Beobachtungen von Landobjekten oder Seezeichen zu bestimmen lehren. Durch die Ausdehnung der Seeschiffahrt auf Reisen über das offene Meer ohne Sicht der Küsten wurde es notwendig, aus den seit dem Verlassen der Küste gesteuerten Kursen und den gesegelten Distanzen unter Berücksichtigung der Kugelgestalt der Erde die allmähliche Veränderung der Breite und Länge rechnerisch zu verfolgen und so für jeden Augenblick die erreichte Breite und Länge des Schiffsortes, das sog. „Besteck" des Schiffes, angeben zu können. Daher bildet die Lösung dieser Aufgabe den Inhalt des zweiten Abschnittes, der sog. Besteckrechnung. Wegen der in der Praxis unvermeidlichen Fehler in der Bestimmung des gesteuerten Kurse mittelst des Kompasses und der gesegelten Distanzen durch die Logge bedarf es aber einer beständigen Kontrolle des Bestecks durch astronomische Beobachtungen, deren Reduktion und Verwertung zum dritten Abschnitt, der astronomischen Nautik, gehört.

Erkl. 14. In den Seekarten ist alles das angegeben, was dem Seemann zur Orientierung dienen kann, also ausser dem Verlauf der Küstenlinie die charakteristischen Landobjekte, wie Feuertürme, Kirchtürme, Mühlen u. s. w., ferner die Seezeichen, wie Feuerschiffe, Baken, Tonnen und dergleichen und endlich die Tiefe des Wassers in Metern oder Faden (1 Faden gleich 6 Fuss englisch, gleich 1,83 m). Ausserdem sind in genügender Anzahl an geeigneten Stellen Kompassrosen nach Strich- und Gradteilung angebracht, um die gesteuerten Kurse und die durch den Kompass bestimmten Richtungen, in denen die Objekte erscheinen, durch Konstruktion bequem in die Karte eintragen zu können.
Die Seekarten sind nach Merkators Projektion konstruiert, weil in dieser die gesteuerten Kurse unverfälscht wiedergegeben werden und somit direkt in die Karte eingetragen werden können. Da die Meridiane in Merkators Projektion parallel laufen, so sind die Abstände zwischen zwei Meridianen im Sinne Ost-West vergrössert. Um den hieraus für die Kurseintragung entspringenden Fehler wieder aufzuheben, ist infolge dessen der zur Abbildung gelangende Teil der Erdoberfläche ebenfalls im Sinne Nord-Süd auseinandergezogen und zwar in demselben Verhältnis. Dadurch werden also alle Breiten vergrössert. Weil die Entfernungen nach Merkator in demselben Verhältnis vergrössert erscheinen wie die Breiten, so misst man die Distanzen in den Seekarten auf der Breitenskala, also rechts oder links, indem man 1 sml als 1' abmisst.

Erster Abschnitt.

Die Küstenschiffahrt.
I. Die Methoden der Küstenschiffahrt.

Frage 6. Auf welchen Beobachtungen beruht die Bestimmung des Schiffsortes in der Küstenschiffahrt?

Antwort. Für die Bestimmung des Schiffsortes in Sicht von Land kommen besonders drei Arten von Beobachtungen in Betracht. Die erste besteht darin, dass man mit dem Kompass die Richtung bestimmt, in welcher ein bestimmtes Objekt vom Schiffe aus erscheint, oder, seemännisch ausgedrückt, indem man das Objekt peilt. Wenn man z. B. einen Turm in $S\,34^0\,W$ peilt, so ist klar, dass das Schiff sich in der Richtung $N\,34^0\,O$ vom Turme aus befindet. Ein zweites Beobachtungsverfahren besteht darin, dass man mit Hilfe des Sextanten oder Oktanten den Gesichtswinkel (Höhenwinkel) misst, unter welchem ein Gegenstand von bekannter Höhe, z. B. ein Turm, dem Beobachter erscheint. Aus diesem Gesichtswinkel lässt sich dann die Entfernung des Objektes berechnen. Ein besonderer Fall ist hierbei der, dass das Licht eines Feuerturmes von bekannter Höhe dem Beobachter gerade im Seehorizont erscheint. Unter Zugrundelegung der Kugelgestalt der Erde lässt sich dann, wenn man die Höhe des Auges über der Meeresoberfläche, die sog. Augeshöhe, kennt, die Entfernung des Beobachters vom Feuerturme berechnen. Drittens endlich kann man auch mit dem Sextanten oder Oktanten den Horizontalwinkel zwischen zwei Gegenständen an der Küste bestimmen. Dann befindet sich das Schiff zufolge dieser Beobachtung auf der Peripherie des Kreises, in welchem die Verbindungslinie der beiden Gegenstände Sehne und der gemessene Horizontalwinkel Peripheriewinkel über dem Bogen der Sehne ist.

Erkl. 15. Als geometrischer Ort ergibt sich bei den Peilungen die gerade Linie, welche vom gepeilten Objekte aus in der der Peilung entgegengesetzten Richtung gezogen wird; bei der Messung des Höhenwinkels der Kreis, welcher mit der berechneten Entfernung als Radius um den gemessenen Gegenstand als Mittelpunkt beschrieben wird, und endlich bei der Messung eines Horizontalwinkels zwischen zwei Gegenständen der Kreis, in welchem die Verbindungslinie der beiden Gegenstände Sehne und der gemessene Winkel Peripheriewinkel über dem Bogen der Sehne ist.

Erkl. 16. Ueber die Anstellung der Beobachtungen siehe den vierten Abschnitt: „Die nautischen Instrumente und ihr Gebrauch."

Frage 7. Wie viel Beobachtungen sind zur Bestimmung des Schiffsortes erforderlich?

Antwort. Da jede Beobachtung auf eine gerade Linie oder einen Kreis als geometrischen Ort führt, so sind zur Bestimmung des Schiffsortes zwei Beobachtungen erforderlich. Der Schiffsort ist dann der Schnittpunkt der zu den beiden Beobachtungen gehörigen Linien (Gerade oder Kreis).

Frage 8. In welcher Weise wird auf Grund der vorstehenden Beobachtungen der Schiffsort ermittelt?

Antwort. Die Ermittelung geschieht entweder durch **Konstruktion** in der Karte oder einer selbst angefertigten Skizze oder durch **trigonometrische Berechnung** ebener Dreiecke.

Anmerkung 1. Die Berechnung des Schiffsortes auf Grund von terrestrischen Beobachtungen von festen Landmarken und Seezeichen bildet ein vielseitiges Anwendungsgebiet der ebenen Trigonometrie. Mit Rücksicht auf den beschränkten Genauigkeitsgrad aller seemännischen Beobachtungen an Bord, sowie auf die verhältnismässig geringen Anforderungen der Schiffsführung hinsichtlich der Genauigkeit rechtfertigt sich für diese Beobachtungen der Gebrauch vierstelliger Logarithmen und die Abrundung aller Winkelgrössen auf volle Bogenminuten. (Müller, vierstellige Logarithmentafeln der natürlichen und trigonometrischen Zahlen nebst erforderlichen Hilfstabellen. Verlag von Julius Maier, Stuttgart.)

II. Die terrestrische Ortsbestimmung.

a) Ein Objekt sichtbar.

1. Entfernung eines Feuers in der Kimm.

Frage 9. Wie bestimmt man die Entfernung eines Feuers, welches genau im Seehorizont (Kimm) erscheint?

Figur 6.

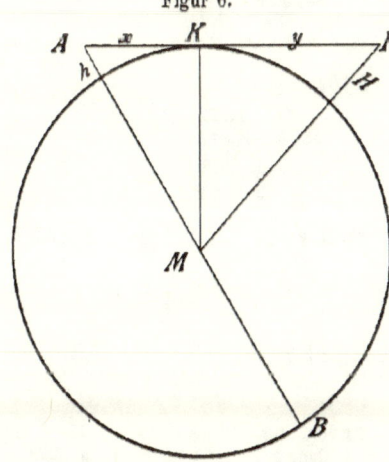

Antwort. Wenn in nebenstehender Figur 6 H die bekannte Höhe des Feuers F, A das Auge des Beobachters bei der Augeshöhe h bedeutet, so wird für das Auge in A das Feuer F gerade durch den Kimm in K verdeckt werden, wenn die von A an die Erdoberfläche gezogene Tangente AK durch F geht. Dann ist die Entfernung:
$$AF = AK + KF = x + y.$$
Bezeichnet man den Erdradius mit r, so ist:
$$(2r+h):x = x:h,$$
$$x^2 = (2r+h)\cdot h = 2rh + h^2,$$
oder, da h^2 gegen $2rh$ sehr klein ist:
$$x^2 = 2rh,$$
$$x = \sqrt{2rh}.$$
Setzt man für r seinen Wert 6366738 m ein, so ist:
$$x = \sqrt{2 \cdot 6366738}\sqrt{h}\text{ Meter},$$

Erkl. 17. Ein planimetrischer Lehrsatz heisst:
„Schneiden sich eine Tangente und eine Sekante ausserhalb eines Kreises, so ist die Tangente die mittlere Proportionale zwischen der ganzen Sekante und ihrem äusseren Abschnitte."

Erkl. 18. Weil die Grösse der Strahlenbrechung vom Stande des Thermometers und des Barometers abhängt, ist der berechnete Wert nur als Näherungswert aufzufassen.

Siehe auch „Lehrbuch der sphärischen und theoretischen Astronomie und der mathematischen Geographie von Dr. W. Láska, Seite 9 u. f.", sowie den dritten Abschnitt dieses Lehrbuches.

Erkl. 19. Mit Hilfe der oben genannten Formel ist Tafel I im Anhang zu diesem Lehrbuch berechnet worden, aus welcher demnach für jede Höhe des Feuers und jede Augenhöhe die Entfernung in Seemeilen direkt entnommen werden kann.

$$x = \frac{\sqrt{2 \cdot 6366738}}{1852} \sqrt{h} \text{ sml,}$$

$$x = 1{,}927 \sqrt{h} \text{ sml.}$$

Ebenso findet man:

$$y = 1{,}927 \sqrt{H} \text{ sml,}$$

folglich:

$$x + y = 1{,}927 \left(\sqrt{H} + \sqrt{h}\right).$$

Weil aber durch die Strahlenbrechung (Refraktion) in der Atmosphäre die Lichtstrahlen, wie in Figur 7 angegeben, gekrümmt werden, so wird die Sichtweite eines Feuers dadurch vergrössert und zwar, wie Beobachtungen ergeben haben, um $\frac{1}{13}$ ihres obigen geometrischen Wertes. Danach ist die Sichtweite eines Feuers:

$$2{,}075 \left(\sqrt{H} + \sqrt{h}\right) \text{ sml.}$$

Figur 7.

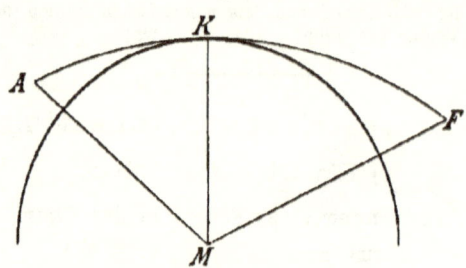

Beispiel 1.

Man erblickt das Feuer des Leuchtturmes von Eddystone aus 5 m Augenhöhe in der Kimm. Wie gross ist der Abstand, wenn das Feuer 41 m hoch ist?

Gegeben: $\begin{cases} H = 41 \text{ m} \\ h = 5 \text{ m.} \end{cases}$

Gesucht: $x + y$.

Hilfsrechnung 1.

$\sqrt{41} = 6{,}4$
36
500 : 124
496

Auflösung 1.

$x + y = 2{,}075 \left(\sqrt{H} + \sqrt{h}\right),$
$x + y = 2{,}075 \cdot (6{,}4 + 2{,}2),$
$x + y = 2{,}075 \cdot 8{,}6,$
$x + y = 17{,}8$ sml.

Hilfsrechnung 2.

$\sqrt{5} = 2{,}2$
4
100 : 42
84

Auflösung 2. Nach Tafel I 18 sml.

Ungelöste Aufgaben.

Aufgabe 1. Das Feuer von Arkona erscheint bei 6 m Augenhöhe in der Kimm. Wie gross ist der Abstand, wenn die Höhe des Feuers 61 m beträgt?

Andeutung. Die Aufgaben 1 bis 5 sind analog dem gelösten Beispiel 1 zu lösen.

Die Küstenschiffahrt. 9

Aufgabe 2. Ein nach Havre bestimmtes Schiff erblickt das 72 m hohe Feuer von Cap Barfleur aus 7 m Augeshöhe in der Kimm. Wie weit ist dasselbe vom Feuerturme entfernt?

Aufgabe 3. Bei 8,5 m Augeshöhe verschwindet das 58 m hohe Feuer von Calais in der Kimm aus Sicht. Wie gross ist der Abstand von demselben?

Aufgabe 4. Das 47 m hohe Feuer auf dem Südende von Bornholm erscheint bei 6,5 m Augeshöhe in der Kimm. Wie weit steht das Schiff vom Feuer ab?

Aufgabe 5. An Bord eines Schiffes taucht das Feuer auf der Südspitze von Oeland, welches eine Höhe von 48 m über dem Meeresspiegel besitzt, bei 5,5 m Augeshöhe in der Kimm auf. Wie gross ist der Abstand?

2. Abstandsbestimmung durch Messung des Vertikalwinkels (Höhenwinkels).

Frage 10. Wie bestimmt man die Entfernung eines Turmes von bekannter Höhe, dessen Vertikalwinkel (Gesichtswinkel) man beobachtet hat?

Figur 8.

Antwort. Ist die Höhe h des Turmes bekannt und der Vertikalwinkel w durch Beobachtung mit einem Sextanten oder Oktanten bestimmt, so findet man den Abstand d durch die Gleichung:

$$\frac{d}{h} = cotg\, w,$$
$$d = h \cdot cotg\, w.$$

Da man den Abstand in der Regel in Seemeilen angibt, so muss man, wenn h in Metern gegeben ist, noch durch 1852 dividieren, mithin:

$$d = \frac{h_m}{1852} cotg\, w \text{ sml.}$$

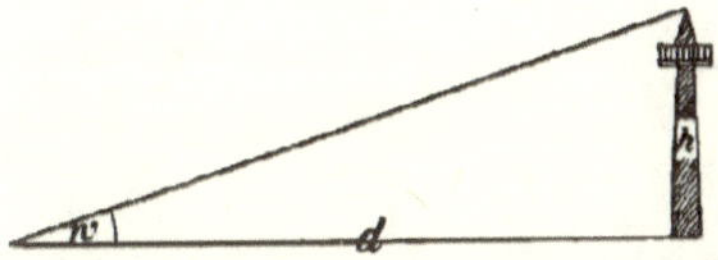

Erkl. 20. Um die nebenstehende Formel durch eine in der Praxis gewöhnlich angewandte Näherungsformel zu ersetzen, verfährt man so:

$$d = \frac{h_m}{1852} cotg\, w \text{ sml,}$$

$$d = \frac{h_m}{1852\, tg\, w} \text{ sml.}$$

Da w stets so klein ist, dass man die Tangente dem Winkel proportional setzen kann, o ist:

$$tg\, w = w\, tg\, 1' = w \cdot \frac{1}{3438};$$

folglich:

$$d = \frac{h_m}{w'} \cdot \frac{3438}{1852},$$

oder mit genügender Genauigkeit:

$$d = \frac{13}{7} \cdot \frac{h_m}{w'}.$$

Beispiel 2.

Man misst den Vertikalwinkel des 50 m hohen Feuers von Texel mit dem Sextanten zu $11'30''$. Wie gross ist der Abstand?

Gegeben: $\begin{cases} h = 50 \text{ m} \\ w = 11{,}5' \end{cases}$

Gesucht: d.

Auflösung 1.

Formel 1: $d = \dfrac{h_m}{1852} \cot g\, w$ sml,

$d = \dfrac{50}{1852} \cot g\, 11'30''$,

$d = 8{,}1$ sml.

Hilfsrechnung.

Aus:

$d = \dfrac{50}{1852} \cot g\, 11'30''$

findet man d wie folgt:

$\log d = \log 50 + \log \cot g\, 11'30'' - \log 1852$.

Nun ist:

$\log 50 = 1{,}6990$
$\log \cot g\, 11'30'' = 2{,}4756$
$\overline{4{,}1746}$
$\log 1852 = 3{,}2676$
$\overline{\log d = 0{,}9070}$
$d = 8{,}1$ sml.

Auflösung 2. (cfr. Erkl. 20.)

Formel 2: $d = \dfrac{13}{7} \cdot \dfrac{h_m}{w'}$ sml,

$d = \dfrac{13 \cdot 50}{7 \cdot 11{,}5}$,

$d = \dfrac{650}{80{,}5} = 8{,}1$ sml.

Ungelöste Aufgaben.

Aufgabe 6. Man misst die Höhenwinkel des 67 m hohen Feuers von Helgoland mit dem Sextanten zu $31'40''$. Wie gross ist der Abstand?

Andeutung. Die Aufgaben 6 bis 10 sind analog dem gelösten Beispiel 2 zu lösen.

Aufgabe 7. Man misst den Höhenwinkel des 70 m hohen Feuers von Lizard Head zu $26'50''$ mit dem Sextanten. Wie gross ist der Abstand?

Aufgabe 8. Man misst den Vertikalwinkel des 68 m hohen Feuers von Ouessant an der Nordwestspitze von Frankreich mit dem Oktanten zu $25'$. Wie gross ist der Abstand?

Aufgabe 9. Man misst den Höhenwinkel des 57,5 m hohen Feuers von Ostende mit dem Sextanten zu $31'10''$. Wie gross ist der Abstand?

Aufgabe 10. Man misst den Vertikalwinkel des 69 m hohen Feuers von Cap Gris Nez (gegenüber Dover) zu $36'20''$. Wie gross ist der Abstand?

3. Abstandsbestimmung durch Doppelpeilung.

Frage 11. Wie bestimmt man die Entfernung eines Objektes mit Hilfe der Doppelpeilung?

Antwort. Wenn man ein Objekt mit dem Kompasse peilt, hierauf auf einem bestimmten Kurse eine mit der Logge gemessene Distanz versegelt und nun eine Peilung desselben Gegenstandes vornimmt, so lassen sich hieraus die Entfernungen von dem gepeilten Objekte zur Zeit der Peilungen wie folgt berechnen:

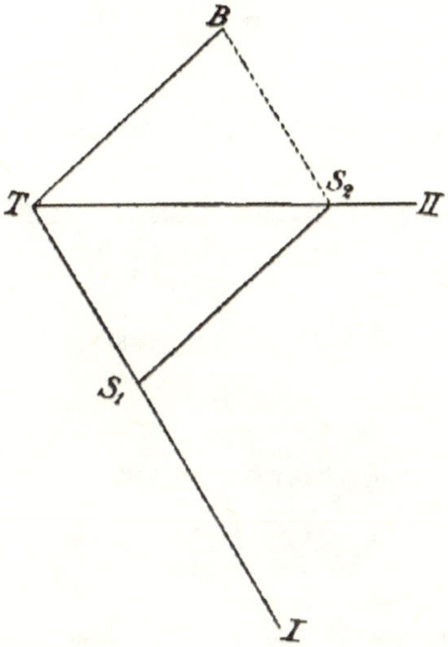

Wenn in nebenstehender Figur 9 T den gepeilten Gegenstand bedeutet, von welchem aus die beiden Peilungslinien I und II in der entgegengesetzten Richtung der Peilungen gezogen sind, so findet man die Schiffsorte zur Zeit der Peilungen, wenn man von T aus die in der Zwischenzeit zwischen den beiden Peilungen stattgehabte Versegelung nach Kurs und Distanz von T aus einträgt und dann vom Endpunkte B aus eine Parallele zur ersten Peilungslinie zieht. Wo diese Parallele die zweite Peilungslinie schneidet, also in S_2, ist der Schiffsort bei der zweiten Peilung. Zieht man dann noch:

$$S_2 S_1 \parallel BT,$$

so ist S_1 der Schiffsort bei der ersten Peilung.

Der Beweis für die Richtigkeit der Konstruktion liegt darin, dass BTS_1S_2 ein Parallelogramm ist, mithin:

$$S_1 S_2 = TB.$$

Figur 9.

Figur 10.

Erkl. 21. Die unvermeidlichen Beobachtungsfehler in der Bestimmung der Peilungen, des gesteuerten Kurses und der gesegelten Distanz üben den geringsten Einfluss auf den Schiffsort aus, wenn der Winkel zwischen den beiden Peilungen nahezu gleich 90⁰ ist. Wenn z. B. in Figur 10 w den Fehler in der ersten Peilung bedeutet, so verursacht derselbe eine Verlegung des ersten Schiffsortes von S_1 nach $S_1{}'$ und des zweiten Schiffsortes von S_2 nach $S_2{}'$. Diese Verschiebung wird offenbar am kleinsten, wenn $S_1 S_1{}' \perp TC$ oder, da $S_1 S_1{}' \parallel TB$ ist, wenn $TB \perp TC$ ist.

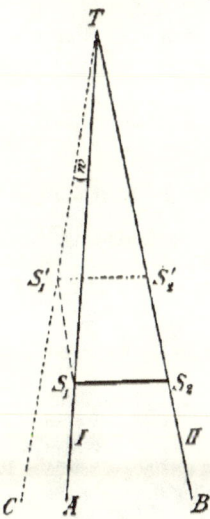

Beispiel 3.

Man peilt das Feuer von Helgoland in N 44° O, segelt darauf N 13° O 7 sml und peilt dann dasselbe Feuer in S 36° O. Wie gross sind die Abstände bei den Peilungen?

Figur 11.

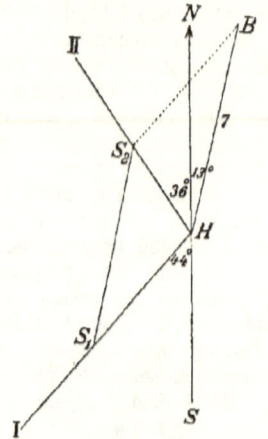

Erkl. 22. Das Eintragen der Richtungen geschieht mit einem gewöhnlichen Transporteur.

Hilfsrechnung 1.
$S_1 H S_2 = 180° - (36° + 44°)$
$= 180° - 80°$
$= 100°$.

Hilfsrechnung 2.
$S_1 S_2$ läuft N 13° O
$S_1 H$ „ N 44° O
$\sphericalangle S_1 = 31°$.

Hilfsrechnung 3.
$S_2 H$ läuft S 36° O
$S_2 S_1$ „ S 13° W
$\sphericalangle S_2 = 49°$.
(Probe: $100° + 31° + 49° = 180°$.)

Hilfsrechnung 4.

Aus:
$$HS_1 = \frac{7 \cdot \sin 49°}{\sin 100°} \text{ sml}$$
folgt:
$\log HS_1 = \log 7 + \log \sin 49° - \log \sin 100°$.
Nun ist:
$\log 7 = 0{,}8451$
$\log \sin 49° = 9{,}8778 - 10$
$\overline{\qquad\qquad 0{,}7229}$
$\log \sin 100° = 9{,}9984 - 10$
$\overline{\log HS_1 = 0{,}7295}$
$HS_1 = 5{,}4 \text{ sml}$.

Auflösung 1 (durch Konstruktion). Man legt durch H parallel zum Papierrande, wie der Pfeil in Figur 11 angibt, den Meridian und trägt von diesem aus in H die beiden Richtungen S 44° W und N 36° W ein. Ferner trägt man HB als N 13° O 7 sml nach einem beliebigen Längenmassstab (am bequemsten 1 sml = 1 cm) in die Figur ein und zieht $BS_2 \parallel$ I und $S_2 S_1 \parallel BH$, so ist S_1 der Schiffsort bei der ersten und S_2 bei der zweiten Peilung.

Auflösung 2 (durch Rechnung). Im Dreieck $S_1 S_2 H$ ist

gegeben: $\begin{cases} S_1 S_2 = 7 \text{ sml} \\ \sphericalangle H = 100° \\ \sphericalangle S_1 = 31° \\ \sphericalangle S_2 = 49°, \end{cases}$

gesucht: $\begin{cases} HS_1 \\ HS_2. \end{cases}$

Nach der Sinusregel besteht die Relation:
$$\frac{S_1 S_2}{HS_1} = \frac{\sin H}{\sin S_2};$$
mithin:

Formel 3: $HS_1 = \dfrac{S_1 S_2 \cdot \sin S_2}{\sin H}$ sml.

Durch Einsetzung der in Hilfsrechnung 1 und 3 ermittelten Zahlenwerte erhält man:
$$HS_1 = \frac{7 \cdot \sin 49°}{\sin 100°} \text{ sml}$$
oder nach Hilfsrechnung 4:
$HS_1 = 5{,}4$ sml.

Ebenso ist nach der Sinusregel:
$$\frac{S_1 S_2}{HS_2} = \frac{\sin H}{\sin S_1};$$
mithin:

Formel 4: $HS_2 = \dfrac{S_1 S_2 \cdot \sin S_1}{\sin H}$ sml.

Durch Einsetzung der in Hilfsrechnung 1 und 2 ermittelten Zahlenwerte erhält man:
$$HS_2 = \frac{7 \cdot \sin 31°}{\sin 100°} \text{ sml}$$
oder nach Hilfsrechnung 5:
$HS_2 = 3{,}7$ sml.

Hilfsrechnung 5.

Aus:
$$HS_2 = \frac{7 \cdot \sin 31°}{\sin 100°} \text{ sml}$$

folgt:
$\log HS_2 = \log 7 + \log \sin 31° - \log \sin 100°$.

Nun ist:

$\log 7 = 0,8451$
$\log \sin 31° = \underline{9,7118 - 10}$
$\overline{0,5569}$
$\log \sin 100° = \underline{9,9934 - 10}$
$\log HS_2 = \overline{0,5635}$
$HS_2 = 3,7$ sml.

Ungelöste Aufgaben.

Aufgabe 11. Man peilt eine Mühle in S 26° W, segelt S 81° W 4 sml und peilt dann dieselbe in S 50° O. Wie gross sind die Abstände bei den Peilungen?

Andeutung. Die Aufgaben 11 bis 15 sind analog dem Beispiel 3 zu lösen.

Aufgabe 12. Man peilt einen Turm in N 30° W, segelt darauf West 6,5 sml und peilt dann denselben Turm in N 56° O. Wie gross sind die Abstände bei den Peilungen?

Aufgabe 13. Man peilt das Feuerschiff nördlich von der Insel Borkum in S 38° O, segelt S 86° O 5,3 sml und peilt nun dasselbe Feuerschiff in S 69° W. Wie gross sind die Abstände bei den Peilungen?

Aufgabe 14. Man peilt einen Kirchturm in Ost, segelt N 48° O 3,5 sml und peilt dann denselben in S. Wie gross sind die Abstände bei den Peilungen?

Aufgabe 15. Man peilt ein Feuer in S 65° W, segelt hierauf NW 3,9 sml und peilt dann dasselbe Feuer in S 12° O. Wie gross sind die Abstände bei den Peilungen?

Frage 12. Was versteht man unter einer Vierstrichpeilung?

Erkl. 23. Da die Winkelsumme im Dreiecke gleich 180° ist, so ist:

$\sphericalangle T = 180° - (\sphericalangle S_1 + \sphericalangle S_2)$
$ = 180° - (45° + 90°)$
$ = 180° - 135°$
$ = 45°.$

Da gleichen Winkeln gleiche Seiten gegenüberliegen, so ist:

$S_1 S_2 = T S_2.$

Antwort. Die Vierstrichpeilung ist ein besonderer Fall der Doppelpeilung, bei welchen der Winkel zwischen den beiden Peilungen 4 Strich oder 45° beträgt. Wenn man bei der Annäherung an ein Objekt, welches man mit dem Schiffe passieren will, eine Peilung in dem Augenblicke vornimmt, wo die Peilung mit dem Kurse des Schiffes einen Winkel von 45° bildet (in S_1 Fig 12)

Erkl. 24. Die Methode der Vierstrichpeilung wird besonders gern an Bord von Dampfern angewandt, weil hier die in der Zwischenzeit durchlaufene Distanz unter Zuhilfenahme der von der Maschine gemachten Umdrehungen der Schraube sicherer ermittelt werden kann, als an Bord der Segelschiffe. Voraussetzung bleibt hier wie bei allen Doppelpeilungen, dass kein Strom vorhanden ist.

und dann nach der Versegelung $S_1 S_2$ wieder in dem Augenblicke, wo das Objekt (T) gerade quer (seemännisch „dwars") zum Schiffskurse erscheint ($\sphericalangle TS_2 S_1 = 90^0$), so ist der Abstand TS_2 bei dieser sog. **Dwarspeilung** gleich der Versegelung $S_1 S_2$, da $\triangle S_1 S_2 T$ ein gleichschenkliges Dreieck ist (Fig. 12).

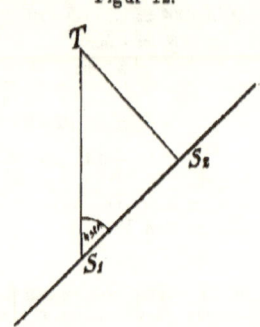

Figur 12.

Erkl. 25. Nach seemännischem Sprachgebrauch wird ein Objekt „4 Strich voraus an Backbord" oder „4 Strich voraus an Steuerbord" gepeilt, wobei unter Backbord die linke, unter Steuerbord die rechte Schiffsseite verstanden wird.

Dieselbe Ausdrucksweise wird bei andern Winkeln angewandt, z. B. „1 Strich voraus an Backbord", 20⁰ voraus an Steuerbord" u. s. w.

Beispiel 4.

Man peilt ein Feuerschiff auf S 34⁰ W-Kurse 45⁰ an Backbord voraus und hat dasselbe nach 3 sml dwars. Wie weit steht man bei der Dwarspeilung von demselben entfernt?

Figur 13.

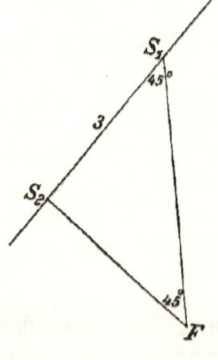

Auflösung 1.

Gegeben: $\begin{cases} S_1 S_2 = 3 \text{ sml} \\ \sphericalangle S_1 = 45^0 \\ \sphericalangle F = 45^0. \end{cases}$

Gesucht: $S_2 F$.

Auflösung 2.

$S_2 F = S_1 S_2 = 3 \text{ sml}.$

Ungelöste Aufgaben.

Aufgabe 16. Ein N 18⁰ O steuerndes Schiff peilt das Feuer des Feuerschiffes von Borkum 45⁰ voraus an Steuerbord, segelt auf demselben Kurse 3,6 sml und hat nun das Feuer dwars. Wie weit steht es von demselben entfernt?

Andeutung. Die Aufgaben 16 bis 18 sind analog dem Beispiel 4 zu lösen.

Die Küstenschiffahrt. 15

Aufgabe 17. An Bord eines S 65⁰ W segelnden Schiffes peilt man eine Bake 45⁰ an Backbord voraus und nachdem man 5 sml gesegelt, denselben Gegenstand dwars. Wie gross ist die Entfernung bei der Dwarspeilung?

Aufgabe 18. Man peilt ein Feuer 45⁰ an Steuerbord voraus, segelt S 29⁰ O 4,4 sml und hat nun dasselbe Feuer dwars. Wie gross ist der Abstand?

b) Zwei Objekte sichtbar.
1. Abstandsbestimmung durch Kreuzpeilungen.

Frage 13. Wie bestimmt man die Abstände von zwei terrestrischen Objekten durch eine Kreuzpeilung?

Antwort. Wenn man zwei Objekte, deren gegenseitige Lage man aus der Karte kennt, gleichzeitig oder unmittelbar nach einander peilt, so steht das Schiff in dem Schnittpunkte der beiden Geraden, welche man von den gepeilten Objekten in der den Peilungen entgegengesetzten Richtungen zieht. Zugleich erkennt man aus Figur 14, dass es für die Genauigkeit des Schiffsortes am günstigsten ist, wenn die beiden Peilungen möglichst senkrecht zu einander stehen, weil dann ein Fehler in den Peilungen den kleinsten Einfluss auf den Schiffsort ausübt.

Figur 14.

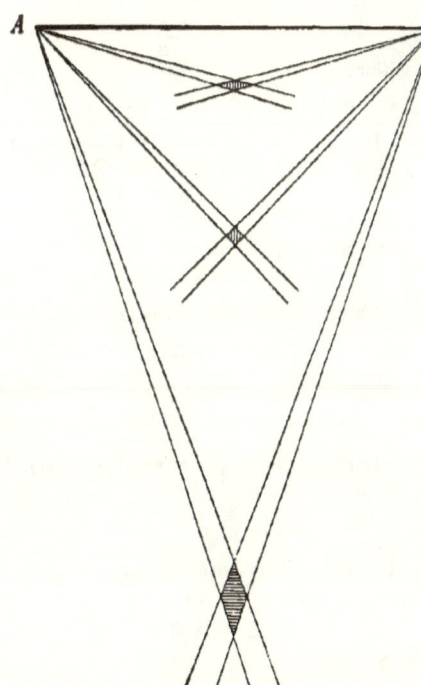

Erkl. 26. Bei dieser sowie bei allen andern terrestrischen Ortsbestimmungen, bei welchen zwei Beobachtungen nach einander angestellt sind, ist Voraussetzung, dass die Versegelung des Schiffes zwischen der ersten und zweiten Beobachtung so gering ist, dass sie gegenüber den Dimensionen der Aufgabe verschwindet.

Erkl. 26a. Die Ortsbestimmung durch Kreuzpeilungen ist die in der Küstenschiffahrt am meisten angewandte Methode.

Beispiel 5.

Ein Kirchturm liegt von einer Mühle S 73⁰ W in einer Entfernung von 4,3 sml. Man peilt den Kirchturm in N 54⁰ W und

Auflösung 1 (durch Konstruktion). Man ziehe durch einen beliebig gewählten Punkt

die Mühle in N 25° O. Wie gross sind die Abstände von beiden Objekten?

Figur 15.

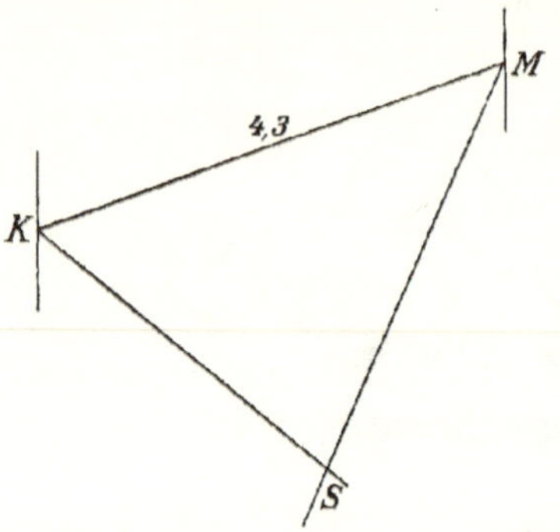

M (Mühle) (Fig. 15) parallel zum Papierrande den Meridian, trage von M aus die Richtung S 73° W ein und setze auf der Geraden die Strecke von 4,3 cm (1 sml = 1 cm) ab. Durch den so gefundenen Punkt K (Kirchturm) ziehe man ebenfalls den Meridian und trage endlich von K aus in der Richtung S 54° O und von M aus in der Richtung S 25° W eine Gerade ein, so ist der Schnittpunkt S derselben der gesuchten Schiffsort und SK und SM die gesuchten Abstände.

Auflösung 2 (durch Rechnung).

Gegeben: $\begin{cases} KM = 4,3 \text{ sml} \\ \sphericalangle K = 53° \\ \sphericalangle M = 48° \\ \sphericalangle S = 79°. \end{cases}$

Gesucht: $\begin{cases} SM \\ SK. \end{cases}$

Erkl. 27. Bei der Auflösung durch Konstruktion ist es erwünscht, die Figur möglichst gross zu machen. Man kann zu diesem Zwecke den in Auflösung 1 gewählten Massstab verdoppeln oder verdreifachen, also 1 sml = 2 cm oder = 3 cm setzen.

Nach der Sinusregel besteht die Relation:

$$\frac{KM}{SM} = \frac{\sin S}{\sin K};$$

mithin:

Formel 5: $SM = \dfrac{KM \cdot \sin K}{\sin S}$.

Durch Einsetzung der in Hilfsrechnung 1 und 3 ermittelten Zahlenwerte erhält man:

$$SM = \frac{4,3 \cdot \sin 53°}{\sin 79°} \text{ sml}$$

oder nach Hilfsrechnung 4:

$SM = 3,5$ sml.

Ebenso ist nach der Sinusregel:

$$\frac{KM}{SK} = \frac{\sin S}{\sin M};$$

mithin:

Formel 6: $SK = \dfrac{KM \cdot \sin M}{\sin S}$.

Durch Einsetzung der in Hilfsrechnung 2 und 3 gefundenen Zahlenwerte erhält man:

$$SK = \frac{4,3 \cdot \sin 48°}{\sin 79°} \text{ sml}$$

oder nach Hilfsrechnung 5:

$SK = 3,3$ sml.

Hilfsrechnung 1.
$\sphericalangle K = 180° - (73° + 54°)$
$= 180° - 127°$
$= 53°.$

Hilfsrechnung 2.
$\sphericalangle M = 73° - 25°$
$= 48°.$

Hilfsrechnung 3.
N 54° W
N 25° O
$\sphericalangle S = 79°$
(Probe: $53° + 48° + 79° = 180°$).

Hilfsrechnung 4.
Aus:
$SM = \dfrac{4,3 \cdot \sin 53°}{\sin 79°}$
folgt:
$\log SM = \log 4,3 + \log \sin 53° - \log \sin 79°$
Nun ist:
$\log 4,3 = 0,6335$
$\log \sin 53° = 9,9023 - 10$
$\overline{ 0,5358}$
$\log \sin 79° = 9,9919 - 10$
$\log SM = 0,5439$
$SM = 3,5$ sml.

Hilfsrechnung 5.
Aus:
$SK = \dfrac{4,3 \sin 48°}{\sin 79°}$
folgt:
$\log SK = \log 4,3 + \log \sin 48° - \log \sin 79°$

Nun ist:

$$\log 4,3 = 0,6335$$
$$\log \sin 48^0 = 9,8711 - 10$$
$$\overline{0,5046}$$
$$\log \sin 79^0 = 9,9919 - 10$$
$$\overline{\log SK = 0,5127}$$
$$SK = 3,3 \text{ sml.}$$

Ungelöste Aufgaben.

Aufgabe 19. Ein Feuerschiff liegt von einem festen Landfeuer N 88⁰ O in einer Entfernung von 6,6 sml. Man peilt das Landfeuer in S 61⁰ W und das Feuerschiff in S 22⁰ O. Wie gross sind die Abstände von beiden Objekten?

Andeutung. Die Aufgaben 19 bis 23 sind analog dem Beispiel 5 zu lösen.

Aufgabe 20. Eine Bake steht von einem Turme S 11⁰ W in einem Abstande von 4,9 sml. Man peilt die Bake in S 61⁰ W und den Turm in N 45⁰ W. Wie gross sind die Abstände von den beiden Objekten?

Aufgabe 21. Ein Turm steht von einer Mühle N 79⁰ O in einem Abstande von 5,6 sml. Man peilt die Mühle in N 56⁰ W und den Turm in N 45⁰ O. Wie gross sind die Abstände von den beiden Objekten?

Aufgabe 22. Das Feuer von Island May liegt von dem Feuer von Bell Rock (an der Ostküste von England) S 21⁰ W, Abstand 16 sml. Man peilt ersteres in N 79⁰ W, letzteres in N 20⁰ W. Wie weit steht man von beiden Objekten ab?

Aufgabe 23. Der Leuchtturm von Sandhammar an der Ostküste von Schweden liegt von dem Leuchtturme von Kap Hammeren auf der Nordspitze von Bornholm S 74⁰ O, Abstand 20,3 sml. Man peilt das Feuer von Sandhammar in S 84⁰ W und dasjenige von Hammeren in S 34⁰ O. Wie gross sind die Abstände von beiden Feuern?

2. Abstandsbestimmung durch Peilung und Messung eines Horizontalwinkels.

Frage 14. Wie bestimmt man die Abstände von zwei terrestrischen Objekten durch die Peilung des einen und die Messung des Horizontalwinkels zwischen beiden?

Antwort. Wenn von zwei terrestrischen Objekten A und B (Figur 16), deren gegenseitige Lage man aus der

Figur 16.

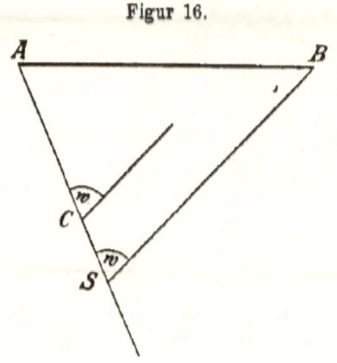

Erkl. 28. Auch hier ist die Bestimmung des Schiffsortes am sichersten, wenn der gemessene Horizontalwinkel annähernd 90° beträgt.

Karte kennt, das eine gepeilt wird und gleichzeitig oder unmittelbar darauf der Horizontalwinkel zwischen beiden Objekten mit dem Sextanten oder Oktanten gemessen wird, so setzt man von dem gepeilten Objekt A aus eine Gerade in der der Peilung entgegengesetzten Richtung ab, trägt in einem beliebigen Punkte C dieser Geraden den gemessenen Winkel w an die Gerade an und zieht durch das andere Objekt B eine Parallele zum Schenkel des angetragenen Winkels. Der Schnittpunkt dieser Parallelen mit der von A gezogenen Geraden ist dann der Schiffsort S.

Der Beweis für die Richtigkeit der Konstruktion liegt darin, dass:
$$\sphericalangle ASB = \sphericalangle w$$
als Gegenwinkel.

Beispiel 6.

Ein Leuchtturm liegt von einem Feuerschiff S 28° W in einem Abstande von 12 sml. Man peilt das Feuerschiff in N 21° W und misst zugleich den Horizontalwinkel zwischen beiden Objekten zu 61°. Wie gross sind hiernach die beiden Abstände?

Auflösung 1 (durch Konstruktion). Man ziehe durch einen beliebig gewählten Punkt F (Feuerschiff) (siehe Figur 17) parallel zum Papierrande den Meridian, trage von F aus die Richtung S 28° W ein und setze auf der Geraden die Strecke von 12 cm (1 sml = 1 cm) ab. Trage ferner von F aus die Richtung S 22° O ein und lege in einem beliebigen Punkte A den Winkel $BAF = 61°$ nach der Seite von F an diese Gerade. Endlich ziehe man $LS \parallel BA$, so ist S der gesuchte Schiffsort und SL sowie SF die gesuchten Abstände.

Figur 17.

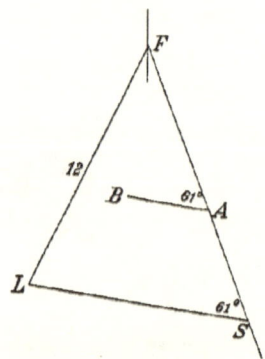

Hilfsrechnung 1.
S 28° W
S 21° O
───────
$\sphericalangle F = 49°$.

Hilfsrechnung 2.
$\sphericalangle L = 180° - (\sphericalangle S + \sphericalangle F)$
$= 180° - (69° + 49°)$
$= 180° - 110°$
$= 70°$.

Auflösung 2 (durch Rechnung).

Gegeben: $\begin{cases} LF = 12 \text{ sml} \\ \sphericalangle S = 61° \\ \sphericalangle L = 70° \\ \sphericalangle F = 49°, \end{cases}$

Gesucht: $\begin{cases} SL \\ SF. \end{cases}$

Nach der Sinusregel besteht die Relation:
$$\frac{LF}{LS} = \frac{\sin S}{\sin F};$$
mithin:

Formel 7: $LS = \dfrac{LF \cdot \sin F}{\sin S}$.

Hilfsrechnung 3.

Aus: $$LS = \frac{12 \cdot \sin 49°}{\sin 61°}$$

folgt:
$\log LS = \log 12 + \log \sin 49° - \log \sin 61°.$

Nun ist:
$\log 12 = 1{,}0792$
$\log \sin 49° = 9{,}8778 - 10$
$\overline{\; 0{,}9570}$
$\log \sin 61° = 9{,}4418 - 10$
$\overline{\log LS = 1{,}0152}$
$LS = 10{,}4$ sml.

Hilfsrechnung 4.

Aus: $$FS = \frac{12 \cdot \sin 70°}{\sin 61°}$$

folgt:
$\log FS = \log 12 + \log \sin 70° - \log \sin 61°.$

Nun ist:
$\log 12 = 1{,}0792$
$\log \sin 70° = 9{,}9730 - 10$
$\overline{\; 1{,}0522}$
$\log \sin 61° = 9{,}4418 - 10$
$\overline{\log FS = 1{,}1104}$
$FS = 12{,}9$ sml.

Durch Einsetzung der gegebenen Werte von LF und S sowie des in Hilfsrechnung 1 gefundenen Zahlenwertes von F erhält man:
$$LS = \frac{12 \cdot \sin 49°}{\sin 61°} \text{ sml}$$
oder nach Hilfsrechnung 3:
$LS = 10{,}4$ sml.

Ebenso ist nach der **Sinusregel**:
$$\frac{LF}{FS} = \frac{\sin S}{\sin L};$$

mithin:

Formel 8: $FS = \dfrac{LF \cdot \sin L}{\sin S}.$

Durch Einsetzung der gegebenen Werte für LF und S sowie des in Hilfsrechnung 2 gefundenen Zahlenwertes von L erhält man:
$$FS = \frac{12 \cdot \sin 70°}{\sin 61°}$$
oder nach Hilfsrechnung 4:
$FS = 12{,}9$ sml.

Ungelöste Aufgaben.

Aufgabe 24. Eine Mühle liegt von einem Turme N 62° W in 6,1 sml Entfernung. Man peilt die Mühle in S 67° W und misst zugleich den Horizontalwinkel zwischen beiden Objekten zu 61° 29′. Wie weit steht das Schiff von beiden Objekten entfernt?

Andeutung. Die Aufgaben 24 bis 28 sind analog dem Beispiel 6 zu lösen.

Aufgabe 25. Zwei Türme liegen in der Richtung Nord-Süd zu einander in einer Entfernung von 14 sml. Man peilt den nördlichen in N 41° W und misst zugleich den Horizontalwinkel zu 108° 32′. Wie gross sind die Abstände von beiden Objekten?

Aufgabe 26. Darserort Feuer liegt von Dornbusch Feuer S 70° W 22,4 sml. Man peilt ersteres in S 14° W und misst zugleich den Horizontalwinkel zwischen beiden Feuern zu 115° 3′. Wie weit steht man von denselben entfernt?

Aufgabe 27. Ein Feuerturm liegt von einem Kirchturm N 51° O 7,3 sml. Man peilt den Feuerturm in N 9° O und misst zugleich den Horizontalwinkel zwischen den beiden Objekten zu 58° 28′. Wie gross sind die Abstände von beiden Objekten?

Aufgabe 28. Das Feuer von Hammeren auf der Nordspitze von Bornholm liegt S 84° W von dem Feuerschiff von Christiansö, Abstand 15 sml. Man peilt das Feuerschiff in S 32° O und misst zugleich den Horizontalwinkel zwischen beiden Objekten zu 72° 11'. Wie gross sind die Entfernungen von beiden Objekten?

---

3. Abstandsbestimmung durch Messung eines Vertikal- und eines Horizontalwinkels.

Frage 15. Wie bestimmt man die Abstände von zwei terrestrischen Objekten durch die Messung eines Vertikal- und eines Horizontalwinkels?

Antwort. Wenn von zwei terrestrischen Objekten, deren gegenseitige Lage man aus der Karte kennt, der Vertikalwinkel des einen mit dem Sextanten oder Oktanten gemessen ist, so lässt sich hieraus nach dem Verfahren auf Seite 9 (Beispiel 2) der Abstand des Schiffes von diesem Objekte berechnen; demnach liegt der Schiffsort auf der Peripherie des Kreises, welchen man um dieses Objekt als Mittelpunkt mit der berechneten Entfernung als Radius beschreibt.

Für den zwischen beiden Objekten gemessenen Horizontalwinkel (s. Erkl. 15) ergibt sich als geometrischer Ort die Peripherie des Kreises, in welchem die Verbindungslinie der beiden Objekte Sehne und der gemessene Winkel Peripheriewinkel über dem Bogen der Sehne ist. Für die Konstruktion kommen hier zwei Fälle in Betracht:

Fall I. Der gemessene Horizontalwinkel ist spitz.

Sind A und B in Figur 18 die beiden Objekte, deren Horizontalwinkel w gemessen ist, so trägt man in A und B an AB nach derselben Seite, wo das Schiff steht, den Winkel $90° - w$ an. Schneiden sich die Schenkel der angetragenen Winkel in C, so beschreibt man um C mit CA oder CB einen Kreis; dann erfüllt jeder Punkt S auf der Peripherie desjenigen Kreisbogens, welcher an derselben Seite von AB liegt wie der Mittelpunkt C, die Bedingung, dass von ihm aus der Horizontalwinkel w gemessen wird.

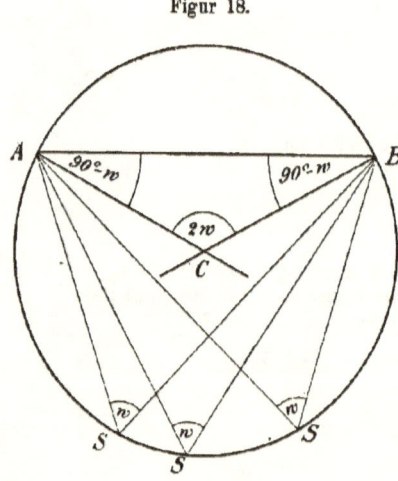

Figur 18.

Erkl. 29. Ein planimetrischer Lehrsatz lautet:

„Jeder Peripheriewinkel ist halb so gross wie der Centriwinkel, welcher mit ihm auf demselben Kreisbogen steht."

Die Küstenschiffahrt.

Figur 19.

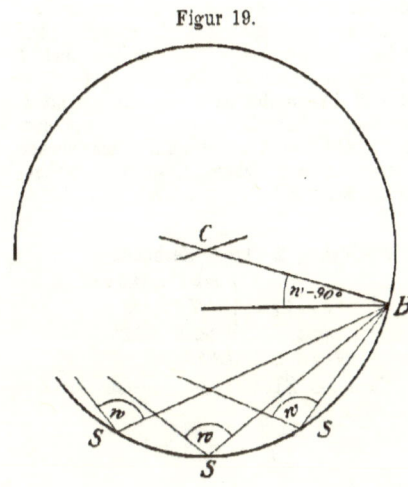

Beweis:
$\sphericalangle ACB = 180^0 \quad (90^0 - w + 90^0 - w)$
$= 180^0 - (180^0 - 2w)$
$= 180^0 - 180^0 + 2w$
$= 2w,$

folglich $\sphericalangle ASB = w$ als Peripheriewinkel über demselben Bogen.

Fall II. Der gemessene Horizontalwinkel ist stumpf.

Sind A und B in Figur 19 die beiden Objekte, deren Horizontalwinkel w gemessen ist, so trägt man in A und B an AB nach der dem Schiffsorte abgewandten Seite den Winkel $w - 90^0$ an. Schneiden sich die Schenkel der angetragenen Winkel in C, so beschreibt man um C mit CA oder CB einen Kreis; dann erfüllt jeder Punkt S auf der Peripherie desjenigen Kreisbogens, welcher an der dem Mittelpunkte abgewandten Seite von AB liegt, die Bedingung, dass von ihm aus der Horizontalwinkel w gemessen wird.

Beweis:
$\sphericalangle ACB = 180^0 - (w - 90^0 + w - 90^0)$
$= 180^0 - (2w - 180^0)$
$= 180^0 - 2w + 180^0$
$= 360^0 - 2w.$

Folglich ist der Centriwinkel über dem grossen Bogen AB gleich $2w$; mithin der Peripheriewinkel ASB nach Erkl. 29 gleich w.

Beispiel 7. (Fall I. Der Horizontalwinkel ist spitz.)

Ein Turm steht von einem Schornstein N 55° O in einem Abstande von 4,5 sml. Mit einem Sextanten misst man von einem südlich stehenden Schiffe aus den Höhenwinkel des 11 m hohen Turmes zu 10' 20" und gleich darauf den Horizontalwinkel zwischen Schornstein und Turm zu 71°. Wie gross sind die Abstände von beiden Objekten?

Hilfsrechnung 1.

Aus: $ST = \dfrac{11}{1852} \, cotg \, 10' 20''$ sml

folgt:
$\log ST = \log 11 + \log cotg \, 10' 20'' - \log 1852.$
Nun ist:
$\log 11 = 1{,}0414$
$\log cotg \, 10' 20'' = 2{,}5220$
$\overline{\; 3{,}5634}$
$\log 1852 = 3{,}2676$
$\log ST = \overline{0{,}2958}$
$ST = 2{,}0$ sml.

Auflösung 1 (durch Konstruktion). Nach dem in der Antwort auf Frage 10 angegebenen Verfahren (Beispiel 2) wird der Abstand von T erhalten durch:

Formel 1: $d = \dfrac{h_m}{1852} \, cotg \, w$ sml

oder nach Einsetzung der gegebenen Zahlenwerte:

$ST = \dfrac{11}{1852} \, cotg \, 10' 20''$ sml

oder nach Hilfsrechnung 1:

$ST = 2{,}0$ sml.

Figur 20.

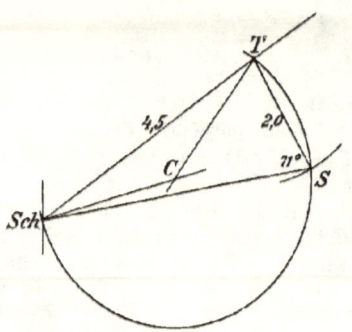

Man ziehe durch einen beliebig gewählten Punkt Sch (Schornstein) (siehe Figur 20) parallel zum Papierrande den Meridian, trage von Sch aus die Richtung N 55° O ein und setze auf dieser Geraden die Strecke von 4,5 cm (1 sml = 1 cm) ab, so erhält man T. Um T beschreibe man mit der oben berechneten Entfernung $ST = 2,0$ sml (= 2 cm) einen Kreisbogen nach Süden. Ferner trage man in Sch und T nach unten (Süden) die Winkel 19° (90° — 71°) an und beschreibe um den Schnittpunkt C der beiden Schenkel einen Kreis mit dem Radius CT, welcher den um T beschriebenen Kreisbogen in S schneidet, so ist S der gesuchte Schiffsort.

Erkl. 30. Dasselbe Resultat würde man nach Erkl. 20 erhalten. Danach ist nämlich:

$$ST = \frac{13 \cdot 11}{7 \cdot 10,3} \text{ sml}$$
$$= \frac{143}{72,1} = 2,0 \text{ sml}.$$

Hilfsrechnung 2.

Aus:
$$\sin Sch = \frac{2,0 \cdot \sin 71°}{4,5}$$

folgt:
$\log \sin Sch = \log 2,0 + \log \sin 71° - \log 4,5$.
Nun ist: $\log 2,0 = 0,3010$
$\log \sin 71° = 9,9757 - 10$
$\overline{ 0,2767}$
$\log 4,5 = 0,6532$
$\log \sin Sch = \overline{9,6235 - 10}$
$\sphericalangle Sch = 24° 51'$.

Hilfsrechnung 3.

$\sphericalangle T = 180° - (71° + 24° 51')$
$= 180° - 95° 51'$
$= 84° 9'$.

Hilfsrechnung 4.

Aus:
$$Sch\, S = \frac{4,5 \cdot \sin 84° 9'}{\sin 71°} \text{ sml}$$

folgt:
$\log Sch\, S = \log 4,5 + \log \sin 83° 9' - \log \sin 71°$
Nun ist: $\log 4,5 = 0,6532$
$\log \sin 84° 9' = 9,9977 - 10$
$\overline{ 0,6509}$
$\log \sin 71° = 9,9757 - 10$
$\log Sch\, S = \overline{0,6752}$
$Sch\, S = 4,7$ sml.

Erkl. 31. Da aus zwei Seiten und dem der kleineren Seite gegenüberliegenden Winkel stets zwei Dreiecke berechnet werden können, so wird die Bestimmung des Schiffsortes aus einer Vertikal- und einer Horizontalwinkelmessung dann zweideutig werden, wenn der aus dem

Auflösung 2 (durch Rechnung).

Gegeben: $\begin{cases} Sch\, T = 4,5 \text{ sml} \\ TS = 2,0 \\ \sphericalangle S = 71°. \end{cases}$

Gesucht: $S\, Sch$.

Nach der Sinusregel besteht die Relation:
$$\frac{Sch\, T}{ST} = \frac{\sin S}{\sin Sch},$$

folglich:

Formel 9: $\sin Sch = \dfrac{ST \cdot \sin S}{Sch\, T}$.

Nach Einsetzung der gegebenen und in Hilfsrechnung 1 gefundenen Zahlenwerte erhält man:
$$\sin Sch = \frac{2,0 \cdot \sin 71°}{4,5}$$

oder nach Hilfsrechnung 2:
$\sphericalangle Sch = 24° 51'$

Ferner ist:
$\sphericalangle T = 180° - (\sphericalangle S + \sphericalangle Sch)$

oder nach Hilfsrechnung 3:
$\sphericalangle T = 84° 9'$.

Endlich besteht nach der Sinusregel die Relation:
$$\frac{Sch\, T}{Sch\, S} = \frac{\sin S}{\sin T},$$

folglich:

Formel 10: $Sch\, S = \dfrac{Sch\, T \cdot \sin T}{\sin S}$

Durch Einsetzung der gegebenen und in Hilfsrechnung 3 gefundenen Zahlenwerte erhält man:
$$Sch\, S = \frac{4,5 \cdot \sin 84° 9'}{\sin 71°} \text{ sml}$$

oder nach Hilfsrechnung 4:
$Sch\, S = 4,7$ sml.

Vertikalwinkel folgende Abstand grösser ist, als die Entfernung der beiden Objekte. In diesem Falle schneidet der um T beschriebene Kreisbogen den um C beschriebenen Kreis in zwei Punkten. Die Entscheidung über die Wahl des einen oder andern als Schiffsort kann dann nur durch Zuhilfenahme anderer Bestimmungen (Peilungen) getroffen werden.

Ungelöste Aufgaben.

Aufgabe 29. Eine Mühle liegt von einem Turm $S\ 68^0\ W$, Abstand 7,1 sml. Man misst von einem nördlich stehenden Schiffe aus den Horizontalwinkel zwischen beiden Objekten zu $71^0\ 18'$ und misst zugleich den Höhenwinkel des 47 m hohen Turmes zu $16'\ 20''$. Wie weit steht man von der Mühle und wie weit vom Turme entfernt?

Andeutung. Die Aufgaben 29 bis 31 sind analog dem Beispiel 7 zu lösen.

Aufgabe 30. A liegt von $B\ N\ 18^0\ O$ 5 sml entfernt. Man misst an Bord eines östlich stehenden Schiffes den Horizontalwinkel $51^0\ 13'$ und den Höhenwinkel des 29 m hohen Turmes von A zu $30'\ 30''$. Wie gross sind die Abstände von beiden Objekten?

Aufgabe 31. Ein Turm liegt von einem andern Turm $S\ 39^0\ O$, Abstand 5,9 sml. Man misst den Horizontalwinkel zwischen beiden Türmen zu $59^0\ 58'$ und misst zugleich den Höhenwinkel des ersteren, dessen Höhe 28 m beträgt, zu $10'\ 30''$. Wie gross sind die Abstände von beiden Türmen?

Beispiel 8. (Fall II. Der Horizontalwinkel ist stumpf.)

Eine Mühle steht von einem Turme $S\ 86^0\ O$ in einem Abstande von 5,2 sml. Von einem nördlich stehenden Schiffe aus misst man mit dem Sextanten den Höhenwinkel des 26 m hohen Turmes zu $12'\ 30''$ und zugleich den Horizontalwinkel zwischen beiden Objekten zu $98^0\ 36'$. Wie gross sind die Abstände von denselben?

Figur 21.

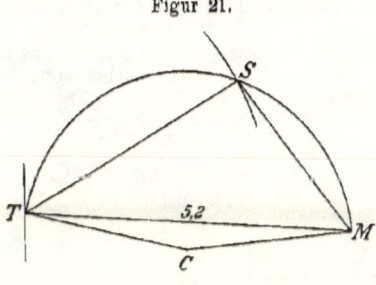

Auflösung 1 (durch Konstruktion). Nach dem in der Antwort auf Frage 10 angegebenen Verfahren (Beispiel 2) wird der Abstand von T erhalten durch:

Formel 1: $d = \dfrac{h_m}{1852}\ cotg\ w$ sml.

Nach Einsetzung der gegebenen Zahlenwerte erhält man:

$$ST = \dfrac{26}{1852}\ cotg\ 12'\ 30''\ \text{sml}$$

oder nach Hilfsrechnung 1:

$$ST = 3,9\ \text{sml}.$$

Man ziehe durch einen beliebig gewählten Punkt T (Turm) (siehe Figur 21)

Hilfsrechnung 1.

Aus:
$$ST = \frac{26}{1852} \cdot cotg\, 12'\, 30''$$
folgt:
$\log ST = \log 26 + \log cotg\, 12'\, 30'' - \log 1852.$
Nun ist:

$$\log 26 = 1{,}4150$$
$$\log cotg\, 12'\, 30'' = 2{,}4394$$
$$\overline{3{,}8544}$$
$$\log 1852 = 3{,}2676$$
$$\overline{\log ST = 0{,}5868}$$
$$ST = 3{,}9 \text{ sml.}$$

Erkl. 32. Dasselbe Resultat würde man nach Erkl. 20 erhalten. Danach ist nämlich:
$$ST = \frac{13 \cdot 26}{7 \cdot 12{,}5} \text{ sml}$$
$$= \frac{338}{87{,}5} = 3{,}9 \text{ sml.}$$

Hilfsrechnung 2.

Aus:
$$\sin M = \frac{3{,}9 \cdot \sin 98°\, 36'}{5{,}2} \text{ sml}$$
folgt:
$\log \sin M = \log 3{,}9 + \log \sin 98°\, 36' - \log 5{,}2.$
Nun ist:

$$\log 3{,}9 = 0{,}5911$$
$$\log \sin 98°\, 36' = 9{,}9951 - 10$$
$$\overline{0{,}5862}$$
$$\log 5{,}2 = 0{,}7160$$
$$\overline{\log \sin M = 9{,}8702 - 10}$$
$$M = 47°\, 52'.$$

Hilfsrechnung 3.

$\sphericalangle T = 180° - (98°\, 36' + 47°\, 52)$
$ = 180° - 146°\, 28'$
$ = 33°\, 32'.$

Hilfsrechnung 4.

Aus:
$$SM = \frac{5{,}2\, \sin 33°\, 32'}{\sin 98°\, 36'} \text{ sml}$$
folgt:
$\log SM = \log 5{,}2 + \log \sin 33°\, 32' - \log \sin 98°\, 36'.$
Nun ist:

$$\log 5{,}2 = 0{,}7160$$
$$\log \sin 33°\, 32' = 9{,}7423 - 10$$
$$\overline{0{,}4583}$$
$$\log \sin 98°\, 36' = 9{,}9951 - 10$$
$$\overline{\log SM = 0{,}4632}$$
$$SM = 2{,}9 \text{ sml.}$$

Erkl. 33. In diesem Falle eines stumpfen Horizontalwinkels ist jede Zweideutigkeit ausgeschlossen, weil in dem Dreiecke stets zwei Seiten und der der grösseren Seite gegenüberliegende Winkel gegeben sind.

parallel zum Papierrande den Meridian, trage von T aus die Richtung S 86° O ein und setze auf dieser Geraden die Strecke von 5,2 cm (1 sml = 1 cm) ab; so erhält man M. Um T beschreibe man mit der oben berechneten Entfernung $ST = 3{,}9$ sml (= 3,9 cm) einen Kreisbogen nach oben (Norden). Ferner trage man in T und M an TM nach Süden den Winkel 8° 36' (98° 36' — 90°) an und beschreibe um den Schnittpunkt C der beiden Schenkel einen Kreis mit dem Radius CT oder CM, welcher den um T beschriebenen Kreisbogen in S schneidet; so ist S der gesuchte Schiffsort:

Auflösung 2 (durch Rechnung).

Gegeben: $\begin{cases} TM = 5{,}2 \text{ sml} \\ TS = 3{,}9 \text{ sml} \\ \sphericalangle S = 98°\, 36'. \end{cases}$

Gesucht: SM.

Nach der Sinusregel besteht die Relation:
$$\frac{TM}{TS} = \frac{\sin S}{\sin M},$$
folglich:

Formel 11: $\sin M = \dfrac{TS \cdot \sin S}{TM}.$

Durch Einsetzung der gegebenen und in Hilfsrechnung 1 gefundenen Zahlenwerte erhält man:
$$\sin M = \frac{3{,}9 \cdot \sin 98°\, 36'}{5{,}2} \text{ sml}$$
oder nach Hilfsrechnung 2:
$$M = 47°\, 52'.$$

Ferner ist:
$$\sphericalangle T = 180° - (\sphericalangle S + \sphericalangle M)$$
oder nach Hilfsrechnung 3:
$$\sphericalangle T = 33°\, 32'.$$

Endlich besteht nach der Sinusregel die Relation:
$$\frac{TM}{SM} = \frac{\sin S}{\sin T},$$
folglich:

Formel 12: $SM = \dfrac{TM \cdot \sin T}{\sin S}.$

Durch Einsetzung der gegebenen und in Hilfsrechnung 3 gefundenen Zahlenwerte erhält man:
$$SM = \frac{5{,}2 \cdot \sin 33°\, 32'}{\sin 98°\, 36'} \text{ sml}$$
oder nach Hilfsrechnung 4:
$$SM = 2{,}9 \text{ sml.}$$

Die Küstenschiffahrt.

Ungelöste Aufgaben.

Aufgabe 32. A liegt von B N 65° O 6,6 sml entfernt. Man misst den Höhenwinkel des 34 m hohen Turmes von A zu 28′ 3″ und zugleich den Horizontalwinkel zwischen beiden Objekten zu 122° 31′. Wie gross sind die Abstände, wenn das Schiff südlich von den Objekten sich befindet?

Andeutung. Die Aufgaben 32 bis 34 sind analog dem Beispiel 8 zu lösen.

Aufgabe 33. Eine Boje liegt von einem Turm S 29° O in einem Abstande von 2,9 sml. Man misst den Höhenwinkel des 17 m hohen Turmes an Bord eines östlich stehenden Schiffes zu 25′ 30″ und zugleich den Horizontalwinkel zwischen beiden Objekten zu 100° 10′. Wie weit steht man von beiden entfernt?

Aufgabe 34. Zwei Türme liegen in der Richtung Ost-West von einander in einer Entfernung von 7,3 sml. Man misst von einem nördlich vor Anker liegenden Schiffe aus den Horizontalwinkel zwischen beiden zu 111° 29′ und den Höhenwinkel des östlichen Turmes, dessen Höhe 22 m beträgt, zu 18′ 50″. Wie gross sind die Abstände?

4. Abstandsbestimmung durch abgestumpfte Doppelpeilung.

Frage 16. Wie bestimmt man die Abstände von zwei terrestrischen Objekten durch eine abgestumpfte Doppelpeilung?

Figur 22.

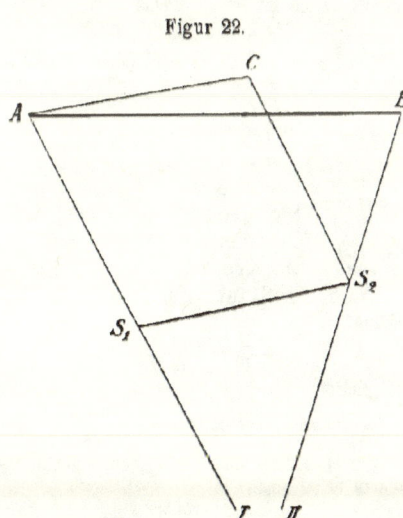

Antwort. Wenn zwei terrestrische Objekte A und B, deren gegenseitige Lage man aus der Karte kennt, zu zwei verschiedenen Zeiten gepeilt sind und die in der Zwischenzeit stattgefundene Versegelung durch Kompass und Logge bekannt ist, so setzt man zunächst von den beiden gepeilten Objekten die den Peilungen entgegengesetzten Richtungen ab, nämlich in Figur 22 von A die Peilungslinie I und von B die Peilungslinie II. Dann trägt man von dem zuerst gepeilten Orte A die Versegelung AC nach Kurs und Distanz ein und zieht durch C eine Parallele zu I. Der Schnittpunkt dieser Parallelen mit II ist der Schiffsort S_2 bei der zweiten Peilung. Zieht man dann noch $S_2 S_1 \parallel CA$, so erhält man S_1 als Schiffsort bei der ersten Peilung. Dann sind AS_1 und BS_2 die Abstände des Schiffes von den gepeilten Objekten.

Erkl. 34. Dass $S_1 S_2$ wirklich die stattgehabte Versegelung darstellt, folgt aus dem planimetrischen Satze, dass die gegenüberliegenden Seiten eines Parallelogramms einander gleich sind.

Erkl. 35. Die Bestimmung des Schiffsortes durch eine abgestumpfte Doppelpeilung wird am wenigsten durch die Fehler in den Peilungen und in der Versegelung beeinflusst, wenn der Winkel zwischen den beiden Peilungen 90° beträgt (siehe Erkl. 21).

Beispiel 9.

A liegt von B S 59° W in einem Abstande von 8,5 sml. Man peilt A in N 53° W, segelt darauf N 81° O 3,9 sml und peilt dann B in N 23° O. Wie gross ist der Abstand von A bei der ersten und von B bei der zweiten Peilung?

Figur 23.

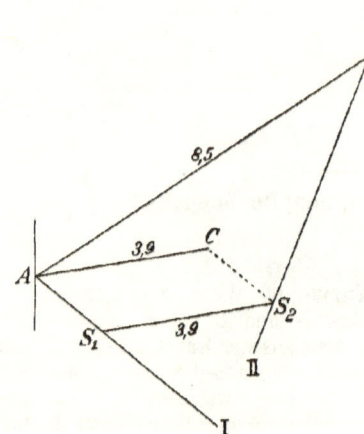

Hilfsrechnung. 1.
$\sphericalangle B = 59° - 23°$
$\quad = 36°$.

Hilfsrechnung 2.
$\sphericalangle A = 180° - (59° + 53°)$
$\quad = 180° - 112°$
$\quad = 68°$.

Hilfsrechnung 3.
$\quad$ N 53° W
$\quad$ N 23° O
$\sphericalangle D = 76°$.

Hilfsrechnung 4.
$\quad$ N 81° O
$\quad$ S 53° O
$\sphericalangle S_1 = 180° - (81° + 53°)$
$\quad = 180° - 134°$
$\quad = 46°$.

Auflösung 1 (durch Konstruktion). Man ziehe durch einen beliebig gewählten Punkt B (Fig. 23) parallel zum Papierrande den Meridian, trage von B aus die Richtung S 59° W ein und setze auf dieser Geraden die Strecke von 8,5 cm (1 sml = 1 cm) ab; so erhält man A. Darauf lege man durch A in derselben Weise den Meridian, trage von A aus die Richtung S 53° O (I) ein und ebenso von B aus die Richtung S 23° W (II). Sodann trage man von A aus N 81° O 3,9 cm ein und ziehe durch den Endpunkt C die Gerade $CS_2 \parallel$ I und $S_2 S_1 \parallel AC$; so sind S_1 und S_2 die beiden Schiffsörter zur Zeit der Peilungen und AS_1 sowie BS_2 die gesuchten Abstände.

Auflösung 2 (durch Rechnung). Verlängert man I und II bis zu ihrem Schnittpunkt D, so ist im $\triangle ADB$

gegeben: $\begin{cases} AB = 8{,}5 \text{ sml} \\ \sphericalangle B = 36° \\ \sphericalangle A = 68° \\ \sphericalangle D = 76° \end{cases}$ (siehe Hilfsrechnung 1, 2, 3.)

und im $\triangle S_1 D S_2$

gegeben: $\begin{cases} S_1 S_2 = 3{,}9 \text{ sml} \\ \sphericalangle S_1 = 46° \\ \sphericalangle S_2 = 58° \\ \sphericalangle D = 76° \end{cases}$ (siehe Hilfsrechnung 4, 5.)

gesucht: AS_1 und BS_2.

Nach der Sinusregel besteht die Relation:
$$\frac{AB}{AD} = \frac{\sin D}{\sin B},$$
folglich:

Formel 13: $AD = \dfrac{AB \cdot \sin B}{\sin D}$.

Durch Einsetzung der gegebenen Zahlenwerte erhält man:
$$AD = \frac{8{,}5 \cdot \sin 36°}{\sin 76°} \text{ sml}$$

Die Küstenschiffahrt.

Hilfsrechnung 5.
$$S\ 81°\ W$$
$$S\ 23°\ W$$
$$\sphericalangle S_2 = 58°.$$

Hilfsrechnung 6.
Aus: $AD = \dfrac{8{,}5 \cdot \sin 36°}{\sin 76°}$ sml

folgt:
$\log AD = \log 8{,}5 + \log \sin 36° - \log \sin 76°.$

Nun ist:
$\log 8{,}5 = 0{,}9294$
$\log \sin 36° = 9{,}7692 - 10$
$ \overline{0{,}6986}$
$\log \sin 76° = 9{,}9869 - 10$
$\log AD = \overline{0{,}7117}$
$AD = 5{,}2$ sml.

Hilfsrechnung 7.
Aus: $BD = \dfrac{8{,}5 \sin 68°}{\sin 76°}$ sml

folgt:
$\log BD = \log 8{,}5 + \log \sin 68° - \log \sin 76°.$

Nun ist:
$\log 8{,}5 = 0{,}9294$
$\log \sin 68° = 9{,}9672 - 10$
$ \overline{0{,}8966}$
$\log \sin 76° = 9{,}9869 - 10$
$\log BD = \overline{0{,}9097}$
$BD = 8{,}1$ sml.

Hilfsrechnung 8.
Aus: $S_1 D = \dfrac{3{,}9 \cdot \sin 58°}{\sin 76°}$ sml

folgt:
$\log S_1 D = \log 3{,}9 + \log \sin 58° - \log \sin 76°.$

Nun ist:
$\log 3{,}9 = 0{,}5911$
$\log \sin 58° = 9{,}9284 - 10$
$ \overline{0{,}5195}$
$\log \sin 76° = 9{,}9869 - 10$
$\log S_1 D = \overline{0{,}5326}$
$S_1 D = 3{,}4$ sml.

Hilfsrechnung 9.
Aus: $S_2 D = \dfrac{3{,}9 \cdot \sin 46°}{\sin 76°}$ sml

folgt:
$\log S_2 D = \log 3{,}9 + \log \sin 46° - \log \sin 76°.$

Nun ist:
$\log 3{,}9 = 0{,}5911$
$\log \sin 46° = 9{,}8569 - 10$
$ \overline{0{,}4480}$
$\log \sin 76° = 9{,}9869 - 10$
$ \overline{0{,}4611}$
$S_2 D = 2{,}9$ sml.

Hilfsrechnung 10.
$AD = 5{,}2$ sml
$S_1 D = 3{,}4$ sml.
$\overline{AS_1 = 1{,}8\ \text{sml}.}$

Hilfsrechnung 11.
$BD = 8{,}1$ sml
$S_2 D = 2{,}9$ sml
$\overline{BS_2 = 5{,}2\ \text{sml}.}$

oder nach Hilfsrechnung 6:
$$AD = 5{,}2\ \text{sml}.$$

Ferner besteht nach der Sinusregel die Relation:
$$\frac{AB}{BD} = \frac{\sin D}{\sin A},$$

folglich:

Formel 14: $BD = \dfrac{AB \cdot \sin A}{\sin D}$.

Durch Einsetzung der gegebenen Zahlenwerte erhält man:
$$BD = \frac{8{,}5 \cdot \sin 68°}{\sin 76°}\ \text{sml}$$

oder nach Hilfsrechnung 7:
$$BD = 8{,}1\ \text{sml}.$$

Nach der Sinusregel besteht die Relation:
$$\frac{S_1 S_2}{S_1 D} = \frac{\sin D}{\sin S_2},$$

folglich:

Formel 15: $S_1 D = \dfrac{S_1 S_2 \cdot \sin S_2}{\sin D}$.

Durch Einsetzung der gegebenen Zahlenwerte erhält man:
$$S_1 D = \frac{3{,}9 \cdot \sin 58°}{\sin 76}\ \text{sml}$$

oder nach Hilfsrechnung 8:
$$S_1 D = 3{,}4\ \text{sml}.$$

Endlich besteht nach der Sinusregel die Relation:
$$\frac{S_1 S_2}{S_2 D} = \frac{\sin D}{\sin S_1},$$

folglich:

Formel 16: $S_2 D = \dfrac{S_1 S_2 \cdot \sin S_1}{\sin D}$.

Nach Einsetzung der gegebenen Zahlenwerte erhält man:
$$S_2 D = \frac{3{,}9 \cdot \sin 46°}{\sin 76°}\ \text{sml}$$

oder nach Hilfsrechnung 9:
$$S_2 D = 2{,}9\ \text{sml}.$$

Demnach ist:
$$AS_1 = AD - S_1 D$$

oder nach Hilfsrechnung 10:
$$AS_1 = 1{,}8\ \text{sml}$$

und ebenso:
$$BS_2 = BD - S_2 D$$

oder nach Hilfsrechnung 11:
$$BS_2 = 5{,}2\ \text{sml}.$$

Ungelöste Aufgaben.

Aufgabe 35. Ein Turm liegt von einer Mühle S 67° W 9 sml entfernt. Man peilt den Turm N 34° W, segelt Ost 3,2 sml und peilt dann die Mühle in N 34° O. Welches sind die Abstände bei der ersten Peilung vom Turm und bei der zweiten Peilung von der Mühle?

Andeutung. Die Aufgaben 35 bis 39 werden analog dem Beispiel 9 gelöst.

Aufgabe 36. A liegt von B S 48° W 26 sml entfernt. Man peilt A S 22° O, segelt dann S 79° O 19,6 sml und peilt hierauf B in N 19° O. Welches ist der Abstand von A bei der ersten, von B bei der zweiten Peilung?

Aufgabe 37. Das Feuerschiff von Adler Grund liegt vom Feuer Due Odde (Südspitze von Bornholm) S 68° W, Abstand 27,5 sml. Man peilt das Feuerschiff in S 43° W, segelt hierauf S 83° O 25 sml und peilt dann das Landfeuer in N 22° W. Wie gross ist der Abstand bei der ersten Peilung vom Feuerschiff, bei der zweiten vom Landfeuer?

Aufgabe 38. Ein Kirchturm liegt von einem Feuerturm N 21° O, Abstand 19 sml. Man peilt den Feuerturm in S 61° W, segelt darauf N 23° O 7,8 sml und peilt dann den Kirchturm in N 32° W. Wie gross ist der Abstand bei der ersten Peilung vom Feuerturm und bei der zweiten Peilung vom Kirchturm?

Aufgabe 39. Pillau Leuchtturm liegt von Brüsterort Leuchtturm S 8° W, Abstand 20 sml. Man peilt den ersteren in S 52° O, segelt darauf N 10° O 9 sml und peilt dann den letzteren in N 68° O. Wie gross ist der Abstand bei der ersten Peilung vom Pillauer Leuchtturm und bei der zweiten Peilung vom Leuchtturm in Brüsterort?

c) Drei Objekte sichtbar.

Abstandsbestimmung durch Messung zweier Horizontalwinkel.
(Problem von Pothenot.)

Frage 17. Wie bestimmt man die Abstände von drei terrestrischen Objekten durch Messung zweier Horizontalwinkel?

Antwort. Wenn in Figur 24 A, B und C drei Objekte sind, deren gegenseitige Lage aus der Karte bekannt ist, und mit einem Sextanten die Horizontal-

Figur 24.

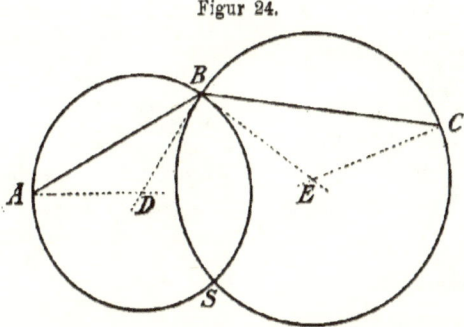

Erkl. 36. Diese „Aufgabe der vier Punkte," welche von besonderer Wichtigkeit für die Küstenaufnahme ist, ist zuerst von dem Holländer Snellius 1617 angewandt. Der Franzose Pothenot behandelte sie erst im Jahre 1692 in den Mémoires de l'Académie. Trotzdem wird die Aufgabe in der Nautik allgemein nach letzterem benannt.

winkel zwischen A und B sowie zwischen B und C gemessen sind, so führt die doppelte Anwendung der in der Antwort auf Frage 15 angegebenen Konstruktion zu zwei Kreisen, in deren Schnittpunkt S das Schiff steht.

Beispiel 10.

A liegt von B S 82° W in einem Abstande von 5,5 sml; C von B S 71° O in einem Abstande von 4,3 sml. Von einem südlich stehenden Schiffe aus misst man mit einem Sextanten den Horizontalwinkel zwischen A und B zu 55° 11' und zwischen B und C zu 51° 43'. Wie gross sind die Abstände des Schiffes von den drei Punkten und in welchen Richtungen befindet sich dasselbe von ihnen?

Auflösung 1 (durch Konstruktion). Durch einen beliebig gewählten Punkt B (siehe Figur 25) lege man parallel zum Papierrande den Meridian und trage dann von B aus die beiden Richtungen S 82° W und S 71° O ein; setze auf der ersteren Geraden die Strecke $BA = 5,5$ cm (1 sml $= 1$ cm) und auf der letzteren die Strecke $BC = 4,3$ cm ab. Hierauf trage man an AB in A und B die Winkel 34,8° nach unten (Süden) hin ab, deren Schenkel

Figur 25.

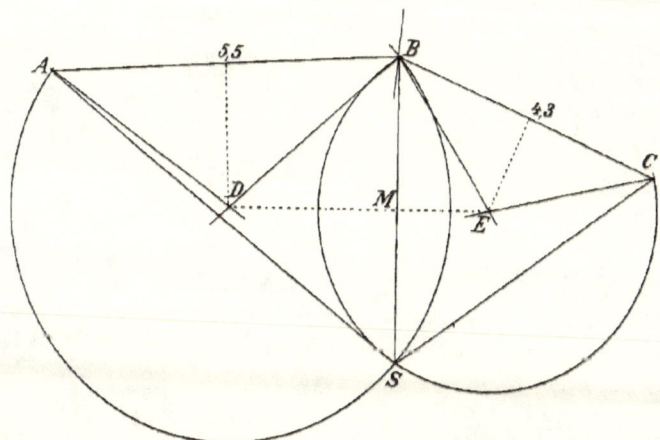

Hilfsrechnung 1.

$$BF = \frac{AB}{2} = \frac{5,5}{2} = 2,75 \text{ sml},$$

$$BG = \frac{BC}{2} = \frac{4,3}{2} = 2,15 \text{ sml},$$

$$\sphericalangle DBE = \sphericalangle ABC - (\sphericalangle ABD + \sphericalangle CBE)$$
$$= 153^0 - (34^0\ 49' + 38^0\ 17')$$
$$= 153^0 - 73^0\ 6'$$
$$= 79^0\ 54'.$$

Hilfsrechnung 2.

Aus:
$$BD = \frac{2,75}{\cos 34^0\ 49'} \text{ sml}$$

folgt:
$$\log BD = \log 2,75 - \log \cos 34^0\ 49'.$$

Nun ist:
$$\log 2,75 = 0,4393$$
$$\log \cos 34^0\ 49' = 9,9143 - 10$$
$$\log BD = \overline{0,5250}$$
$$BD = 3,35 \text{ sml}.$$

Hilfsrechnung 3.

Aus:
$$BE = \frac{2,15}{\cos 38^0\ 17'} \text{ sml}$$

folgt:
$$\log BE = \log 2,15 - \log \cos 38^0\ 17'.$$

Nun ist:
$$\log 2,15 = 0,3324$$
$$\log \cos 38^0\ 17' = \underline{9,8948 - 10}$$
$$\log BE = 0,4376$$
$$BE = 2,74 \text{ sml}.$$

Hilfsrechnung 4.

$$BD = 3,35 \text{ sml}$$
$$\underline{BE = 2,74 \text{ „}}$$
$$BD + BE = 6,09 \text{ sml}$$
$$BD - BE = 0,61 \text{ „}$$
$$BED + BDE = 180^0 - DBE$$
$$= 180^0 - 79^0\ 54'$$
$$= 100^0\ 6'$$
$$\frac{BED + BDE}{2} = 50^0\ 3'.$$

Hilfsrechnung 5.

Aus:
$$tg \frac{BED - BDE}{2} = \frac{0,61 \cdot tg\ 50^0\ 3'}{6,09}$$

folgt:
$$\log tg \frac{BED - BDE}{2}$$
$$= \log 0,61 + \log tg\ 50^0\ 3' - \log 6,09.$$

sich im Punkte D schneiden und ebenso an BC in B und C die Winkel 38,3⁰, deren Schenkel sich in E schneiden. Endlich beschreibe man um D einen Kreis mit $DA = DB$ und um E mit $EB = EC$, so ist der Schnittpunkt S der beiden Kreise der gesuchte Schiffsort S und die Strecken AS, BS und CS die gesuchten Abstände.

Auflösung 2 (durch Rechnung). Zieht man in Figur 25 die Hilfslinien $DF \perp AB$, $EG \perp BC$ und die Linie DE, welche BS in M schneidet, so ist im $\triangle ADF$:

$$\cos \sphericalangle FBD = \frac{BF}{BD},$$

folglich:

Formel 17: $BD = \dfrac{BF}{\cos FBD}.$

Nach Einsetzung der Zahlenwerte erhält man:

$$BD = \frac{2,75}{\cos 34^0\ 49'} \text{ sml}$$

oder nach Hilfsrechnung 2:
$$BD = 3,35 \text{ sml}.$$

Ebenso findet man im $\triangle BGE$:

$$\cos \sphericalangle GBE = \frac{BG}{BE},$$

folglich:

Formel 18: $BE = \dfrac{BG}{\cos GBE}.$

Nach Einsetzung der Zahlenwerte erhält man:

$$BE = \frac{2,15}{\cos 38^0\ 17'} \text{ sml}$$

oder nach Hilfsrechnung 3:
$$BE = 2,74 \text{ sml}.$$

Im $\triangle BDE$ gilt nach der Tangentenregel die Relation:

$$\frac{BD + BE}{BD - BE} = \frac{tg \dfrac{BED + BDE}{2}}{tg \dfrac{BED - BDE}{2}},$$

folglich:

$$tg \frac{BED - BDE}{2}$$
$$= \frac{(BD - BE) \cdot tg \dfrac{BED + BDE}{2}}{BD + BE}$$

Nach Einsetzung der in Hilfsrechnung 4 gefundenen Zahlenwerte erhält man:

$$tg \frac{BED - BDE}{2} = \frac{0,61 \cdot tg\ 50^0\ 3'}{6,09}$$

oder nach Hilfsrechnung 5:
$$\frac{BED - BDE}{2} = 6^0\ 49'.$$

Nun ist:
$$\log 0{,}61 = 9{,}7853 - 10$$
$$\log tg\, 50^0\, 3' = 0{,}0770$$
$$\overline{9{,}8623 - 10}$$
$$\log 6{,}09 = 0{,}7846$$
$$\log tg \cdot \frac{BED - BDE}{2} = 9{,}0777$$
$$\frac{BED - BDE}{2} = 6^0\, 49'.$$

Hilfsrechnung 6.
$$\frac{BED + BDE}{2} = 50^0\, 3'$$
$$\frac{BED - BDE}{2} = 6^0\, 49'$$
$$\overline{BED = 56^0\, 52'}$$
$$BDE = 43^0\, 14'.$$

Erkl. 37. Denkt man sich S mit D und E verbunden, so sind über BS die beiden gleichschenkligen Dreiecke BDS ($BD = DS$ als Kreisradien) und BES ($BE = ES$ als Kreisradien) errichtet; mithin ist nach einem planimetrischen Lehrsatze:
$$BM = SM \text{ und } DE \perp BS.$$

Hilfsrechnung 7.
Aus:
$$BM = 3{,}35 \cdot \sin 43^0\, 14'$$
folgt:
$$\log BM = \log 3{,}35 + \log \sin 43^0\, 14'.$$
Nun ist:
$$\log 3{,}35 = 0{,}5250$$
$$\log \sin 43^0\, 14' = 9{,}8357 - 10$$
$$\overline{\log BM = 0{,}3607}$$
$$BM = 2{,}30 \text{ sml.}$$

Hilfsrechnung 8.
Aus:
$$\sin BAS = \frac{4{,}60 \cdot \sin 55^0\, 11'}{5{,}5}$$
folgt:
$$\log \sin BAS = \log 4{,}60 + \log \sin 55^0\, 11' - \log 5{,}5.$$
Nun ist:
$$\log 4{,}60 = 0{,}6628$$
$$\log \sin 55^0\, 11' = 9{,}9143 - 10$$
$$\overline{0{,}5771}$$
$$\log 5{,}5 = 0{,}7404$$
$$\log \sin BAS = \overline{9{,}8367 - 10}$$
$$\sphericalangle BAS = 43^0\, 22'.$$

Nun ist:
Formel 19: $BED = \dfrac{BED + BDE}{2} + \dfrac{BED - BDE}{2}$

und
$$BDE = \frac{BED + BDE}{2} - \frac{BED - BDE}{2},$$
mithin nach Hilfsrechnung 6:
$$\sphericalangle BED = 56^0\, 52',$$
$$\sphericalangle BDE = 43^0\, 14'.$$
Ferner ist im $\triangle BDM$ (siehe Erkl. 37):
$$\sin BDM = \frac{BM}{BD},$$
folglich:
Formel 20: $BM = BD \cdot \sin BDM.$
Nach Einsetzung der gefundenen Zahlenwerte erhält man:
$$BM = 3{,}35 \cdot \sin 43^0\, 14' \text{ sml}$$
oder nach Hilfsrechnung 7:
$$BM = 2{,}30 \text{ sml}$$
Nun ist:
Formel 21: $BS = 2 \cdot BM,$
folglich:
$$BS = 2 \cdot 2{,}30 \text{ sml}$$
$$= 4{,}60 \text{ sml.}$$

Im $\triangle ABS$ besteht nach dem Sinussatze die Relation:
$$\frac{AB}{BS} = \frac{\sin ASB}{\sin BAS},$$
folglich:
Formel 22: $\sin BAS = \dfrac{BS \cdot \sin ASB}{AB}.$

Nach Einsetzung der Zahlenwerte erhält man:
$$\sin BAS = \frac{4{,}60 \sin 55^0\, 11'}{5{,}5}$$
oder nach Hilfsrechnung 8:
$$\sphericalangle BAS = 43^0\, 22'.$$
Nun ist:
Formel 23: $\sphericalangle ABS$
$$= 180^0 - (\sphericalangle BAS + \sphericalangle ASB)$$
$$= 180^0 - (43^0\, 22' + 55^0\, 11')$$
$$= 180^0 - 98^0\, 33'$$
$$= 81^0\, 27'.$$

Endlich besteht nach dem Sinussatze die Relation:
$$\frac{AB}{AS} = \frac{\sin ASB}{\sin ABS},$$
folglich:
Formel 24: $AS = \dfrac{AB \cdot \sin ABS}{\sin ASB}.$

Nach Einsetzung der Zahlenwerte erhält man:
$$AS = \frac{5{,}5 \cdot \sin 81^0\, 27'}{\sin 55^0\, 11'} \text{ sml}$$

Hilfsrechnung 9.

Aus:
$$AS = \frac{5{,}5 \cdot sin\, 81°\, 27'}{sin\, 55°\, 11'} \text{ sml}$$

folgt:
$\log AS = \log 5{,}5 + sin\, 81°\, 27' - \log sin\, 55°\, 11'.$

Nun ist:
$\log 5{,}5 = 0{,}7404$
$\log sin\, 81°\, 27' = 9{,}9951 - 10$
$\overline{\ 0{,}7355}$
$\log sin\, 55°\, 11' = 9{,}9143 - 10$
$\overline{\log AS = 0{,}8212}$
$AS = 6{,}63 \text{ sml.}$

Hilfsrechnung 10.

Aus:
$$sin\, BCS = \frac{4{,}60 \cdot sin\, 51°\, 43'}{4{,}3} \text{ sml}$$

folgt:
$\log sin\, BCS = \log 4{,}60 + \log sin\, 51°\, 43' - \log 4{,}3.$

Nun ist:
$\log 4{,}60 = 0{,}6628$
$\log sin\, 51°\, 43' = 9{,}8948 - 10$
$\overline{\ 0{,}5576}$
$\log 4{,}3 = 0{,}6335$
$\overline{\log sin\, BCS = 9{,}9241 - 10}$
$\sphericalangle BCS = 57°\, 6'.$

Hilfsrechnung 11.

Aus:
$$SC = \frac{4{,}3 \cdot sin\, 71°\, 11'}{sin\, 51°\, 43'} \text{ sml}$$

folgt:
$\log SC = \log 4{,}3 + \log sin\, 71°\, 11' - \log sin\, 51°\, 43'.$

Nun ist:
$\log 4{,}3 = 0{,}6335$
$\log sin\, 71°\, 11' = 9{,}9761 - 10$
$\overline{\ 0{,}6096}$
$\log sin\, 51°\, 43' = 9{,}8948 - 10$
$\overline{\log SC = 0{,}7148}$
$SC = 5{,}19 \text{ sml.}$

---

oder nach Hilfsrechnung 9:
$AS = 6{,}63 \text{ sml.}$

Um die Richtung anzugeben, in welcher das Schiff von A steht, bringt man den Winkel $BAS = 43°\, 22'$ an die Richtung von A nach B, nämlich N 82° O. Demnach steht das Schiff:
N (82° + 43° 22') O = N 125° 22' O = S 54° 38' O
von A in einem Abstande von 6,63 sml.

Im $\triangle BSC$ besteht nach der Sinusregel die Relation:
$$\frac{BC}{BS} = \frac{sin\, BSC}{sin\, BCS},$$

folglich:

Formel 25: $sin\, BCS = \dfrac{BS \cdot sin\, BSC}{BC}.$

Nach Einsetzung der Zahlenwerte erhält man:
$$sin\, BCS = \frac{4{,}60 \cdot sin\, 51°\, 43'}{4{,}3} \text{ sml}$$

oder nach Hilfsrechnung 10:
$\sphericalangle BCS = 57°\, 6'.$

Nun ist:

Formel 26: $\sphericalangle SBC$
$= 180° - (\sphericalangle BSC + \sphericalangle BCS)$
$= 180° - (51°\, 43' + 57°\, 6')$
$= 180° - 108°\, 49'$
$= 71°\, 11'.$

Endlich besteht nach dem Sinussatze die Relation:
$$\frac{BC}{SC} = \frac{sin\, BSC}{sin\, SBC},$$

folglich:
$$SC = \frac{BC \cdot sin\, SBC}{sin\, BSC}.$$

Nach Einsetzung der Zahlenwerte erhält man:
$$SC = \frac{4{,}3 \cdot sin\, 71°\, 11'}{sin\, 51°\, 43'} \text{ sml}$$

oder nach Hilfsrechnung 11:
$SC = 5{,}19 \text{ sml.}$

Um die Richtung anzugeben, in welcher das Schiff von C steht, bringt man den Winkel $BCS = 57°\, 6'$ an die Richtung von C nach B, nämlich N 71° W. Demnach steht das Schiff:
N (71° + 57° 6') W = N 128° 6' W = S 51° 54' W
von C in einem Abstande von 5,19 sml.

Um endlich die Richtung anzugeben, in welcher das Schiff von B steht, bringt man $\sphericalangle BSC = 51°\, 43'$ an die Richtung von SC, nämlich S 51° 54' W. Demnach steht das Schiff:
(S (51° 54' − 51° 43') W = S 0° 11' W
von B in einem Abstande von 4,60 sml.

Ungelöste Aufgaben.

Aufgabe 40. A liegt von C N 79° W 11,7 sml entfernt und B von C N 22° O 6 sml entfernt. Ein Schiff, welches sich nördlich von C befindet, misst den Horizontalwinkel zwischen B und C zu 59° 6′ und zwischen A und C zu 102° 55′. Wie weit steht das Schiff von A, B und C entfernt?

Andeutung. Die Aufgaben 40 bis 45 werden analog dem Beispiel 10 gelöst; nur ist hierbei zu bemerken, dass, wenn der Horizontalwinkel stumpf ist, die Konstruktion von Fall II, Seite 23 (siehe auch Beispiel 8) Platz greift.

Aufgabe 41. A liegt von B S 62° O 7 sml und C von B S 55° W 6,2 sml entfernt. Von einem Schiffe aus, auf welchem A rechts von B u. C erscheint, misst man den Horizontalwinkel zwischen A und B zu 63° 26 und zwischen B und C zu 59°. Wie gross sind die Abstände des Schiffes von den drei Objekten?

Aufgabe 42. Die Orte A, B und C liegen in gerader Linie von N 79° O nach S 79° W und zwar A von B 7,5 sml und B von C 5,4 sml. Von einem südlich stehenden Schiffe aus misst man den Winkel zwischen A und B zu 81° 19′, zwischen B und C zu 32° 37′. Wie gross sind die Abstände des Schiffes von den drei Objekten?

Aufgabe 43. A liegt von B N 57° O 7 sml und C von B S 22° W 4 sml entfernt. Von einem Schiffe, auf welchem A rechts von B und C erscheint, misst man den Horizontalwinkel zwischen A und B zu 97° 17′, zwischen B und C zu 58° 23′. Wie weit steht das Schiff von den drei Orten entfernt?

Aufgabe 44. Sunk Feuerschiff (Ostküste von England) liegt von Long Sand Feuerschiff N 64° W 7,0 sml und Kentish Knock Feuerschiff von Long Sand Feuerschiff S 2° W 8,9 sml entfernt. An Bord eines westlich von Long Sand Feuerschiff stehenden Dampfers misst man den Horizontalwinkel zwischen den beiden ersten Feuerschiffen zu 62° 13′ und zwischen den beiden letzten zu 71° 19′. Wie gross sind die Abstände von den drei Feuerschiffen?

Aufgabe 45. Winterton Feuerschiff (Ostküste von England) liegt von Newarp Feuerschiff S 48° W 5,8 sml und von Cross Sand Feuerschiff N 60° W 5,9 sml entfernt. Von einem östlich stehenden Schiffe misst man den Horizontalwinkel zwischen den beiden ersten Feuerschiffen zu 65° 11′ und zwischen den beiden letzten Feuerschiffen zu 112° 29′. Wie gross sind die Abstände des Schiffes von den drei Feuerschiffen?

III. Die Stromschiffahrt.

Der durch den Kompass angegebene Kurs und die auf diesem Kurse nach der Logge durchlaufene Distanz geben nur dann den wirklichen Weg des Schiffes an, wenn kein Strom vorhanden ist. Wenn dagegen ein Strom stattfindet, so muss man unterscheiden zwischen dem durch Kompass und Logge angegebenen Weg durch das Wasser und dem die wirkliche Ortsveränderung angebenden Weg über Grund. Jener gibt die relative, dieser die absolute Ortsveränderung an. Nach seemännischem Sprachgebrauch wird dann das Schiff durch den Strom versetzt, es erfährt eine Stromversetzung. Unsere Kenntnis von den Strömungen auf See ist noch eine ziemlich beschränkte. Da die Strömungen in sehr hohem Grade von den herrschenden Windverhältnissen abhängen, so sind die in den Stromkarten (Atlas zu dem Segelhandbuch für den atlantischen Ozean, für den indischen Ozean und für den grossen Ozean, herausgegeben von der Deutschen Seewarte) angegebenen Strömungen nur als Mittelwerte aufzufassen, welche im einzelnen Falle ziemlich erheblich von den thatsächlichen Verhältnissen abweichen können. Für einzelne begrenzte Gebiete, deren Strömungen unter der Herrschaft von Ebbe und Flut stehen, wie z. B. für die Nordsee und den englischen Kanal, existieren für die verschiedenen Phasen der Flutwelle speziellere Stromkarten (Gezeitentafeln, herausgegeben von der Deutschen Admiralität).

a) Aufgabe und Inhalt der Stromschiffahrt.

Frage 18. Welche Aufgabe hat die Stromschiffahrt?

Antwort. Wenn in Figur 26 AB nach Richtung und Länge den Weg bezeichnet, welchen ein Schiff durch seine eigene Fortbewegungsfähigkeit infolge seiner Segelkraft oder der Schiffsmaschine in stromfreiem Wasser in einer Stunde zurücklegt, und wenn AC nach Richtung und Länge die stündliche Fahrt des Stromes angibt, also die Verschiebung, welche die Wassermassen, in welchen sich das Schiff fortbewegt, während einer Stunde erleiden, so schlägt das Schiff durch die vereinte Wirkung von Segel- resp. Dampfkraft und Strom einen Weg über Grund ein, welcher zwischen AB und AC liegt, und zwar so, dass der Kiel des Schiffes bei dieser Fortbewegung stets parallel der Richtung AB bleibt, wie Figur 26 durch die verschiedenen Schiffspositionen 1, 2, 3, 4 angibt.

Da es für die Ortsveränderung eines Schiffes gleichgültig ist, ob dasselbe zuerst eine Stunde lang segelt ohne zu treiben und hierauf eine Stunde lang treibt ohne zu segeln, oder ob es eine Stunde lang gleichzeitig segelt und

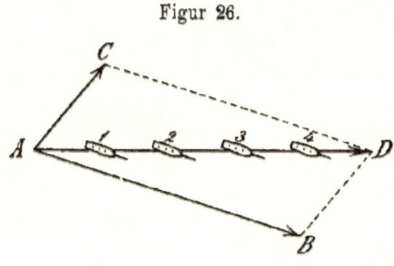

Figur 26.

Erkl. 38. Die Beziehungen zwischen dem Weg über Grund, dem Weg durch das Wasser und dem Strom bilden eine Anwendung des physikalischen Gesetzes vom Parallelogramm der Kräfte: „Wenn auf einen Körper zwei Kräfte wirken, so können dieselben ersetzt werden durch eine einzige Kraft (Resultierende), welche nach Richtung und Stärke dargestellt wird durch die Diagonale desjenigen Parallelogramms, dessen Seiten jene beiden Seitenkräfte bilden." Siehe „Lehrbuch der Dynamik fester Körper (Geodynamik)" von R. Klimpert.

treibt, so findet man den Punkt, nach welchem das Schiff durch den gemeinschaftlichen Einfluss des Segelns und Treibens in einer Stunde gelangt, indem man BD gleich und parallel AC zieht. Dann stellt die Gerade AD den Weg des Schiffes über Grund dar.

Die Aufgabe der Stromschiffahrt besteht nun darin, die im Vorstehenden angegebenen Verhältnisse, d. h. die Beziehungen zwischen Weg über Grund, Weg durch das Wasser und Strom bei der Navigierung in fliessenden Gewässern zu berücksichtigen.

Frage 19. Wie teilt man die Stromschiffahrt ein?

Antwort. Wenn von den drei Bewegungen: Weg über Grund, Weg durch das Wasser und Strom zwei bekannt sind, so lässt sich die dritte ermitteln. Somit zerfällt das ganze Anwendungsgebiet der Stromschiffahrt in drei verschiedene Fälle:

Fall I. Gegeben ist durch Kompass und Logge der Weg durch das Wasser und aus den Stromkarten der Strom.

Gesucht wird der Weg über Grund.

Fall II. Gegeben ist der Weg über Grund und der Strom.

Gesucht wird der Weg durch das Wasser (zu steuernder Kurs und zu segelnde Distanz).

Fall III. Gegeben ist der Weg über Grund und der Weg durch das Wasser.

Gesucht wird der Strom.

b) Fall I der Stromschiffahrt.

Frage 20. Wie findet man bei Fall I den Weg über Grund, wenn der Weg durch das Wasser und der Strom bekannt ist?

Antwort. Aus den Betrachtungen zur Frage 18 ergibt sich hier ohne weiteres, dass, wenn man vom Abgangsorte A (siehe Figur 27) aus den Weg des Schiffes durch das Wasser, nämlich AB absetzt und hierauf von B aus den gegebenen Strom als BC einträgt, die Gerade AC den gesuchten Weg über Grund darstellt.

Figur 27.

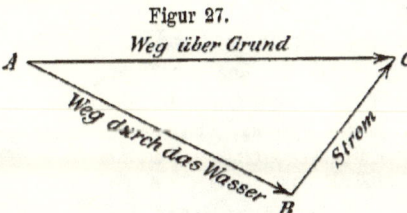

Beispiel 11.

Ein Schiff segelt in einem Strome, welcher stündlich S 40⁰ W 3 sml setzt, S 10⁰ O mit einer Fahrt von 5 kn. Welches ist der vom Schiffe zurückgelegte Weg über Grund?

Figur 28.

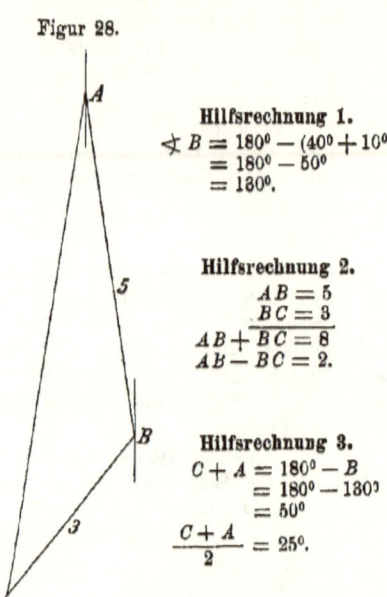

Hilfsrechnung 1.
$\angle B = 180^0 - (40^0 + 10^0)$
$= 180^0 - 50^0$
$= 130^0.$

Hilfsrechnung 2.
$AB = 5$
$BC = 3$
$\overline{AB + BC = 8}$
$AB - BC = 2.$

Hilfsrechnung 3.
$C + A = 180^0 - B$
$= 180^0 - 130^0$
$= 50^0$
$\frac{C + A}{2} = 25^0.$

Hilfsrechnung 4.
Aus:
$tg \frac{C - A}{2} = \frac{2 \cdot tg\, 25^0}{8}$
folgt:
$\log tg \frac{C - A}{2} = \log 2 + \log tg\, 25^0 - \log 8$
Nun ist: $\log 2 = 0{,}3010$
$\log tg\, 25^0 = \underline{9{,}6687 - 10}$
$9{,}9697 - 10$
$\log 8 = \underline{0{,}9031}$
$\log tg \frac{C - A}{2} = 9{,}0666 - 10,$
$\frac{C - A}{2} = 6^0\, 39'.$

Hilfsrechnung 5.
$\frac{C + A}{2} = 25^0$
$\frac{C - A}{2} = 6^0\, 39'$
$\overline{\angle C = 31^0\, 39'}$
$\angle A = 18^0\, 21'.$

Auflösung 1 (durch Konstruktion). Man ziehe durch den beliebig gewählten Abgangsort A (Fig. 28) parallel zum Papierrande den Meridian, trage von A aus S 10⁰ O ein und setze auf dieser Geraden $AB = 5$ cm (1 sml $= 1$ cm) ab. Hierauf lege man durch B ebenfalls den Meridian, trage von B aus S 40⁰ W und auf dieser Geraden $BC = 3$ cm ab. Verbindet man dann A mit C, so ist AC der gesuchte Weg über Grund.

Auflösung 2 (durch Rechnung).

Gegeben: $\begin{cases} AB = 5 \text{ sml} \\ BC = 3 \text{ sml} \\ \angle B = 130^0 \text{ (siehe Hilfsrechn. 1)} \end{cases}$

Gesucht: $\begin{cases} \angle A \\ AC \end{cases}$

Nach der Tangentenregel besteht die Relation (siehe Lehrbuch der ebenen Trigonometrie von A. Kleyer):

$$\frac{AB + BC}{AB - BC} = \frac{tg \frac{C + A}{2}}{tg \frac{C - A}{2}},$$

folglich:

Formel 27: $tg \frac{C - A}{2} = \frac{(AB - BC) \cdot tg \frac{C + A}{2}}{(AB + BC)},$

mithin nach Hilfsrechnung 2 und 3:

$$tg \frac{C - A}{2} = \frac{2 \cdot tg\, 25^0}{8}$$

oder nach Hilfsrechnung 4:

$$\frac{C - A}{2} = 6^0\, 39'.$$

Nun ist:
$\frac{C + A}{2} + \frac{C - A}{2} = \angle C$
$\frac{C + A}{2} - \frac{C - A}{2} = \angle A$

oder nach Hilfsrechnung 5:

$\angle C = 31^0\, 39'$
$\angle A = 18^0\, 21'.$

Mit Hilfe des Winkels A findet man den Kurs über Grund, indem man an S 10⁰ O 18⁰ 21' links anträgt, folglich:

Kurs über Grund: S 8⁰ 21' W.

Hilfsrechnung 6.

Aus:
$$AC = \frac{5 \cdot \sin 130°}{\sin 31° 39'} \text{ sml}$$

folgt:
$\log AC = \log 5 + \log \sin 130° - \log \sin 31° 39'$.

Nun ist:
$\log 5 = 0,6990$
$\log \sin 130° = 9,8843 - 10$
─────────────
$0,5833$
$\log \sin 31° 39' = 9,7199 - 10$
─────────────
$\log AC = 0,8634$
$AC = 7,3 \text{ sml}.$

Die Distanz über Grund AC findet man nach der Sinusregel in folgender Weise:
$$\frac{AC}{AB} = \frac{\sin B}{\sin C},$$

folglich:

Formel 28: $AC = \dfrac{AB \cdot \sin B}{\sin C}$

mithin durch Einsetzung der gegebenen und gefundenen Zahlenwerte:
$$AC = \frac{5 \cdot \sin 130°}{\sin 31° 39'}$$

oder nach Hilfsrechnung 6:
$$AC = 7,3 \text{ sml}.$$

Der Weg über Grund ist also:
S 8° 21′ W 7,3 sml.

Ungelöste Aufgaben.

Aufgabe 46. In einem Strom, welcher West 3 kn setzt, steuert ein Dampfer West mit einer Fahrt von 12 kn. Welches ist der Weg über Grund?

Andeutung. Die Aufgaben 46 bis 50 werden analog dem Beispiel 11 gelöst.

Aufgabe 47. Ein Dampfer steuert N 28° O, Fahrt 8,5 kn, während ein Strom S 10° O 2 kn setzt. Welches ist der Weg über Grund?

Aufgabe 48. In einem Strome, welcher N 45° O 1,8 kn setzt, steuert ein Schiff N 38° O 11,5 kn. Welches ist der Weg über Grund?

Aufgabe 49. Ein Schiff segelt in einem S 85° W 1,5 kn setzenden Strom 5 Stunden lang N 50° W mit einer Fahrt von 7 kn. Welches ist der in der ganzen Zeit zurückgelegte Weg über Grund?

Aufgabe 50. In einem Strom, welcher N 4 kn setzt, segelt ein Schiff S 25° O mit einer Fahrt von 8,5 kn. Welches ist der in 3½ Stunden zurückgelegte Weg über Grund?

---

c) Fall II der Stromschiffahrt.

Frage 21. Wann findet Fall II der Stromschiffahrt Anwendung?

Antwort. In der Karte gibt die Verbindungslinie zwischen dem Abgangsort und dem Bestimmungsort den Weg des Schiffes über Grund an. In stromfreiem Wasser würde diese Gerade zugleich den zu steuernden Kurs und die durch das Wasser zu segelnde Distanz angeben. Wenn aber Strom stattfindet, so fällt der zu steuernde Kurs nicht mit dieser Geraden zusammen. Fall II lehrt dann, der herrschenden Strömung derartig Rechnung zu tragen bei der Auswahl des zu steuernden Kreises, dass das Schiff sich in gerader Linie auf den Bestimmungsort zu bewegt.

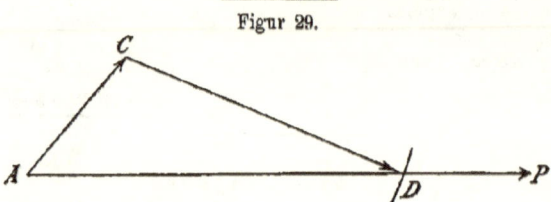

Figur 29.

Frage 22. Wie findet man den zu steuernden Kurs, wenn der Weg über Grund und der Strom bekannt ist?

Antwort. Ist A in Figur 29 der Abgangsort und P der Bestimmungsort, so ist AP der Weg über Grund. Mithin gibt AP die Richtung der Diagonale des Kräfteparallelogramms an. Bezeichnet ferner AC nach Richtung und Stärke den gegebenen Strom, also die eine Seitenkraft, so erhält man die Lage der andern Seitenkraft, welche den gesegelten Weg durch das Wasser darstellt, indem man um C mit der bekannten stündlichen Fahrt durch das Wasser als Radius einen Kreisbogen beschreibt. Schneidet derselbe AP in D, so gibt CD den Kurs an, welchen das Schiff durch das Wasser steuern muss, um sich in gerader Linie von A nach P über den Grund fortzubewegen. AD ist die stündliche Fahrt über Grund, und es leuchtet ein, dass man die Zeit, welche das Schiff gebraucht, um P zu erreichen, in Stunden erhält, wenn man AP durch AD dividiert. Endlich findet man die ganze durch das Wasser zu segelnde Distanz, wenn man die Anzahl der Stunden mit der bekannten Fahrt durch das Wasser multipliziert.

Erkl. 39. Wenn die Fahrt des Schiffes kleiner ist als die Fahrt des Stromes, so schneidet der um C mit CD beschriebene Kreisbogen die Gerade AP in zwei Punkten. Die Lösung ist dann zweideutig. Natürlich wählt man in der Praxis denjenigen Schnittpunkt, welcher am weitesten von A entfernt liegt.

Beispiel 12.

In einem Strome, welcher S 20° O 2,5 kn setzt, will ein Dampfer nach einem Orte hin, welcher N 36° O in einer Entfernung von

Auflösung 1 (durch Konstruktion). Man ziehe durch einen beliebigen als Abgangsort

Die Küstenschiffahrt. 39

29 sml vom Abgangsorte liegt. Welchen Kurs hat der Dampfer zu steuern, wenn derselbe 9 kn läuft, wie gross ist seine Fahrt über Grund, wie lange dauert die Reise und welche Distanz durch das Wasser wird die Patentlogge bei der Ankunft im Bestimmungsorte anzeigen?

Figur 30.

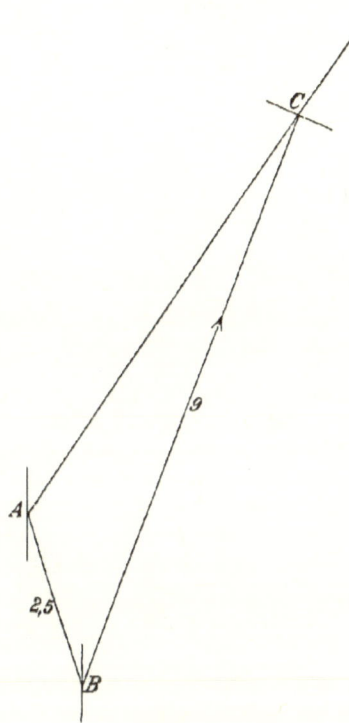

gewählten Punkt A (Fig. 30) parallel zum Papierrande den Meridian, trage die Richtungen N 36° O und S 20° O ein und messe auf der letzteren Geraden $AB = 2{,}5$ sml (1 sml = 1 cm) ab; beschreibt man dann um B als Mittelpunkt mit 9 cm als Radius einen Kreisbogen, welcher die Kurslinie N 36° O in C schneidet, so ist BC der zu steuernde Kurs, welcher von dem durch B gelegten Meridian aus abgelesen wird. Ferner gibt AC die Fahrt über Grund an, folglich beträgt die Dauer der Reise $\dfrac{29}{AC}$ Stunden und endlich ist die durch das Wasser zu segelnde Distanz:

$$\frac{29 \cdot 9}{AC} \text{ sml.}$$

Auflösung 2 (durch Rechnung).

Gegeben: $\begin{cases} AB = 2{,}5 \text{ sml} \\ BC = 9 \text{ sml} \\ \sphericalangle A = 124° \text{ (nach Hilfsr. 1).} \end{cases}$

Gesucht: $\begin{cases} \sphericalangle B \\ AC \end{cases}$

Nach dem Sinussatze besteht die Relation:

$$\frac{BC}{AB} = \frac{\sin A}{\sin C},$$

folglich:

Formel 29: $\sin C = \dfrac{AB \cdot \sin A}{BC}.$

Nach Einsetzung der gegebenen Zahlenwerte erhält man:

$$\sin C = \frac{2{,}5 \cdot \sin 124°}{9}$$

oder nach Hilfsrechnung 2:

$$\sphericalangle C = 13° 19'.$$

Mithin wird nach Hilfsrechnung 3:

$$\sphericalangle B = 42° 41'.$$

Man erhält also den vom Schiffe zu steuernden Kurs BC, indem man 42° 41' an die Richtung von BA, nämlich N 20° W, rechts anträgt; mithin ist der zu steuernde Kurs N 22° 41' O. Zur Berechnung der Fahrt über Grund AC dient die nach dem Sinussatze geltende Relation:

$$\frac{BC}{AC} = \frac{\sin A}{\sin B},$$

mithin:

Formel 30: $AC = \dfrac{BC \cdot \sin B}{\sin A}$ sml.

Nach Einsetzung der Zahlenwerte erhält man:

$$AC = \frac{9 \cdot \sin 42° 41'}{\sin 124°} \text{ sml}$$

Hilfsrechnung 1.

$\sphericalangle A = 180° - (36° + 20°)$
$ = 180° - 56°$
$ = 124°.$

Hilfsrechnung 2.

Aus:

$$\sin C = \frac{2{,}5 \cdot \sin 124°}{9}$$

folgt:
$\log \sin C = \log 2{,}5 + \log \sin 124° - \log 9$

Nun ist:
$\log 2{,}5 = 0{,}3979$
$\log \sin 124° = 9{,}9186 - 10$
$ \overline{0{,}3165}$
$\log 9 = 0{,}9542$
$\log \sin C = \overline{9{,}3623 - 10}$
$\sphericalangle C = 13° 19'.$

Hilfsrechnung 3.

$\angle B = 180° - (A + C)$
$= 180° - (124° + 18°19')$
$= 180° - 137°19'$
$= 42°41'$.

Hilfsrechnung 4.

Aus:
$$AC = \frac{9 \cdot \sin 42°41'}{\sin 124°} \text{ sml}$$
folgt:
$\log AC = \log 9 + \log \sin 42°41' - \log \sin 124°$.

Nun ist:
$\log 9 = 0{,}9542$
$\log \sin 42°41' = 9{,}8312 - 10$
$\overline{\qquad 0{,}7854 \qquad}$
$\log \sin 124° = 9{,}9186 - 10$
$\overline{\log AC = 0{,}8668}$
$AC = 7{,}4$ sml.

oder nach Hilfsrechnung 4:
$AC = 7{,}4$ sml.

Die Dauer der Reise ist $\dfrac{29}{7{,}4}$ Stunden oder 3,9 Stunden, mithin die zu segelnde Distanz:

$3{,}9 \cdot 9$ sml $= 35{,}1$ sml.

Ungelöste Aufgaben.

Aufgabe 51. Ein Dampfer will nach einem Orte hin, welcher N 73° O 120 sml entfernt liegt. Wie hat der Dampfer zu steuern, wenn seine Fahrt 11 kn beträgt und der Strom S 3° O 2,5 kn setzt? Wie gross ist seine Fahrt über Grund, nach welcher Zeit wird er den Ort erreichen und wie viele Meilen muss er durch das Wasser machen?

Andeutung. Die Aufgaben 51 bis 55 werden analog dem Beispiel 12 gelöst.

Aufgabe 52. Ein Dampfer will von Dover nach Calais bei einem Strome, welcher S 80° W 1,8 kn setzt. Wie hat derselbe zu steuern, wenn seine Geschwindigkeit 13 kn beträgt und wenn Calais S 64° O 22,5 sml von Dower liegt? Wie gross ist seine Fahrt über Grund, wann wird er in Calais ankommen und wie gross ist die bei seiner Ankunft durch das Wasser gesegelte Distanz?

Aufgabe 53. Welches ist der zu steuernde Kurs, die Fahrt über Grund, die Dauer der Reise und die durch das Wasser zu segelnde Distanz, um einen Ort zu erreichen, welcher S 20° W in einer Entfernung von 135 sml vom Abgangsort liegt, wenn das Schiff 8 kn segelt und der Strom N 50° O 2,3 kn setzt?

Aufgabe 54. Von einem Leuchtturme liegt ein zweiter S 22° O 55 sml entfernt. Wie muss man in einem Strome, welcher S 45° O 5 kn setzt, segeln, wenn das Schiff 4 kn läuft, um von dem ersten nach dem zweiten Turm zu kommen? Welches ist die Fahrt über Grund, wie lange dauert die Reise und wie viele Seemeilen muss das Schiff durch das Wasser machen?

Aufgabe 55. Wie muss ein Dampfer bei 5 kn Fahrt steuern, um einen Ort zu erreichen, welcher N 3° O 79 sml entfernt liegt, wenn ein Strom N 20° W 5,5 kn setzt? Welches ist die Fahrt über Grund, nach welcher Zeit wird er den Ort erreichen und welche Distanz muss er im ganzen durch das Wasser zurücklegen?

d) Fall III der Stromschiffahrt.

Frage 23. Wie findet man die Richtung und Fahrt des Stromes, wenn der Weg des Schiffes durch das Wasser und über Grund gegeben sind?

Antwort. Wenn in Figur 31 AS den in einer bestimmten Zeit zurückgelegten Weg durch das Wasser bedeutet, so würde, abgesehen von den unvermeidlichen Fehlern in der Bestimmung des Kurses und der Distanz, sich das Schiff am Schlusse der Segelung in S befinden, wenn es keine Stromversetzung erlitten hätte. Wenn sich dagegen durch irgend eine der bei der terrestrischen Ortsbestimmung angegebenen Methoden herausstellt, dass das Schiff nicht in S, sondern in W steht, so ist es eben durch den Strom von S nach W versetzt worden. Mithin gibt SW nach Richtung und Länge den stattgehabten Strom an.

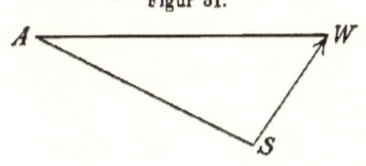

Figur 31.

Da S den sog. scheinbaren, W den wahren Schiffsort angibt, so lautet die Regel:

„Der Strom setzt stets vom scheinbaren nach dem wahren Ort."

Erkl. 40. Da die Methoden der terrestrischen Ortsbestimmung selbst sehr verschiedenartig sind, so bietet Fall III der Stromschiffahrt ein besonders reichhaltiges Anwendungsgebiet der ebenen Trigonometrie dar. In der Praxis werden diese Aufgaben fast ausnahmslos durch Konstruktion gelöst.

Beispiel 13.

In Windstille treibend peilt man ein Feuer in N 28° W in einem Abstande von 3,5 sml und nach $2^h\ 20^m$ in N 45° O in einem Abstande von 4,2 sml. Wie setzt der Strom?

Hilfsrechnung 1.
$\angle F = 45° + 28°$
$\quad = 73°.$

Hilfsrechnung 2.
$S_1 + S_2 = 180° - F$
$\quad = 180° - 73°$
$\quad = 107°$
$\dfrac{S_1 + S_2}{2} = 53°\ 30'$

Auflösung 1 (durch Konstruktion). Man lege durch einen beliebig gewählten Punkt F (Feuer) (Fig. 32) parallel zum Papierrande einen Meridian, trage von F aus die Peilungen entgegengesetzten Richtungen S 28° O und S 45° W ein und setze auf dieser Geraden die Strecken $FS_1 = 3,5$ cm (1 sml $= 1$ cm) und $FS_2 = 4,2$ cm ab. Da die einzige Ursache der Ortsveränderung von S_1 nach S_2 der Strom ist, so setzt derselbe von S_1 nach S_2.

42 Die Nautik in elementarer Behandlung.

Figur 32.

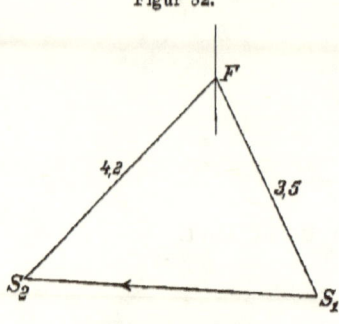

Auflösung 2 (durch Rechnung).

Gegeben: $\begin{cases} FS_1 = 3,5 \text{ sml} \\ FS_2 = 4,2 \text{ sml} \\ \sphericalangle F = 73^0 \end{cases}$

Gesucht: $\begin{cases} \sphericalangle S_1 \\ S_1 S_2. \end{cases}$

Nach dem Tangentensatz der ebenen Trigonometrie besteht die Relation:

$$\frac{FS_2 + FS_1}{FS_2 - FS_1} = \frac{tg \frac{S_1 + S_2}{2}}{tg \frac{S_1 - S_2}{2}},$$

folglich:

Formel 31:

$$tg \frac{S_1 - S_2}{2} = \frac{(FS_2 - FS_1) tg \frac{S_1 + S_2}{2}}{FS_2 + FS_1}.$$

Nach Einsetzung der in Hilfsrechnung 2 und 3 gefundenen Zahlenwerte erhält man:

$$tg \frac{S_1 - S_2}{2} = \frac{0,7 \cdot tg \, 53^0 \, 30'}{7,7}$$

oder nach Hilfsrechnung 4:

$$\frac{S_1 - S_2}{2} = 7^0 \, 0'.$$

Ferner ist:

$$S_1 = \frac{S_1 + S_2}{2} + \frac{S_1 - S_2}{2}$$

und

$$S_2 = \frac{S_1 + S_2}{2} - \frac{S_1 - S_2}{2}$$

oder nach Hilfsrechnung 5:

$\sphericalangle S_1 = 60^0 \, 30'$
$\sphericalangle S_2 = 46^0 \, 30'.$

Hiernach findet man die Richtung von $S_1 S_2$, indem man an die Richtung von $S_1 F$, also N 28° W, 60° 30′ links anträgt; mithin setzt der Strom:

N 88° 30′ W.

Endlich gilt nach dem Sinussatze die Relation:

$$\frac{S_1 S_2}{FS_2} = \frac{\sin F}{\sin S_1},$$

folglich:

Formel 32: $S_1 S_2 = \frac{FS_2 \cdot \sin F}{\sin S_1}.$

Nach Einsetzung der Zahlenwerte erhält man:

$$S_1 S_2 = \frac{4,2 \cdot \sin 73^0}{\sin 60^0 \, 30'} \text{ sml}$$

oder nach Hilfsrechnung 6:

$S_1 S_2 = 4,6$ sml.

Der Strom setzt also in $2^1/_3$ Stunde:
N 88,5° W 5,0 sml

oder in 1^h:

__N 88,5° W 2,0 kn.__

Hilfsrechnung 3.

$FS_2 = 4,2$ sml
$FS_1 = 3,5$ „
$\overline{FS_2 + FS_1 = 7,7 \text{ sml}}$
$FS_2 - FS_1 = 0,7$

Hilfsrechnung 4.

Aus:
$$tg \frac{S_1 - S_2}{2} = \frac{0,7 \cdot tg \, 53^0 \, 30'}{7,7}$$

folgt:

$\log tg \frac{S_1 - S_2}{2} = \log 0,7 + \log tg \, 53^0 \, 30' - \log 7,7.$

Nun ist: $\log 0,7 = 9,8451 - 10$
$\log tg \, 53^0 \, 30' = 0,1308$
$\overline{ 9,9759 - 10}$
$\log 7,7 = 0,8865$
$\log tg \frac{S_1 - S_2}{2} = 9,0894 - 10$
$\frac{S_1 - S_2}{2} = 7^0 \, 0'.$

Hilfsrechnung 5.

$\frac{S_1 + S_2}{2} = 53^0 \, 30'$
$\frac{S_1 - S_2}{2} = 7^0 \, 0'$
$\overline{\sphericalangle S_1 = 60^0 \, 30'}$
$\sphericalangle S_2 = 46^0 \, 30'.$

Hilfsrechnung 6.

Aus: $S_1 S_2 = \frac{4,2 \cdot \sin 73^0}{\sin 60^0 \, 30'}$ sml

folgt:
$\log S_1 S_2 = \log 4,2 + \log \sin 73^0 - \log \sin 60^0 \, 30'.$
Nun ist: $\log 4,2 = 0,6232$
$\log \sin 73^0 = 9,9806 - 10$
$\overline{ 0,6038}$
$\log \sin 60^0 \, 30' = 9,9897 - 10$
$\log S_1 S_2 = 0,6641$
$S_1 S_2 = 4,6$ sml.

Hilfsrechnung 7.

$5,0 : 2\frac{1}{3} = \frac{5,0 \cdot 3}{7} = \frac{15}{7} = 2,1.$

Die Küstenschiffahrt.

Ungelöste Aufgaben.

Aufgabe 56. Ein Dampfer, welcher mit gestoppter Maschine treibt, peilt das Feuer von Helgoland in S 63° O 5 sml entfernt und nach 2 Stunden in S 27° O 4 sml. Wie setzt der Strom?

Andeutung. Die Aufgaben 56 bis 58 werden analog dem Beispiel 13 gelöst.

Aufgabe 57. Ein Segler peilt in Windstille treibend einen Turm in N 30° W, Abstand 3,5 sml, und nach 1½ Stunden einen andern Turm, welcher von jenem SO 3,6 sml liegt, in O Abstand 2,5 sml. Wie setzt der Strom?

Aufgabe 58. Ein Dampfer treibt mit gestoppter Maschine und peilt das Feuer von Borkum Feuerschiff in Süd, Abstand 4 sml. Nach 1½ Stunden peilt er dasselbe Feuer in SW 5,5 sml. Wie setzt der Strom?

Beispiel 14.

A liegt von B S 71° W in einem Abstande von 7,5 sml (siehe Figur 33). Man peilt A in N 41° W und misst zugleich den Höhenwinkel des 19 m hohen Turms von A zu 10′ 40″. Hierauf segelt man S 88° O 4,9 sml und peilt dann A in N 86° W und B in N 24° W. Wie hat der Strom gesetzt?

Auflösung 1 (nach Konstruktion). Nach dem auf Seite 9 angegebenen Verfahren findet man zunächst den Abstand aus dem Höhenwinkel zu 3,3 sml (s. Hilfsrechnung 1). Durch einen beliebig gewählten Punkt B ziehe man parallel zum Papierrande einen Meridian und setze von B aus S 71° W 7,5 cm (1 sml = 1 cm) ab. Durch den so gefundenen Punkt A lege man ebenfalls einen Meridian

Hilfsrechnung 1.

$$d = \frac{13 \cdot 19}{7 \cdot 10{,}7} \text{ sml} = \frac{247}{74{,}9} = 3{,}3 \text{ sml}.$$

Figur 33.

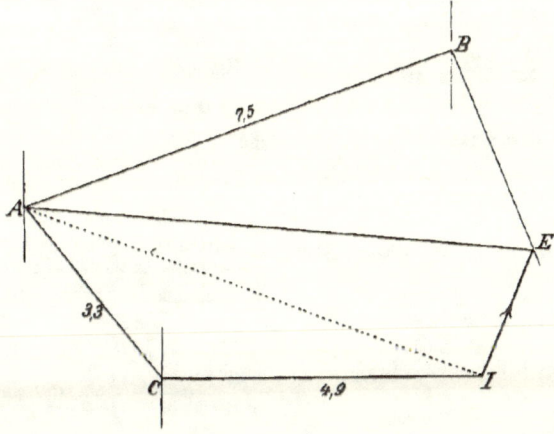

Erkl. 41. Die Berechnung des Stromes geschieht im $\triangle ADE$. Zu diesem Zwecke muss man zunächst aus $\triangle ACD$ die Stücke AD und $\sphericalangle CAD$ und dann aus $\triangle ABE$ das Stück AE berechnen. Dann ist im $\triangle ADE$ bekannt AD, AE und $\sphericalangle DAE$; man kann also die gesuchten Stücke berechnen.

Hilfsrechnung 1.
$$\begin{array}{c} N\ 41^0\ W \\ N\ 92^0\ O \\ \hline \sphericalangle C = 133^0 \end{array}$$

Hilfsrechnung 2.
$$\begin{array}{c} CD = 4{,}9 \\ AC = 3{,}3 \\ \hline CD + AC = 8{,}2 \\ CD - AC = 1{,}6. \end{array}$$

Hilfsrechnung 3.
$$\sphericalangle CAD + \sphericalangle CDA = 180^0 - \sphericalangle ACD$$
$$= 180^0 - 133^0$$
$$= 47^0$$
$$\frac{\sphericalangle CAD + \sphericalangle CDA}{2} = 23^0\ 30'.$$

Hilfsrechnung 4.

Aus:
$$tg\ \frac{CAD - CDA}{2} = \frac{1{,}6 \cdot tg\ 23^0\ 30'}{8{,}2}$$

folgt:
$$\log tg\ \frac{CAD - CDA}{2}$$
$$= \log 1{,}6 + \log tg\ 23^0\ 30' - \log 8{,}2.$$

Nun ist:
$$\begin{array}{r} \log 1{,}6 = 0{,}2041 \\ \log tg\ 23^0\ 30' = 9{,}6383 - 10 \\ \hline 9{,}8424 - 10 \\ \log 8{,}2 = 0{,}9138 \\ \hline \log tg\ \dfrac{CAD-CDA}{2} = 8{,}9286 - 10 \\ \dfrac{CAD - CDA}{2} = 4^0\ 51'. \end{array}$$

Hilfsrechnung 5.

Aus:
$$AD = \frac{4{,}9 \cdot \sin 133^0}{\sin 28^0\ 21'}$$

folgt:
$\log AD = \log 4{,}9 + \log \sin 133^0 - \log \sin 28^0\ 21'.$

Nun ist:
$$\begin{array}{r} \log 4{,}9 = 0{,}6902 \\ \log \sin 133^0 = 9{,}8641 - 10 \\ \hline 0{,}5543 \\ \log \sin 28^0\ 21' = 9{,}6766 - 10 \\ \hline \log AD = 0{,}8777 \\ AD = 7{,}5\ \text{sml}. \end{array}$$

und setze von A aus S 41^0 O 3,3 cm ab. Nachdem dann durch C ebenfalls ein Meridian gezogen, setze man von C aus S 88^0 O 4,9 cm ab und erhält so den scheinbaren Ort D. Um den wahren Ort zu finden, setzt man von A und B die den Peilungen entgegengesetzten Richtungen S 86^0 W und S 24^0 O ab; so ist der Schnittpunkt E der wahre Ort. Mithin gibt DE nach Richtung und Länge die stattgehabte Stromversetzung an.

Auflösung 2 (nach Rechnung).

Gegeben: $\begin{cases} AB = 7{,}5\ \text{sml} \\ AC = 3{,}3\ \text{\textnormal{\textquotedbl}} \\ CD = 4{,}9\ \text{\textnormal{\textquotedbl}} \\ \sphericalangle ACD = 133^0 \\ \sphericalangle ABE = 95^0 \\ \sphericalangle AEB = 62^0. \end{cases}$

Gesucht: $\begin{cases} DE \\ \sphericalangle AED. \end{cases}$

Nach dem Tangentensatz der ebenen Trigonometrie besteht im $\triangle ACD$ die Relation:
$$\frac{CD + AC}{CD - AC} = \frac{tg\ \dfrac{CAD + CDA}{2}}{tg\ \dfrac{CAD - CDA}{2}},$$

folglich:

Formel 33: $tg\ \dfrac{CAD - CDA}{2}$
$$= \frac{(CD - AC)\ tg\ \dfrac{CAD + CDA}{2}}{CD + AC}.$$

Nach Einsetzung der Zahlenwerte erhält man:
$$tg\ \frac{CAD - CDA}{2} = \frac{1{,}6 \cdot tg\ 23^0\ 30'}{8{,}2}$$

oder nach Hilfsrechnung 4:
$$\frac{CAD - CDA}{2} = 4^0\ 51'.$$

Hiernach wird:
$$\sphericalangle CAD = \frac{CAD + CDA}{2} + \frac{CAD - CDA}{2}$$
und
$$\sphericalangle CDA = \frac{CAD + CDA}{2} - \frac{CAD - CDA}{2}$$

oder nach Einsetzung der Zahlenwerte:
$\sphericalangle CAD = 23^0\ 30' + 4^0\ 51' = 28^0\ 21'$
$\sphericalangle CDA = 23^0\ 30' - 4^0\ 51' = 18^0\ 39'.$

Nach dem Sinussatze besteht die Relation:
$$\frac{AD}{CD} = \frac{\sin ACD}{\sin CAD},$$

folglich:

Formel 34: $AD = \dfrac{CD \cdot \sin ACD}{\sin CAD}.$

Die Küstenschiffahrt. 45

Hilfsrechnung 6.

$$\frac{\text{S } 71^\circ \text{ W}}{\text{S } 24^\circ \text{ O}}$$
$$\sphericalangle ABE = 95^\circ$$

Hilfsrechnung 7.

$$\frac{\text{N } 86^\circ \text{ W}}{\text{N } 24^\circ \text{ W}}$$
$$\sphericalangle AEB = 62^\circ.$$

Hilfsrechnung 8.

Aus:
$$AE = \frac{7{,}5 \cdot \sin 95^\circ}{\sin 62^\circ} \text{ sml}$$

folgt:
$\log AE = \log 7{,}5 + \log \sin 95^\circ - \log \sin 62^\circ.$
Nun ist:
$\log 7{,}5 = 0{,}8751$
$\log \sin 95^\circ = 9{,}9983 - 10$
$\overline{\qquad\qquad 0{,}8734}$
$\log \sin 62^\circ = 9{,}9459 - 10$
$\log AE = 0{,}9275$
$AE = 8{,}5 \text{ sml}.$

Hilfsrechnung 9.

$$\frac{\text{S } 86^\circ \text{ O}}{\text{S } 41^\circ \text{ O}}$$
$$\sphericalangle CAE = 45^\circ$$
$$\sphericalangle CAD = 28^\circ\, 41'$$
$$\sphericalangle DAE = 16^\circ\, 19'.$$

Hilfsrechnung 10.

$AE = 8{,}5 \text{ sml}$
$AD = 7{,}5 \text{ „}$
$\overline{AE + AD = 16{,}0 \text{ sml}}$
$AE - AD = 1{,}0 \text{ „}$

Hilfsrechnung 11.

$ADE + AED = 180^\circ - DAE$
$= 180^\circ - 16^\circ\, 19'$
$= 163^\circ\, 41'$
$\dfrac{ADE + AED}{2} = 81^\circ\, 50{,}5'.$

Hilfsrechnung 12.

Aus:
$$tg\, \frac{ADE - AED}{2} = \frac{1{,}0 \cdot tg\, 81^\circ\, 50{,}5'}{16{,}0}$$

folgt:
$\log tg\, \dfrac{ADE - AED}{2}$
$= \log 1{,}0 + \log tg\, 81^\circ\, 50{,}5' - \log 16{,}0.$

Nach Einsetzung der Zahlenwerte erhält man:
$$AD = \frac{4{,}9 \cdot \sin 133^\circ}{\sin 28^\circ\, 21'}$$
oder nach Hilfsrechnung 5:
$$AD = 7{,}5 \text{ sml}.$$

Im $\triangle ABE$ besteht nach dem Sinussatze die Relation:
$$\frac{AB}{AE} = \frac{\sin AEB}{\sin ABE},$$
folglich:

Formel 35: $AE = \dfrac{AB \cdot \sin ABE}{\sin AEB}.$

Nach Einsetzung der Zahlenwerte erhält man:
$$AE = \frac{7{,}5 \cdot \sin 95^\circ}{\sin 62^\circ} \text{ sml}$$
oder nach Hilfsrechnung 8:
$$AE = 8{,}5 \text{ sml}.$$

Im $\triangle ADE$ ist:
$$\sphericalangle DAE = \sphericalangle CAE - \sphericalangle CAD$$
oder nach Hilfsrechnung 9:
$$\sphericalangle DAE = 16^\circ\, 19'.$$

Nun besteht nach dem Tangentensatze die Relation:
$$\frac{AE + AD}{AE - AD} = \frac{tg\, \dfrac{ADE + AED}{2}}{tg\, \dfrac{ADE - AED}{2}},$$
folglich:

Formel 36: $tg\, \dfrac{ADE - AED}{2}$
$$= \frac{(AE - AD)\, tg\, \dfrac{ADE + AED}{2}}{AE + AD}.$$

Durch Einsetzung der in Hilfsrechnung 10 und 11 gefundenen Zahlenwerte erhält man:
$$tg\, \frac{ADE - AED}{2} = \frac{1{,}0 \cdot tg\, 81^\circ\, 50{,}5'}{16{,}0}$$
oder nach Hilfsrechnung 12:
$$\frac{ADE - AED}{2} = 23^\circ\, 33'.$$

Hiernach wird:
$$ADE = \frac{ADE + AED}{2} + \frac{ADE - AED}{2}$$
und
$$AED = \frac{ADE + AED}{2} - \frac{ADE - AED}{2}$$
oder nach Einsetzung der Zahlenwerte:
$$ADE = 81^\circ\, 50{,}5' + 23^\circ\, 33' = 105^\circ\, 23{,}5'$$
und
$$AED = 81^\circ\, 50{,}5' - 23^\circ\, 33' = 58^\circ\, 17{,}5'.$$

Nun ist: $\quad \log 1{,}0 = 0{,}0000$
$\quad\quad \log tg\, 81^0\, 50{,}5' = 0{,}8435$
$$\overline{ 0{,}8435}$$
$\quad\quad\quad \log 16{,}0 = 1{,}2041$
$$\log tg\, \frac{ADE - AED}{2} = 9{,}6394 - 10$$
$$\frac{ADE - AED}{2} = 23^0\, 33'.$$

Hilfsrechnung 13.

Aus:
$$DE = \frac{8{,}5 \cdot \sin 16^0\, 19'}{\sin 105^0\, 23{,}5'} \text{ sml}$$
folgt:
$\log DE = \log 8{,}5 + \log \sin 16^0\, 19'$
$\quad\quad\quad\quad\quad - \log \sin 105^0\, 23{,}5'.$
Nun ist: $\quad \log 8{,}5 = 0{,}9294$
$\quad \log \sin 16^0\, 19' = 9{,}4486 - 10$
$$\overline{ 0{,}3780}$$
$\log \sin 105^0\, 23{,}5' = 9{,}9842 - 10$
$\quad\quad\quad \log DE = \overline{0{,}3938}$
$\quad\quad\quad\quad\quad DE = 2{,}5 \text{ sml}.$

Endlich besteht nach dem Sinussatze die Relation:
$$\frac{DE}{AE} = \frac{\sin DAE}{\sin ADE},$$
folglich:

Formel 37: $DE = \dfrac{AE \cdot \sin DAE}{\sin ADE}.$

Nach Einsetzung der Zahlenwerte erhält man:
$$DE = \frac{8{,}5 \cdot \sin 16^0\, 19'}{\sin 105^0\, 23{,}5'} \text{ sml}$$
oder nach Hilfsrechnung 13:
$$DE = 2{,}5 \text{ sml}.$$

Um den Kurs DE zu finden, bringt man an den Kurs von EA, also N 86° W, den Winkel $AED = 58^0\, 17{,}5'$ nach links an; darnach ist der Kurs ED N 144,3° W oder S 35,7° W, mithin von DE: N 35,7° O.

Demnach hat der Strom N 35,7° O 2,5 sml gesetzt.

Ungelöste Aufgaben.

Aufgabe 59. A liegt von B S 80° W 10 sml entfernt. Man peilt A in N 5° W 2,6 sml entfernt, segelt darauf O 7,5 sml und peilt dann B in N 5° O 3 sml entfernt. Wie setzt der Strom?

Andeutung. Die Aufgaben 59 bis 66 werden analog dem Beispiel 14 gelöst.

Aufgabe 60. A liegt von B N 78° W 8,8 sml entfernt. Man peilt A in N 22° W, B in N 68° O, segelt darauf S 79° O 5,2 sml und peilt dann B in N z W 4,5 sml entfernt. Wie hat der Strom gesetzt?

Aufgabe 61. Ein Schiff peilt das 67,4 m hohe Feuer von Helgoland aus 5 m Augeshöhe in S 20° W in der Kimm, segelt darauf S 48° W 6 sml und peilt dann dasselbe Feuer in S 25° O, wobei zugleich der Höhenwinkel zu 9′ 30″ gemessen wird. Wie hat der Strom gesetzt?

Aufgabe 62. Um von einer Boje zur andern zu gelangen, welche N 50° W 18 sml entfernt liegt, segelt ein Schiff N 66° W 3 Stunden lang bei 5 kn Fahrt. Wie setzt der Strom?

Aufgabe 63. Nach der Loggerechnung segelt ein Schiff N 37° W 137 sml; nach astronomischen Beobachtungen ergibt sich aber, dass der wahre Weg über Grund N 22° W 155 sml ist. Wie hat der Strom das Schiff versetzt?

Die Küstenschiffahrt. 47

Aufgabe 64. Ein S 50° O mit 6 kn Fahrt steuerndes Schiff peilt Portland Feuer in N 11° W und Albanshead, welches S 83° O 14 sml von Portland liegt, in N 67° O. Nach 2 Stunden peilt es Portland in N 56° W und Albanshead in N 22° W. Wie setzt der Strom?

Aufgabe 65. Ein N 34° W 7 kn segelndes Schiff peilt um 10^h abends das Feuer vom roten Kliff (Sylt) in N 66° O und um 12^h in S 56° O. Von hier steuert das Schiff N z W 8 kn und erblickt um 3½ Uhr morgens das Feuer von Horns Riff, welches N 14° W 45 sml von jenem Feuer liegt, aus 6 m Augeshöhe in der Kimm. Wie hat der Strom das Schiff versetzt?

Aufgabe 66. Ein Turm liegt von einer Mühle S 53° W 29 sml entfernt. Man peilt die Mühle in N 22° O 7 sml entfernt, segelt darauf S 51° W 32 sml und passiert dann den Turm in einem Abstande von 2 sml an Steuerbord (rechts). Wie hat der Strom gesetzt?

IV. Das Jagdsegeln.

Frage 24. Was versteht man unter Jagdsegeln?

Antwort. Unter Jagdsegeln versteht man die Bestimmung des Kurses, welchen ein Schiff einschlagen muss, um ein anderes Schiff einzuholen, dessen Ort bei Beginn der Jagd, sowie dessen Kurs und Fahrt bekannt sind.

Erkl. 42. Das Jagdsegeln findet Anwendung bei Aussendung eines Schleppdampfers zur Auffindung eines treibenden Wracks oder bei Nachsendung von Depeschen oder bei Aufsuchung einer feindlichen Flotte u. s. w.

Frage 25. Wie werden die durch das Jagdsegeln gebotenen Aufgaben gelöst?

Antwort. Wenn in Figur 34 B den Ort des einzuholenden Schiffes von der Geschwindigkeit n kn, dessen Kurs durch den Pfeil angegeben ist, und wenn A den Ort des andern Schiffes bedeutet, welches jenes mit einer Geschwindigkeit von m kn einholen will, so hat der gesuchte Punkt C, in welchem das Zusammentreffen beider Schiffe erfolgt, die Bedingung zu erfüllen, dass C erstens in der durch den Kurs gegebenen Richtung von B liegt und dass zweitens:

Erkl. 43. Wenn die Schenkel eines Winkels von zwei Parallelen geschnitten werden, so sind nach einem planimetrischen Lehrsatze die von diesen abgeschnittenen Stücke auf den Schenkeln einander proportional.

$$AC : BC = m : n.$$

Um also den Punkt C durch Konstruktion zu finden, trägt man auf

Figur 34.

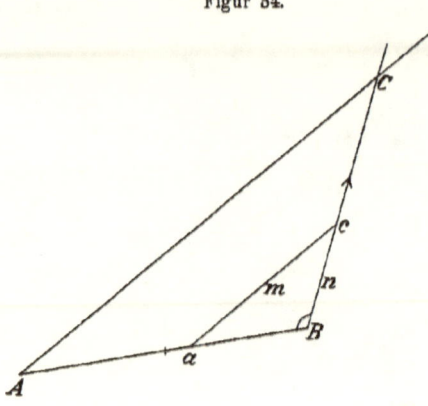

der durch B gehenden Kreislinie die Strecke $Bc = n$ ab und beschreibt um c mit m einen Kreisbogen, welcher AB in a schneidet. Verbindet man dann a mit c und zieht durch A eine Parallele zu ac, welche die durch B gehende Kurslinie in C schneidet, so ist C der gesuchte Punkt des Zusammentreffens; mithin geben AC und BC die von beiden Schiffen zurückgelegten Wege an.

Bei der Auflösung durch Rechnung berechnet man zunächst $\sphericalangle\, acB$ im $\triangle\, acB$ aus den Stücken m, n und $\sphericalangle\, B$ und hierauf im $\triangle\, ABC$, da $\sphericalangle\, acB = \sphericalangle\, ACB$ als Gegenwinkel an Parallelen, die Stücke AC, BC und $\sphericalangle\, A$ aus AB, $\sphericalangle\, B$ und $\sphericalangle\, C$. Mit Hilfe des Winkels A bestimmt man dann den vom einholenden Schiffe einzuschlagenden Kurs.

Beispiel 15.

Welchen Kurs muss ein Kreuzer steuern um ein feindliches Schiff zu treffen, welches N 81° O in einem Abstande von 32 sml von ihm sich befindet und mit 8 kn Fahrt N 20° O steuert, wenn der Kreuzer 12 kn läuft, und in wieviel Stunden wird der Kreuzer das Schiff erreichen?

Figur 35.

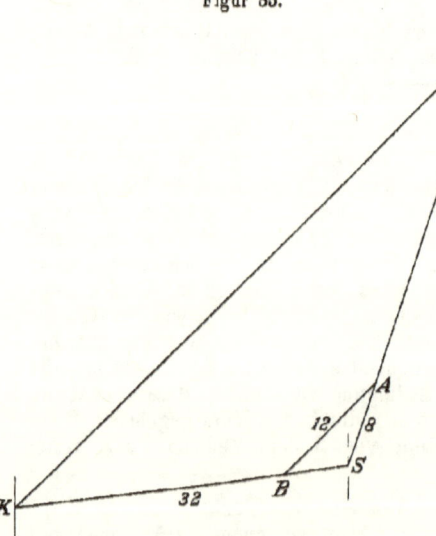

Auflösung 1 (durch Konstruktion). Durch einen beliebig gewählten Punkt K (Kreuzer) (Fig. 35) lege man parallel zum Papierrande den Meridian und trage von K aus die Richtung N 81° O ein, setze auf der Richtungslinie $KS = 8$ cm ($^1/_4$ cm = 1 sml) ab und nachdem auch durch S der Meridian gelegt, trage man N 20° O ein. Hierauf setze man auf dieser Richtungslinie die Strecke $SA = 2$ cm (8 sml) ab und beschreibe um A mit dem Radius 3 cm (12 sml) einen Kreisbogen, welcher KS in B schneidet. Zieht man endlich $KC \parallel BA$, so gibt KC den Kurs des Kreuzers an. Die Zeitdauer der Jagd in Stunden wird gefunden, indem man die Masszahl der Strecke BA (3 cm) in die Masszahl der Strecke KC dividiert.

Auflösung 2 (durch Rechnung). Im $\triangle\, ABS$ ist:

Gegeben: $\begin{cases} AS = 8 \text{ sml} \\ AB = 12 \text{ sml} \\ \sphericalangle\, S = 119° \end{cases}$

Gesucht: $\sphericalangle\, A$.

Nach dem Sinussatze besteht die Relation:

$$\frac{AS}{AB} = \frac{sin\, ABS}{sin\, ASB},$$

Hilfsrechnung 1.

Aus:
$$\sin ABS = \frac{8 \cdot \sin 119^0}{12} \text{ sml}$$
folgt:
$\log \sin ABS = \log 8 + \log \sin 119^0 - \log 12$
Nun ist:

$\log 8 = 0{,}9031$
$\log \sin 119^0 = 9{,}9418 - 10$
$\overline{0{,}8449}$
$\log 12 = 1{,}0792$
$\log \sin ABS = \overline{9{,}7657 - 10}$
$\sphericalangle ABS = 35^0\, 40'$.

Hilfsrechnung 2.

$\sphericalangle BAS = 180^0 - (\sphericalangle ABS + \sphericalangle ASB)$
$= 180^0 - (35^0\, 40' + 119^0)$
$= 180^0 - 154^0\, 40'$
$= 25^0\, 20'$.

Hilfsrechnung 3.

Aus:
$$KC = \frac{32 \cdot \sin 119^0}{\sin 25^0\, 20'} \text{ sml}$$
folgt:
$\log KC = \log 32 + \log \sin 119^0 - \log \sin 25^0\, 20'$.
Nun ist:

$\log 32 = 1{,}5051$
$\log \sin 119^0 = 9{,}9418 - 10$
$\overline{1{,}4469}$
$\log \sin 25^0\, 20' = 9{,}6313 - 10$
$\log KC = \overline{1{,}8156}$
$KC = 65{,}4$ sml.

folglich:

Formel 88: $\sin ABS = \dfrac{AS \cdot \sin ASB}{AB}$.

Nach Einsetzung der Zahlenwerte erhält man:
$$\sin ABS = \frac{8 \cdot \sin 119^0}{12} \text{ sml}$$
oder nach Hilfsrechnung 1:
$\sphericalangle ABS = 35^0\, 40'$
mithin nach Hilfsrechnung 2:
$\sphericalangle BAS = 25^0\, 20'$;
nun ist:
$\sphericalangle BAS = \sphericalangle KCS$
$\sphericalangle KCS = 25^0\, 20'$.

Im $\triangle KCS$ besteht nach dem Sinussatze die Relation:
$$\frac{KS}{KC} = \frac{\sin KCS}{\sin KSC},$$
folglich:

Formel 89: $KC = \dfrac{KS \cdot \sin KSC}{\sin KCS}$.

Nach Einsetzung der Zahlenwerte erhält man:
$$KC = \frac{32 \cdot \sin 119^0}{\sin 25^0\, 20'} \text{ sml}$$
oder nach Hilfsrechnung 3:
$KC = 65{,}4$ sml.

Da die stündliche Fahrt des Kreuzers 12 kn beträgt, so wird er das Schiff nach $\dfrac{65{,}4}{12}$ Stunden, oder nach 5½ Stunden erreichen.

Da:
$\sphericalangle SKC = \sphericalangle ABS = 35^0\, 40'$
ist, so findet man den zu steuernden Kurs des Kreuzers, indem man an die Richtung von KS, nämlich. N 81⁰ O, den Winkel 35⁰ 40' anträgt; somit ist der zu steuernde Kurs:
N (81⁰ − 35⁰ 40') O = N 45⁰ 20' O.

Ungelöste Aufgaben.

Aufgabe 67. Welchen Kurs muss ein Schiff steuern, welches eine Fahrt von 12 kn besitzt, um ein anderes Schiff zu erreichen, welches S 25⁰ W 13 sml von ihm entfernt steht und S 25⁰ O steuert bei 9 kn Fahrt? Nach welcher Zeit wird es dasselbe erreicht haben?

Andeutung. Die Aufgaben 67 bis 70 werden analog dem Beispiel 15 gelöst.

Aufgabe 68. Ein Dampfer will ein Segelschiff einholen, welches N 73⁰ O in einem Abstande von 45 sml steht und

S 10° W steuert mit 9,5 kn Fahrt. Welchen Kurs muss der Dampfer steuern, wenn er eine Geschwindigkeit von 15 sml pro Stunde besitzt und nach welcher Zeit wird er das Segelschiff erreicht haben?

Aufgabe 69. Ein Aviso wird mit Depeschen von Helgoland aus einem in der Richtung N 45° W in einem Abstand von 25 sml N 10° W steuernden Geschwader, dessen Fahrt 11 kn ist, nachgeschickt. Welchen Kurs muss der Aviso nehmen und mit welcher Fahrt muss er fahren, wenn er das Geschwader in 6 Stunden erreichen will?

Aufgabe 70. Ein Kriegsschiff wird von Capstadt aus einem Frachtdampfer nachgeschickt, welcher im Verdacht steht, Kriegscontrebande an Bord zu haben. Als das Kriegsschiff den Hafen verlässt, steht der Dampfer S 28° O 31 sml von ihm und steuert S 82° O 10 kn. Welchen Kurs muss das Kriesschiff nehmen und mit welcher Fahrt muss er dampfen, um den Dampfer in 4 Stunden zu treffen?

Anmerkung 2. Die bisherigen Aufgaben über Jagdsegeln bieten die einfachste Form dar, indem die gegenseitige Lage der beiden Schiffe bei Beginn der Jagd direkt gegeben ist. In der Regel muss dieselbe jedoch erst aus den Berichten anderer Schiffe ermittelt werden, welche das einzuholende Schiff einige Zeit vorher auf See gesehen haben.

Beispiel 16.

Am 17. Februar 10 Uhr morgens meldet ein in Falmouth angekommenes Schiff, dass es am 15. Februar um 5 Uhr nachmittags 319 sml in der Richtung S 63° W von Lizard einen grossen Passagierdampfer mit gebrochener Schraubenwelle in einem schweren West-Sturme angetroffen habe. Die Rhederei des Dampfers beschliesst, diesem zwei starke Seeschlepper zur Hilfeleistung entgegenzuschicken. Welchen Kurs haben dieselben von Lizard aus einzuschlagen, wenn sie dasselbe um 2 Uhr nachmittags am 17. Februar passieren, wenn die Fahrt der Schlepper 10 kn beträgt und angenommen wird, dass der Dampfer 1,5 kn stündlich von dem Westwinde nach Ost versetzt wird, und wann wird der Dampfer von den Schleppern erreicht werden?

Auflösung. Um den Standort des Dampfers zu ermitteln zur Zeit, als die Schlepper Lizard passierten, muss man die seit seiner Begegnung mit dem meldenden Schiffe in A (siehe Figur 36) am 15. Februar 5 Uhr nachmittags stattgefundene Versetzung des Dampfers berechnen. Da seit dieser Zeit 45 Stunden verflossen sind, so beträgt die Versetzung AB O 67,5 sml. Mithin befand sich der Dampfer in B, als die Schlepper von Lizard (L) aus in See gingen. Zur Berechnung der relativen Lage des Punktes B zu L dient das $\triangle ABL$. In demselben ist:

gegeben: $\begin{cases} AL = 319 \text{ sml} \\ AB = 67,5 \text{ sml} \\ \sphericalangle A = 27°, \end{cases}$

gesucht: $\begin{cases} \sphericalangle B \\ BL. \end{cases}$

Die Küstenschiffahrt.

Figur 36.

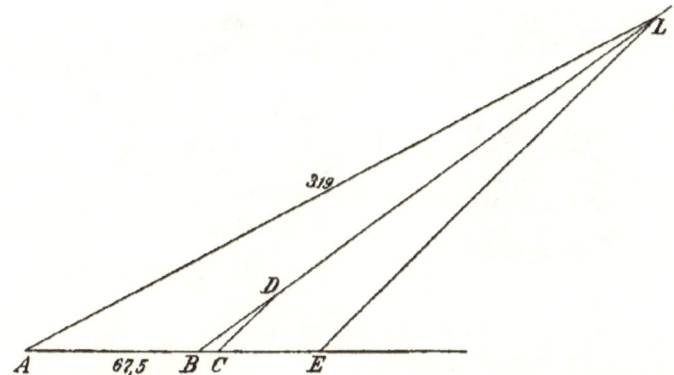

Hilfsrechnung 1.

$AL = 319$ sml
$AB = 67,5$ sml
$AL + AB = 386,5$ sml
$AL - AB = 251,5$ sml
$\sphericalangle ABL + \sphericalangle ALB = 180^0 - \sphericalangle A$
$= 180^0 - 27^0$
$= 153^0$
$\dfrac{\sphericalangle ABL + \sphericalangle ALB}{2} = 76^0\,30'.$

Hilfsrechnung 2.

Aus:
$tg \dfrac{ABL - ALB}{2} = \dfrac{251,5 \cdot tg\,76^0\,30'}{386,5}$

folgt:
$\log tg \dfrac{ABL - ALB}{2}$
$= \log 251,5 + \log tg\,76^0\,30' - \log 386,5$

Nun ist:
$\log 251,5 = 2,4005$
$\log tg\,76^0\,30' = 0,6196$
$\overline{\qquad\qquad\quad 3,0201}$
$\log 386,5 = 2,5871$
$\log tg \dfrac{ABL - ALB}{2} = 0,4330$

$\dfrac{ABL - ALB}{2} = 69^0\,45'.$

Hilfsrechnung 3.

$\dfrac{ABL + ALB}{2} = 76^0\,30'$
$\dfrac{ABL - ALB}{2} = 69^0\,45'$
$\sphericalangle ABL = 146^0\,15'$
$\sphericalangle ALB = 6^0\,45'.$

Nach dem Tangentensatze der ebenen Trigonometrie besteht die Relation:

$$\dfrac{AL + AB}{AL - AB} = \dfrac{tg \dfrac{ABL + ALB}{2}}{tg \dfrac{ABL - ALB}{2}},$$

folglich:

Formel 40: $tg \dfrac{ABL - ALB}{2}$
$= \dfrac{(AL - AB)\,tg \dfrac{ABL + ALB}{2}}{AL + AB}.$

Nach Einsetzen der Zahlenwerte (siehe Hilfsrechnung 1) erhält man:

$tg \dfrac{ABL - ALB}{2} = \dfrac{251,5 \cdot tg\,76^0\,30'}{386,5}$

oder nach Hilfsrechnung 2:

$\dfrac{ABL - ALB}{2} = 69^0\,45'.$

Hieraus folgt nach Hilfsrechnung 3:
$\sphericalangle ABL = 146^0\,15'.$

Nach dem Sinussatz gilt die Relation:
$\dfrac{AL}{BL} = \dfrac{\sin ABL}{\sin BAL},$

folglich:

Formel 41: $BL = \dfrac{AL \cdot \sin BAL}{\sin ABL}.$

Nach Einsetzen der Zahlenwerte erhält man:
$BL = \dfrac{319 \cdot \sin 27^0}{\sin 146^0\,15'}$ sml

oder nach Hilfsrechnung 4:
$BL = 260,7$ sml.

Da $\sphericalangle ABL = 146^0\,15'$, so ist die Richtung von B nach L N $56^0\,15'$ O und die Entfernung von B und L beträgt 260,7 sml. Von hier ab ist das Verfahren genau das-

Hilfsrechnung 4.

Aus:
$$BL = \frac{319 \cdot \sin 27°}{\sin 146° 15'} \text{ sml}$$

folgt:
$\log BL = \log 319 + \log \sin 27° - \log \sin 146° 15'$.

Nun ist:
$\log 319 = 2{,}5038$
$\log \sin 27° = 9{,}6570 - 10$
_____
$2{,}1608$
$\log \sin 146° 15' = 9{,}7447 - 10$
_____
$\log BL = 2{,}4161$
$BL = 260{,}7$ sml

selbe wie in Beispiel 15 und in den Aufgaben 67 bis 70. Führt man dasselbe hier durch, so erhält man die Werte:

$\sphericalangle BLE = 4° 47'$
$LE = 232{,}4$ sml.

Der von den Schleppern zu steuernde Kurs ist also 5° südlicher als der Kurs von L nach B, also als S 56° W, oder S 51° W. Die von ihnen zurückzulegende Strecke LE ist 232,4 sml. Mithin ist die Zeitdauer bis zum Erreichen des Dampfers $\frac{232{,}4}{10}$ Stunden oder 23 Stunden 15 Minuten.

Ungelöste Aufgaben.

Aufgabe 71. Ein Schleppdampfer wird einem in Not befindlichen Segelschiff entgegengeschickt. Um 1 Uhr nachmittags trifft er ein Fischerfahrzeug, welches das Segelschiff um 9 Uhr morgens getroffen hat, bei schwerem Süd-Ost-Sturme NW 1,5 kn treibend. Welchen Kurs hat der Schleppdampfer bei 11 kn Fahrt einzuschlagen und wann wird er das Segelschiff erreicht haben, wenn das Fischerfahrzeug von 9 bis 1 Uhr S 60° O 25 sml gesegelt ist?

Andeutung. Die Aufgaben 71 bis 74 werden analog dem Beispiel 16 gelöst.

Aufgabe 72. Ein Dampfer wird einem am vorhergehenden Abend in See gegangenen Segelschiff nachgeschickt, um ihm wichtige Nachrichten zu bringen. Er trifft in See um 5 Uhr morgens den Lotsen des Seglers, welcher letzteren um 3 Uhr morgens verlassen, als derselbe N 30° W mit einer Fahrt von 6 kn steuerte. Wie hat der Dampfer, welcher 12 kn läuft, zu steuern, um das Segelschiff zu erreichen, wenn der Lotse von 3 bis 5 Uhr S 10° W 17 sml gesegelt ist? Wann wird der Dampfer das Schiff treffen?

Aufgabe 73. Ein Geschwader, welches S 20° W 6 kn läuft, erblickt einen Dampfer, den es wegen Verdachts von Kriegscontrebande aufzubringen beschliesst. Zu diesem Zwecke wird ein Kanonenbot dem Dampfer nachgeschickt, welches den Dampfer nach $3^{1}/_{2}$ Stunden auf Westkurs bei 11 kn Fahrt erreicht. Nach Untersuchung der Schiffspapiere kehrt das Kanonenbot nach Verlauf einer weiteren halben Stunde zum Geschwader zurück. Welchen Kurs muss es bei 10 kn Fahrt steuern, wenn angenommen wird, dass das Geschwader Kurs und Fahrt beibehalten hat und wann wird es das Geschwader wieder erreichen?

Aufgabe 74. Ein entmastet in der Nordsee treibendes Segelschiff bittet einen Postdampfer, welcher es 93 sml in der Richtung N 50° W vom ersten Elbfeuerschiff um 3 Uhr nachmittags trifft, seiner Rhederei in Hamburg Mitteilung von seinem Unfalle zu machen. Dieselbe beschliesst, am folgenden Tage von Cuxhafen einen starken Seeschlepper zu Hilfe zu schicken. Beim ersten Elbfeuerschiff trifft dieser um 11 Uhr morgens einen ankommenden Dampfer, welcher das entmastete Schiff um 4 Uhr morgens 75 sml in der Richtung N 55° W vom ersten Elbfeuerschiff getroffen hat. Wie hat der Schlepper bei 10 kn Fahrt zu steuern, um das Segelschiff zu erreichen und wann wird dies der Fall sein?

V. Das Kreuzen (Lavieren).

Frage 26. Was versteht man unter Kreuzen oder Lavieren?

Antwort. Bei ungünstigem Winde ist ein Segelschiff nicht im Stande, den Bestimmungsort auf einem geraden Kurse zu erreichen. Zwar lassen sich bei einem von der Seite wehenden Winde die Segel so stellen, dass der Wind die hintere Fläche derselben trifft und so dem Schiffe, abgesehen von einem seitlichen Druck, einen Impuls nach vorne gibt. Wenn aber der Winkel zwischen der Richtung des Kieles und der Windrichtung unter eine bestimmte Grenze abnimmt, so kann das Schiff seinen Kurs nicht mehr verfolgen und es muss sich dann damit begnügen, dem zum Ziele führenden geraden Kurse möglichst nahe zu bleiben. Eine solche Lage des Schiffes ist natürlich zu beiden Seiten der direkten Kurslinie möglich und man versteht unter Kreuzen das abwechselnde Verfolgen der beiden an verschiedenen Seiten des geraden Kurses liegenden Kurse. Wenn z. B. für ein Schiff der kleinste Wert jenes Winkels 65° beträgt, so kann dasselbe bei Nordwind keinen nördlicheren Kurs verfolgen, als auf der einen Seite N 65° W und auf der andern Seite N 65° O. Man sagt dann: „das Schiff liegt 65° am Winde"; es segelt im ersteren Falle „über Backbord (links), im zweiten Falle „über Steuerbord" (rechts).

Erkl. 44. Die linke Seite eines Schiffes heisst Backbord-, die rechte Steuerbordseite. Der Uebergang von einem Kurs auf den andern beim Kreuzen geschieht durch das sog. „Wenden".

Erkl. 45. Je nach dem Winkel zwischen Kiel- und Windrichtung unterscheidet man:
1. ein Schiff segelt vor dem Winde, wenn der Wind gerade von hinten kommt;
2. ein Schiff segelt beim Winde, wenn der Winkel zwischen Windrichtung und Kiel seinen kleinsten Wert hat;
3. ein Schiff segelt mit raumem Winde, wenn der Wind seitlich oder mehr von hinten kommt.

Erkl. 46. Der Winkel, welcher angibt, wieviel Grad das Schiff am Winde liegt, hängt von der Bauart und der Segelführung ab. In der Regel kann man 60° bis 70° annehmen.

Figur 37.

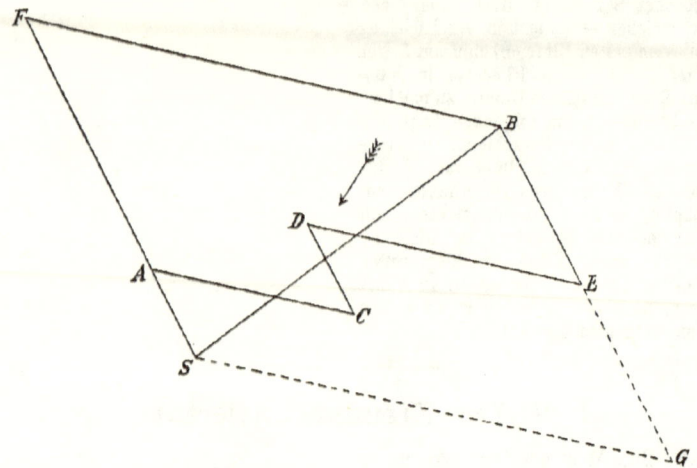

Frage 27. Wie kann ein Schiff durch Kreuzen seinen Bestimmungsort erreichen?

Antwort. Wenn der Bestimmungsort B (Fig. 37) in der Richtung N 58° O vom Schiffe S liegt, so würde bei günstigem Winde der gerade Kurs N 58° O eingeschlagen werden. Wenn daher der Wind N 40° O ist, wie der Pfeil angibt, und das Schiff 65° am Winde liegt, so können höchstens die Kurse N 25° W über Backbord (links) und N 105° O oder S 75° O über Steuerbord (rechts) gesteuert werden. Man kann dann entweder zuerst über Backbord von S nach F und hierauf über Steuerbord von F nach B segeln, oder zuerst über Steuerbord von S nach G und dann über Backbord von G nach B, oder endlich der Reihe nach von S nach A, von A nach C, von C nach D, von D nach E und von E nach B. Die Anzahl und Lage der Punkte, wo gewendet wird, ist für die Summe der zu durchsegelnden Strecken gleichgültig. Weil aber beim Wenden immer an Zeit und Platz verloren geht, ausserdem die Aenderung der Segelstellung für die Mannschaft auf grossen Schiffen sehr anstrengend ist, so wendet man in der Praxis nicht häufiger, als die Rücksicht auf die Gestaltung der Küsten oder die Hoffnung auf eine Aenderung der Windrichtung erfordert.

Die Küstenschiffahrt.

Beispiel 17.

Ein Schiff muss gegen SSO-Wind nach einem S 13° W 268 sml entfernten Hafen kreuzen. Welches sind die zu segelnden Kurse und Distanzen, wenn das Schiff 70° am Winde liegt?

Figur 38.

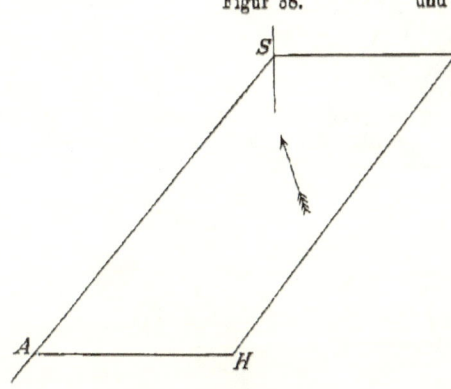

Auflösung 1 (nach Konstruktion). Die Kurse liegen 70° zu beiden Seiten der Windrichtung S 22° 30' O, sind also S 47° 30' W und S 92° 30' O oder N 87° 30' O.

Man lege durch einen beliebigen Punkt S (Figur 38) parallel zum Papierrande den Meridian, trage von S aus die Richtung S 13° W ein und setze auf dieser Richtungslinie $SH = 26{,}8$ cm (1 sml = 0,1 cm = 1 mm) ab. Ferner trage man ebenfalls von S die Richtungen S 47° 30' W und N 87° 30' O ein und ziehe durch H die Parallelen HA und HB. Dann gibt SB Kurs und Distanz über Backbord (links), BH Kurs und Distanz über Steuerbord (rechts) an.

Hilfsrechnung 1.

$$\begin{array}{r} N\ 87°\ 30'\ O \\ S\ 13°\ \ 0'\ W \\ \hline \sphericalangle BSH = 105°\ 30'. \\ N\ 13°\ \ 0'\ O \\ N\ 47°\ 30'\ O \\ \hline \sphericalangle SHB = 34°\ 30'. \\ S\ 87°\ 30'\ W \\ S\ 47°\ 30'\ W \\ \hline \sphericalangle SBH = 40°. \end{array}$$

Probe: $105°\ 30' + 34°\ 30' + 40°\ 0' = 180°$.

Auflösung 2 (durch Rechnung).

Gegeben: $\begin{cases} SH = 268 \text{ sml} \\ \sphericalangle BSH = 105°\ 30' \\ \sphericalangle SHB = 34°\ 30' \\ \sphericalangle SBH = 40°. \end{cases}$

Gesucht: $\begin{cases} SB \\ BH. \end{cases}$

Nach dem Sinussatze besteht die Relation:
$$\frac{SB}{SH} = \frac{\sin SHB}{\sin SBH},$$
folglich:

Formel 42: $SB = \dfrac{SH \cdot \sin SHB}{\sin SBH}$.

Nach Einsetzung der in Hilfsrechnung 1 gefundenen Zahlenwerte erhält man:
$$SB = \frac{268 \cdot \sin 34°\ 30'}{\sin 40°} \text{ sml}$$
oder nach Hilfsrechnung 2:

$SB = 236{,}1$ sml.

Ferner besteht nach dem Sinussatze die Relation:
$$\frac{SH}{BH} = \frac{\sin SBH}{\sin BSH},$$
folglich:

Formel 43: $BH = \dfrac{SH \cdot \sin BSH}{\sin SBH}$.

Nach Einsetzung der Zahlenwerte erhält man:

Hilfsrechnung 2.

Aus:
$$SB = \frac{268 \cdot \sin 34°\ 30'}{\sin 40°} \text{ sml}$$
folgt:
$\log SB = \log 268 + \log \sin 34°\ 30' - \log \sin 40°$.
Nun ist:

$\log 268 = 2{,}4281$
$\log \sin 34°\ 30' = 9{,}7531 - 10$
$ 2{,}1812$
$\log \sin 40° = 9{,}8081 - 10$
$\log SB = 2{,}3731$
$SB = 236{,}1$ sml.

Hilfsrechnung 3.

Aus:
$$BH = \frac{268 \cdot \sin 105°\ 30'}{\sin 40°} \text{ sml}$$
folgt:
$\log BH = \log 268 + \log \sin 105°\ 30' - \log \sin 40°$.

Nun ist:
$$\log 268 = 2{,}4281$$
$$\log \sin 105^0\,30' = 9{,}9839 - 10$$
$$\overline{2{,}4120}$$
$$\log \sin 40^0 = 9{,}8081 - 10$$
$$\log BH = 2{,}6039$$
$$BH = 401{,}7 \text{ sml.}$$

$$BH = \frac{268 \cdot \sin 105^0\,30'}{\sin 40^0} \text{ sml}$$

oder nach Hilfsrechnung 3:
$$BH = 401{,}7 \text{ sml.}$$

Ungelöste Aufgaben.

Aufgabe 75. Ein Schiff steht bei SO-Wind N 30⁰ W 55 sml von Helgoland. Welches sind die nach Helgoland zu segelnden Kurse und Distanzen, wenn das Schiff 65⁰ am Winde liegt?

Andeutung. Die Aufgaben 75 bis 78 werden analog dem Beispiel 17 gelöst.

Aufgabe 76. Wie muss ein Schiff steuern und welche Distanzen segeln, um nach einem Hafen zu kommen, welcher in der Richtung S 80⁰ O in einer Entfernung von 80 sml von ihm liegt, wenn das Schiff 70⁰ am Winde liegt und der Wind Ost ist?

Aufgabe 77. Ein Segelschiff will nach einem Hafen, welcher N 30⁰ W 79 sml entfernt liegt. Wie hat dasselbe zu steuern und welche Distanzen auf den beiden Kursen zu segeln, wenn der Wind NW ist und das Schiff 75⁰ am Winde liegt?

Aufgabe 78. Ein Segelschiff muss gegen N-Wind nach einem Hafen kreuzen, welcher N 35⁰ O 70 sml entfernt liegt. Wie hat dasselbe zu steuern und welche Distanzen auf den beiden Kursen zu segeln, wenn es 50⁰ am Winde liegt?

Zweiter Abschnitt.

Die Schiffahrt nach der Besteckrechnung.

I. Die zwei Aufgaben der Besteckrechnung.

Frage 28. Was versteht man unter Besteckrechnung?

Antwort. Die in der Küstenschiffahrt in Sicht von Land gebräuchliche Methode, den Weg des Schiffes durch Einzeichnen der gesteuerten Kurse und der gesegelten Distanzen in die Seekarten zu verfolgen, gibt nur dann brauchbare Resultate, wenn, wie in der Küstenschiffahrt, der Massstab der Karte genügend gross ist. Wenn dagegen bei

Erkl. 47. Man unterscheidet in der nautischen Praxis drei Arten von Karten:
1. **Generalkarten**, welche in kleinerem Massstabe sehr grosse Teile der Meeresoberfläche darstellen; dieselben liegen den grossen Reisen über See zu Grunde und werden auch Uebersegler genannt.

2. **Specialkarten**, welche in grösserem Massstabe kleinere Gebiete der See mit den begrenzenden Küsten, wie Ostsee, den südöstlichen Teil der Nordsee, den englischen Kanal u. s. w. darstellen, und

3. **Pläne**, welche sehr kleine Teile der Erdoberfläche, wie z. B. Häfen, in sehr grossem Massstabe und zwar als Ebenen darstellen.

Deutsche Seekarten werden herausgegeben vom Reichsmarine-Amt.

Reisen über See der Massstab der Karte so klein ist, dass von der Konstruktion keine zuverlässigen Positionen erwartet werden können, so muss die Konstruktion durch die Rechnung ersetzt werden. Die Gesamtheit derjenigen rechnerischen Methoden, durch welche von einem bekannten Abgangsorte aus der Weg eines Schiffes nach Breite und Länge verfolgt wird, wird Besteckrechnung genannt.

Frage 29. Worin bestehen im speciellen die Aufgaben der Besteckrechnung?

Antwort. Die Besteckrechnung löst im speciellen zwei Aufgaben, welche den Inhalt derselben bilden, nämlich:

1. wenn Breite und Länge des Abgangsortes sowie Kurs und Distanz gegeben sind, Breite und Länge des erreichten Ortes zu finden;

2. wenn Breite und Länge des Abgangs- und des Bestimmungsortes bekannt sind, Kurs und Distanz von einem zum andern zu finden.

Frage 30. Gibt der am Kompass abgelesene Kurs den wahren Kurs des Schiffes an, welcher für die Ortsveränderung desselben zu Grunde zu legen ist?

Antwort. Dies würde nur dann der Fall sein, wenn die durch die Magnetnadel des Kompasses angegebene Nord-Süd-Linie seiner Kompassrose mit der Richtung der geographischen Meridians, also mit der wahren Nord-Süd-Richtung zusammenfiele. Dies ist aber aus mehreren Gründen im allgemeinen nicht der Fall.

Erstens stellt sich unter dem Einflusse des Erdmagnetismus an einem eisenfreien Orte eine horizontal schwingende Magnetnadel nicht genau in den geographischen Meridian ein, sondern sie nimmt eine Lage ein, welche mit jenem einen von Ort zu Ort verschiedenen Winkel bildet. Dieser Winkel wird vom Seemanne die Ortsmissweisung genannt und der Punkt, nach welchem das Nordende der Magnetnadel unter dem Einflusse des Erdmagnetismus zeigt, heisst missweisendes oder

Erkl. 48. Die seemännische Ortsmissweisung (engl. variation) wird in der Physik Deklination genannt.

Näheres hierüber siehe Kleyers Lehrbuch des Magnetismus und des Erdmagnetismus.

Erkl. 49. Die Ortsmissweisung hat den Namen Ost oder West, je nachdem das missweisende oder magnetische Norden östlich oder westlich vom rechtweisenden oder wahren Norden liegt, und ebenso hat die Deviation den Namen Ost oder West, je nachdem das Kompassnorden östlich oder westlich vom missweisenden Norden liegt.

Erkl. 50. Die Ortsmissweisung wird aus den Isogonenkarten (siehe Kleyers Lehrbuch des Magnetismus) entnommen. Die Deviation wird durch astronomische Beobachtungen nach Angabe des dritten Abschnittes dieses Lehrbuches gefunden.

magnetisches Norden. Die Richtung der Nadel gibt den magnetischen Meridian an.

Zweitens wirken die Eisenteile des Schiffes auf den Kompass ein und infolge dessen stellt sich der Kompass an Bord auch nicht nach dem missweisenden Norden ein, sondern die Magnetnadel des Kompasses wird aus dem magnetischen Meridian um einen Winkel abgelenkt, welcher Deviation oder örtliche Ablenkung genannt wird.

Frage 31. Was hat man demgemäss für Kurse zu unterscheiden?

Antwort. Da der Kurs eines Schiffes durch den Winkel bestimmt wird, welchen die Kielrichtung mit der Nord-Süd-Richtung bildet, so muss man drei verschiedene Kurse unterscheiden, je nachdem man den Kurswinkel mit dem geographischen Meridian oder mit dem magnetischen Meridian oder endlich mit der Nord-Süd-Linie des Kompasses in Rechnung nimmt, nämlich:

1. den wahren oder rechtweisenden Kurs, welcher vom wahren oder geographischen Norden aus gezählt wird,

2. den magnetischen oder missweisenden Kurs, welcher vom magnetischen oder missweisenden Norden aus gezählt wird, und

3. den gesteuerten oder Kompasskurs, welcher vom Kompassnorden aus gezählt wird.

II. Die Verwandlung der Kurse.

a) Die Verwandlung von Kompasskurs in missweisenden Kurs und umgekehrt.

Frage 32. Wie verwandelt man den Kompasskurs in magnetischen oder missweisenden Kurs?

Antwort. Denkt man sich in Figur 39 und 40 eine kleine Kompassrose konzentrisch auf eine grössere missweisend orientierte Rose gelegt und zwar in Figur 39 bei 10⁰ östlicher Deviation (Kompassnord 10⁰ östlich vom missweisenden Nord) und in Figur 40 bei 10⁰ westlicher Deviation (Kom-

Figur 39.

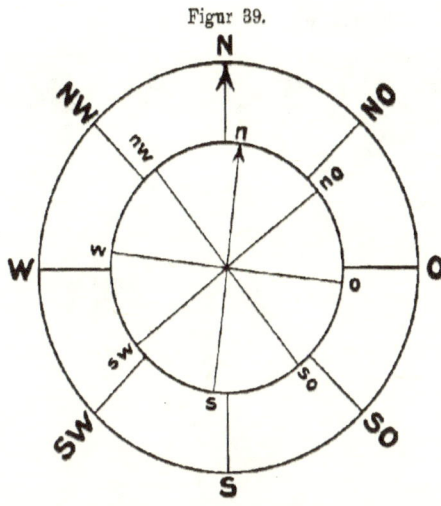

Figur 40.

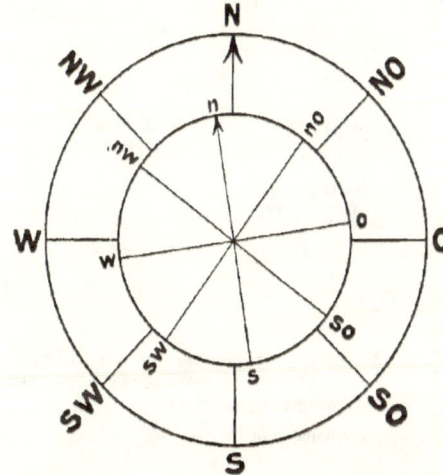

passnord 10⁰ westlich vom missweisenden Nord), so erkennt man aus Figur 39, dass bei östlicher Deviation jeder Kompassstrich sich für das im Mittelpunkt befindliche Auge 10⁰ rechts von dem gleichlautenden Strich der missweisenden Rose befindet oder mit andern Worten, dass jeder Kompassstrich zusammenfällt mit demjenigen missweisenden Strich, welcher um 10⁰ im Sinne der Bewegung der Uhrzeiger vom gleichlautenden missweisenden Strich verschoben ist, also Kompass-Nord mit missweisend N 10⁰ O, Kompass-N 45⁰ O mit missweisend N 55⁰ O u. s. w. Ebenso lehrt Figur 40, dass bei 10⁰ westlicher Deviation jeder Kompassstrich zusammenfällt mit demjenigen missweisenden Strich, welcher um 10⁰ im Sinne gegen die Bewegung der Uhrzeiger verschoben ist, also: Kompass-Nord mit missweisend N 10⁰ W, Kompass-N 45⁰ O mit missweisend N 35⁰ O u. s. w.

Man gelangt so zu folgender

Regel: Um Kompasskurs in magnetischen Kurs zu verwandeln, bringt man an den gegebenen Kompasskurs **östliche** Deviation mit dem Uhrzeiger, **westliche** Deviation **gegen** den Uhrzeiger an.

Beispiel 18.

Ein Schiff steuert S 30⁰ O bei einer Deviation von 5⁰ Ost; welches ist der magnetische (missweisende) Kurs?

Auflösung. Man gehe von der Richtung S 30⁰ O 5⁰ mit dem Uhrzeiger weiter, so gelangt man nach S 25⁰ O. Mithin: Kompasskurs S 30⁰ O = magnet. Kurs S 25⁰ O.

Beispiel 19.

Ein Schiff steuert N 51⁰ W bei einer Deviation von 13⁰ West; welches ist der magnetische (missweisende) Kurs?

Auflösung. Man gehe von der Richtung N 51⁰ W 13⁰ gegen den Uhrzeiger zurück, so gelangt man nach N 64⁰ W. Mithin: Kompassk. N 51⁰ W = magnet. Kurs N 64⁰ W.

Ungelöste Aufgaben.

Aufgabe 79. Ein Schiff steuert S 13° W bei einer Deviation von 11° Ost; welches ist der magnetische (missweisende) Kurs?

Andeutung. Die Aufgaben 79 bis 83 werden analog den Beispielen 18 und 19 gelöst.

Aufgabe 80. Ein Schiff steuert N 38° O bei einer Deviation von 1° W; welches ist der magnetische (missweisende) Kurs?

Aufgabe 81. Ein Schiff steuert S 83° O bei einer Deviation von 15° W; welches ist der magnetische (missweisende) Kurs?

Aufgabe 82. Ein Schiff steuert N 3° W bei einer Deviation von 5° Ost; welches ist der magnetische (missweisende) Kurs?

Aufgabe 83. Ein Schiff steuert S 86° W bei einer Deviation von 4° Ost; welches ist der magnetische (missweisende) Kurs?

Frage 33. Wie verwandelt man den magnetischen Kurs in Kompasskurs?

Antwort. Aus den Betrachtungen zu Frage 32 folgt unmittelbar die

Regel: Um magnetischen Kurs in Kompasskurs zu verwandeln, bringt man an den gegebenen magnetischen Kurs östliche Deviation **gegen** den Uhrzeiger, westliche Deviation **mit** dem Uhrzeiger an.

Beispiel 20.

Welchen Kurs muss ein Schiff nach dem Kompass steuern, um magnetisch N 25° O hinzugehen, wenn die Deviation des Kompasses 11° Ost beträgt?

Auflösung. Man gehe von der Richtung N 25° O 11° gegen den Uhrzeiger zurück, so gelangt man nach N 14° O. Mithin: magnet. Kurs N 25° O = Kompassk. N 14° O.

Beispiel 21.

Welchen Kurs muss ein Schiff nach dem Kompass steuern, um magnetisch S 63° W hinzugehen, wenn die Deviation des Kompasses 7° West beträgt?

Auflösung. Man gehe von der Richtung S 63° W 7° mit dem Uhrzeiger weiter, so gelangt man nach S 70° W. Mithin: magnet. Kurs S 63° W = Kompassk. S 70° W.

Ungelöste Aufgaben.

Aufgabe 84. Welchen Kurs muss ein Schiff nach dem Kompass steuern, um magnetisch N 18° W hinzugehen, wenn die Deviation des Kompasses 3° Ost beträgt?

Andeutung. Die Aufgaben 84 bis 88 werden analog den Beispielen 20 und 21 gelöst.

Aufgabe 85. Welchen Kurs muss ein Schiff nach dem Kompass steuern, um magnetisch S 3° W hinzugehen, wenn die Deviation des Kompasses 12° Ost beträgt?

Aufgabe 86. Welchen Kurs muss ein Schiff nach dem Kompass steuern, um magnetisch O hinzugehen, wenn die Deviation des Kompasses 5° W beträgt?

Aufgabe 87. Welchen Kurs muss ein Schiff nach dem Kompass steuern, um magnetisch S 86° W hinzugehen, wenn die Deviation des Kompasses 7° W beträgt?

Aufgabe 88. Welchen Kurs muss ein Schiff nach dem Kompass steuern, um magnetisch N 3° O hinzugehen, wenn die Deviation des Kompasses 11° Ost beträgt?

b) Die Verwandlung vom magnetischen Kurs in wahren Kurs und umgekehrt.

Frage 34. Wie verwandelt man den magnetischen Kurs in wahren Kurs?

Antwort. Wenn in Figur 39 und 40 der innere kleinere Kreis die magnetisch (missweisend) orientierte Strichrose und der äussere grössere Kreis die wahre (rechtweisend) Strichrose bezeichnet und zwar in Figur 39 bei einer Ortsmissweisung von 10° Ost, in Fig. 40 von 10° West, so sieht man aus Fig. 39, dass bei östlicher Ortsmissweisung jeder Strich der magnetischen Rose zusammenfällt mit demjenigen Strich der wahren Rose, welcher um 10° im Sinne der Bewegung der Uhrzeiger verschoben ist, also magnetisch Nord mit wahrem N 10° O, magnetisch N 45° O mit wahrem N 55° O u. s. w. Ebenso lehrt Fig. 40, dass bei 10° westlicher Ortsmissweisung jeder Strich der magnetischen Rose zusammenfällt mit demjenigen Strich der wahren Rose, welcher um 10° im Sinne gegen die Bewegung der Uhrzeiger verschoben ist, also: magnetisch Nord mit wahrem N 10° W, magnetisch N 45° O mit wahrem N 35° O u. s. w. Man gelangt so zu folgender

Regel: Um magnetischen Kurs in wahren Kurs zu verwandeln, bringt man an den gegebenen magnetischen Kurs **östliche** Ortsmissweisung **mit** dem Uhrzeiger, **westliche** Ortsmissweisung **gegen** den Uhrzeiger an.

Beispiel 22.

Der magnetische Kurs eines Schiffes ist N 33° O. Welches ist der wahre Kurs, wenn die Ortsmissweisung 17° Ost beträgt?

Auflösung. Man gehe von der Richtung N 33° O 17° mit dem Uhrzeiger weiter, so gelangt man nach N 50° O. Mithin: magnet. Kurs N 33° O = wahr. Kurs N 50° O.

Beispiel 23.

Der magnetische Kurs eines Schiffes ist S 85° O. Welches ist der wahre Kurs, wenn die Ortsmissweisung 9° West beträgt?

Auflösung. Man gehe an der Richtung S 85° O 9° gegen den Uhrzeiger zurück, so gelangt man nach N 86° O. Mithin: magnet. Kurs S 85° O = wahr. Kurs N 86° O.

Ungelöste Aufgaben.

Aufgabe 89. Der magnetische Kurs eines Schiffes ist S 13° O. Welches ist der wahre Kurs, wenn die Ortsmissweisung 15° W beträgt?

Andeutung. Die Aufgaben 89 bis 93 werden analog den Beispielen 22 und 23 gelöst.

Aufgabe 90. Der magnetische Kurs eines Schiffes ist S 86° O. Welches ist der wahre Kurs, wenn die Ortsmissweisung 25° Ost beträgt?

Aufgabe 91. Der magnetische Kurs eines Schiffes ist N 2° W. Welches ist der wahre Kurs, wenn die Ortsmissweisung 11° Ost beträgt?

Aufgabe 92. Der magnetische Kurs eines Schiffes ist N 79° W. Welches ist der wahre Kurs, wenn die Ortsmissweisung 22° W beträgt?

Aufgabe 93. Der magnetische Kurs eines Schiffes ist S. Welches ist der wahre Kurs, wenn die Ortsmissweisung 0° beträgt?

Frage 35. Wie verwandelt man den wahren Kurs in magnetischen Kurs?

Antwort. Aus den Betrachtungen der Frage 34 folgt unmittelbar die

Regel: Um wahren Kurs in magnetischen Kurs zu verwandeln, bringt man an den gegebenen wahren Kurs **östliche** Deviation gegen den Uhrzeiger, **westliche** Deviation mit dem Uhrzeiger an.

Beispiel 24.

Der wahre Kurs eines Schiffes ist S 23° W. Welches ist der magnetische Kurs, wenn die Ortsmissweisung 26° Ost beträgt?

Auflösung. Man gehe von der Richtung S 23° W 26° gegen den Uhrzeiger zurück, so gelangt man nach S 3° O. Mithin: wahrer Kurs S 23° W = magnet. Kurs S 3° O.

Die Schiffahrt nach der Besteckrechnung. 63

Beispiel 25.

Der wahre Kurs eines Schiffes ist N 40° W. Welches ist der magnetische Kurs, wenn die Ortsmissweisung 10° West beträgt?

Auflösung. Man gehe von der Richtung N 40° W 10° mit dem Uhrzeiger weiter, so gelangt man nach N 30° W. Mithin: wahrer Kurs N 40° W = magnet. Kurs N 30° W.

Ungelöste Aufgaben.

Aufgabe 94. Der wahre Kurs eines Schiffes ist S 26° W. Welches ist der magnetische Kurs, wenn die Ortsmissweisung 18° O beträgt?

Andeutung. Die Aufgaben 94 bis 98 werden analog den Beispielen 24 und 25 gelöst.

Aufgabe 95. Der wahre Kurs eines Schiffes ist N 11° O. Welches ist der magnetische Kurs, wenn die Ortsmissweisung 15° O beträgt?

Aufgabe 96. Der wahre Kurs eines Schiffes ist N 83° O. Welches ist der magnetische Kurs, wenn die Ortsmissweisung 14° W beträgt?

Aufgabe 97. Der wahre Kurs eines Schiffes ist S 24° W. Welches ist der magnetische Kurs, wenn die Ortsmissweisung 15° O beträgt?

Aufgabe 98. Der wahre Kurs eines Schiffes ist S 81° W. Welches ist der magnetische Kurs, wenn die Ortsmissweisung 13° W beträgt?

c) Die Verwandlung vom Kompasskurs in wahren Kurs und umgekehrt.

Frage 36. Wie verwandelt man den Kompasskurs in wahren Kurs?

Antwort. Um den Kompasskurs in wahren Kurs zu verwandeln, kann man so verfahren, dass man zunächst den gegebenen Kompasskurs nach Anleitung der Antwort auf Frage 32 mit Hilfe der Deviation in magnetischen Kurs verwandelt und dann diesen nach Angabe der Antwort auf Frage 34 durch Anbringung der Ortsmissweisung in wahren Kurs. Bequemer ist es jedoch, wenn man die algebraische Summe von Deviation und Ortsmissweisung, die sogen. Gesamtmissweisung des Kompasses, an den gegebenen Kompasskurs anbringt.

Wenn dann in Figur 39 und 40 der innere, kleinere Kreis die Kompassrose und der äussere, grössere Kreis die wahre Rose bezeichnet, und zwar in Figur 39 bei einer Gesamtmissweisung von 10^0 Ost, in Figur 40 von 10^0 W, so erkennt man aus Figur 39, dass bei **östlicher** Gesamtmissweisung jeder Strich der Kompassrose zusammenfällt mit demjenigen Strich der wahren Rose, welcher um 10^0 im Sinne der Bewegung der Uhrzeiger verschoben ist, also Kompass-Nord mit wahrem $N\,10^0\,O$, Kompass-$N\,45^0\,O$ mit wahrem $N\,55^0\,O$ u. s. w. Ebenso lehrt Figur 40, dass bei 10^0 **westlicher** Gesamtmissweisung jeder Strich der Kompassrose zusammenfällt mit demjenigen Strich der wahren Rose, welcher um 10^0 im Sinne **gegen** die Bewegung der Uhrzeiger verschoben ist, also Kompass-Nord mit wahrem $N\,10^0\,W$, Kompass-$N\,45^0\,O$ mit wahrem $N\,35^0\,W$ u. s. w. Man gelangt so zu folgender

Erkl. 51. Man bezeichnet **östliche** Deviation sowie **östliche** Ortsmissweisung auch wohl als **positiv**, **westliche** Deviation und **westliche** Ortsmissweisung dagegen als **negativ**.

Regel: Um Kompasskurs in wahren Kurs zu verwandeln, bringt man an den gegebenen Kompasskurs **östliche** Gesamtmissweisung **mit** dem Uhrzeiger, **westliche** Gesamtmissweisung **gegen** den Uhrzeiger an.

Beispiel 26.

Der gesteuerte Kompasskurs ist $N\,31^0\,W$. Welches ist der wahre Kurs, wenn die Deviation des Kompasses 8^0 Ost und die Ortsmissweisung 5^0 Ost beträgt?

Auflösung 1. Bringt man die Deviation 8^0 Ost mit dem Uhrzeiger an den gegebenen Kompasskurs $N\,31^0\,W$, so erhält man den magnetischen Kurs $N\,23^0\,W$. Bringt man hieran die Ortsmissweisung 5^0 Ost mit dem Uhrzeiger an, so erhält man den wahren Kurs $N\,18^0\,W$.

Hilfsrechnung 1.
Deviation 8^0 Ost
Ortsmissweisung 5^0 Ost
Gesamtmissweisung 13^0 Ost.

Auflösung 2. Nach Hilfsrechnung 1 ist die Gesamtmissweisung 13^0 Ost. Bringt man dieselbe an den gegebenen Kompasskurs $N\,31^0\,W$ mit dem Uhrzeiger an, so erhält man den wahren Kurs $N\,18^0\,W$.

Beispiel 27.

Der gesteuerte Kompasskurs ist $S\,11^0\,W$. Welches ist der wahre Kurs, wenn die Deviation 3^0 Ost und die Ortsmissweisung 17^0 West beträgt?

Auflösung 1. Bringt man die Deviation 3^0 Ost mit dem Uhrzeiger an den gegebenen Kompasskurs $S\,11^0\,W$, so erhält man den magnetischen Kurs $S\,14^0\,W$. Bringt man hieran die Ortsmissweisung 17^0 West gegen den Uhrzeiger an, so erhält man den wahren Kurs $S\,3^0\,O$.

Die Schiffahrt nach der Besteckrechnung. 65

Hilfsrechnung 1.
Deviation 3° Ost
Ortsmissweisung 17° West
―――――――――――――
Gesamtmissweisung 14° West.

Auflösung 2. Nach Hilfsrechnung 1 ist die Gesamtmissweisung 14° West. Bringt man dieselbe an den gegebenen Kompasskurs S 11° W gegen den Uhrzeiger an, so erhält man den wahren Kurs S 3° O.

Ungelöste Aufgaben.

Aufgabe 99. Der gesteuerte Kompasskurs ist N 15° W. Welches ist der wahre Kurs, wenn die Deviation 5° W und die Ortsmissweisung 23° Ost beträgt?

Andeutung. Die Aufgaben 99 bis 103 werden analog den Beispielen 26 und 27 gelöst.

Aufgabe 100. Der gesteuerte Kompasskurs ist S 38° O. Welches ist der wahre Kurs, wenn die Deviation 5° Ost und die Ortsmissweisung 2° Ost beträgt?

Aufgabe 101. Der gesteuerte Kompasskurs ist S 88° W. Welches ist der wahre Kurs, wenn die Deviation 3° W und die Ortsmissweisung 12° Ost beträgt?

Aufgabe 102. Der gesteuerte Kompasskurs ist N 71° W. Welches ist der wahre Kurs, wenn die Deviation 18° W und die Ortsmissweisung 0° beträgt?

Aufgabe 103. Der gesteuerte Kompasskurs ist Ost. Welches ist der wahre Kurs, wenn die Deviation 0° und die Ortsmissweisung 17° W beträgt?

Frage 37. Wie verwandelt man den wahren Kurs in Kompasskurs?

Antwort. Auch hier kann man zunächst den gegebenen wahren Kurs durch Anbringung der Ortsmissweisung in magnetischen Kurs verwandeln (siehe Antwort auf Frage 35) und darauf den magnetischen Kurs durch Anbringung der Deviation in Kompasskurs (siehe Antwort auf Frage 33). Indessen ist es auch hier vorzuziehen, die Verwandlung des gegebenen wahren Kurses in Kompasskurs durch die Anbringung der Gesamtmissweisung des Kompasses direkt vorzunehmen. Aus den Betrachtungen zu Frage 36 folgt unmittelbar die

Regel: Um wahren Kurs in Kompasskurs zu verwandeln, bringt man an den gegebenen wahren Kurs östliche Gesamtmissweisung **gegen** den Uhrzeiger an, **westliche** Gesamtmissweisung dagegen **mit** dem Uhrzeiger.

Beispiel 28.

Der wahre Kurs ist S 37° O. Welchen Kurs muss ein Dampfer steuern, wenn die Deviation des Kompasses 3° West und die Ortsmissweisung 11° Ost beträgt?

Hilfsrechnung 1.
Deviation 3° West
Ortsmissweisung 11° Ost
─────────────────────
Gesamtmissweisung 8° Ost.

Auflösung 1. Bringt man die Ortsmissweisung 11° Ost gegen den Uhrzeiger an den gegebenen wahren Kurs S 37° O, so erhält man den magnetischen Kurs S 48° O. Bringt man hieran die Deviation 3° West mit dem Uhrzeiger an, so erhält man den zu steuernden Kompasskurs S 45° O.

Auflösung 2. Nach Hilfsrechnung 1 ist die Gesamtmissweisung 8° Ost. Bringt man dieselbe gegen den Uhrzeiger an den gegebenen wahren Kurs S 37° O, so erhält man den zu steuernden Kompasskurs S 45° O.

Beispiel 29.

Der wahre Kurs ist N 86° O. Welchen Kurs muss man steuern, wenn die Deviation 0° und die Ortsmissweisung 5° West beträgt?

Hilfsrechnung 1.
Deviation 0°
Ortsmissweisung 5° W
─────────────────────
Gesamtmissweisung 5° W

Auflösung 1. Bringt man die Ortsmissweisung 5° West mit dem Uhrzeiger an den gegebenen wahren Kurs N 86° O, so erhält man den magnetischen Kurs N 91° O = S 89° O. Da die Deviation 0°, so ist auch der Kompasskurs S 89° O.

Auflösung 2. Nach Hilfsrechnung 1 ist die Gesamtmissweisung 5° West. Bringt man dieselbe mit dem Uhrzeiger an den gegebenen wahren Kurs N 86° O an, so erhält man den zu steuernden Kompasskurs S 89° O.

Ungelöste Aufgaben.

Aufgabe 104. Der wahre Kurs ist N 83° W. Welchen Kurs muss man steuern nach dem Kompass, wenn die Ortsmissweisung 13° W und die Deviation des Kompasses 5° W beträgt?

Andeutung. Die Aufgaben 104 bis 108 werden analog den Beispielen 28 und 29 gelöst.

Aufgabe 105. Der wahre Kurs ist N 71° O. Welchen Kurs muss man steuern nach dem Kompass, wenn die Deviation des Kompasses 0° und die Ortsmissweisung 11° Ost beträgt?

Aufgabe 106. Der wahre Kurs ist S 11° O. Welchen Kurs muss man steuern nach dem Kompass, wenn die Deviation des Kompasses 1° Ost und die Ortsmissweisung 1° West beträgt?

Aufgabe 107. Der wahre Kurs eines Schiffes ist S 61° W. Welches ist der zu steuernde Kompasskurs, wenn die Deviation des Kompasses 5° W und die Ortsmissweisung 15° West beträgt?

Aufgabe 108. Der wahre Kurs eines Schiffes ist N 80° O. Welches ist der zu steuernde Kompasskurs, wenn die Ortsmissweisung 13° W und die Deviation des Kompasses 3° Ost beträgt?

Frage 38. Wie kann man sich nach dem Vorstehenden das Verfahren bei der Kursverwandlung am einfachsten einprägen?

Antwort. Bei der Kursverwandlung im Sinne Kompasskurs—magnetischer Kurs—wahrer Kurs werden östliche Korrektionen (Deviation und Ortsmissweisung) mit dem Uhrzeiger, westliche Korrektionen gegen den Uhrzeiger angebracht. Bei der Kursverwandlung im Sinne wahrer Kurs—magnetischer Kurs—Kompasskurs werden östliche Korrektionen gegen den Uhrzeiger, westliche Korrektionen mit dem Uhrzeiger angebracht.

Anmerkung 3. Die Berichtigung der durch den Kompass angegebenen Richtungen wegen Deviation und Ortsmissweisung ist nicht nur bei den gesteuerten Kursen, sondern auch bei den Peilungen erforderlich, und zwar muss an die Kompasspeilungen nur die Deviation oder die Gesamtmissweisung des Kompasses angebracht werden, je nachdem man magnetische oder wahre Richtungen zu haben wünscht. Im ersten Abschnitt ist bei den Aufgaben der Küstenschiffahrt der Einfachheit halber stets angenommen, dass die Peilungen wahre Richtungen angeben. In der weiteren Behandlung wird indessen, wenn nichts anderes ausdrücklich angegeben ist, jede Peilung als Kompasspeilung angesehen, welche je nach den Umständen des Falles durch Deviation oder Gesamtmissweisung in magnetische oder wahre Richtungen verwandelt werden müssen.

d) Die Abtrift.

Frage 39. Was versteht man unter Abtrift?

Antwort. Wenn das Schiff beim Winde segelt (s. Antwort auf Frage 26 sowie Erkl. 45 und 46), so bewegt sich dasselbe nicht immer in der Richtung des Kieles fort, sondern es wird durch

Figur 41.

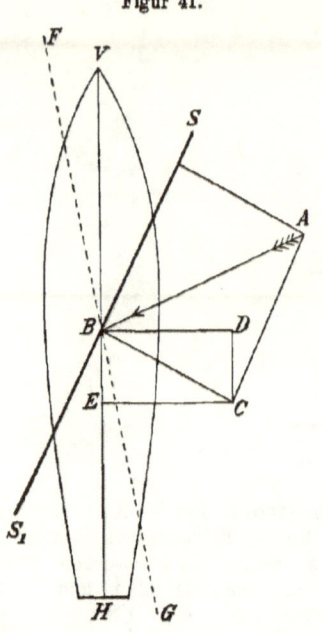

den seitlichen Druck des Windes etwas nach derjenigen Seite hin zur Seite gepresst, wohin der Wind weht, oder, wie der Seemann sagt, „es treibt ab." Die Bewegungsrichtung des Schiffes bildet also mit der Richtung des Schiffskieles einen grösseren oder kleineren Winkel, und dieser Winkel heisst **Abtrift** ($\sphericalangle GBH$).

Erkl. 52. In Figur 41 stelle VH die Projektion des Schiffes, SS_1 diejenige eines Segels dar. Der Pfeil AB möge Richtung und Stärke des Windes angeben; so kann man diese Kraft in die beiden Seitenkräfte SB und CB zerlegen, von denen SB als in der Ebene des Segels wirkend, keinen Einfluss ausüben kann. Die Kraft CB denkt man sich ferner in die beiden Seitenkräfte EB und DB zerlegt, von denen EB das Schiff nach vorne, DB dagegen nach der Seite zu bewegen sucht, so dass dasselbe nicht in der Richtung HB, sondern in der Richtung GB sich bewegt.

Frage 40. Wie ist die Abtrift bei der Verwandlung des gesteuerten Kompasskurses in den wahren Kurs durch das Wasser anzubringen?

Erkl. 53. Man bestimmt die Grösse der Abtrift, indem man den Winkel schätzt, welchen die nach hinten verlängerte Kielrichtung mit dem den Schiffsweg angebenden Kielwasser macht.

Erkl. 54. Der Betrag der Abtrift nimmt im allgemeinen, abgesehen von dem Einfluss der Bauart, Segelführung und Beladung, zu, je kleiner der Winkel ist, welchen die Kielrichtung mit der Windrichtung bildet, und variiert von wenigen Graden bis zum rechten Winkel. In diesem Falle findet also überhaupt kein Fortgang nach vorne statt, sondern die ganze Bewegung des Schiffes durch das Wasser besteht in einer seitlichen Verdrängung nach derjenigen Seite, wohin der Wind weht. Dieser Fall tritt ein, wenn das Schiff bei schwerem Sturme „beigedreht" liegt, d. h. auf den Fortgang der Reise zur Zeit verzichtend, sich die ungefährlichste Lage in der hohen See aussucht. Da die Wellen beim Sturm, oder, wie der Seemann sagt, „die Seen" sich mit dem Winde fortbewegen, so muss, um das Schiff in die günstigste Lage zu bringen, dass es mit

Antwort. Nach dem vorstehenden ist ohne weiteres klar, dass, wenn der Wind von **Backbord** (links) kommt, das Schiff nach **Steuerbord** (rechts) abtreibt; dass dagegen, wenn der Wind von **Steuerbord** (rechts) kommt, das Schiff nach **Backbord** (links) abtreibt. Da nun der an der Innenseite des Kompasskessels angegebene vertikale Strich, von welchem der Kurs abgelesen wird, der sog. **Steuerstrich**, die Richtung des Kieles angibt, so muss man, um den Weg des Schiffes durch das Wasser zu erhalten, ausser Deviation und Ortsmissweisung auch noch die Abtrift anbringen und zwar, wie leicht einzusehen, Abtrift nach **Steuerbord** (rechts) mit dem Uhrzeiger, Abtrift nach **Backbord** (links) dagegen gegen den Uhrzeiger. Weil also Abtrift nach Steuerbord wie östliche Deviation, Abtrift nach Backbord wie westliche Deviation wirkt, so kann man den gesteuerten Kurs am

Die Schiffahrt nach der Besteckrechnung. 69

dem Vorderteil („Kopf") möglichst „gegen die See liegt", der Winkel zwischen Kiel- und Windrichtung möglichst klein gemacht werden.

bequemsten dadurch in den wahren Kurs durch das Wasser verwandeln, indem man der Abtrift nach Steuerbord den Namen Ost, nach Backbord den Namen West gibt und dann die algebraische Summe an den gesteuerten Kompasskurs anbringt und zwar mit dem Namen Ost mit dem Uhrzeiger, mit dem Namen West gegen den Uhrzeiger.

Beispiel 30.

Bei westlichem Winde steuert ein Schiff N 25° W mit 10° Abtrift. Welches ist der wahre Kurs durch das Wasser, wenn die Deviation 3° W und die Ortsmissweisung 15° Ost beträgt?

Hilfsrechnung 1.
Deviation 3° West
Ortsmissweisung 15° Ost
Abtrift 10° Ost
algebraische Summe 22° Ost.

Auflösung. Da die Abtrift nach Steuerbord den Namen Ost erhält, so ist nach Hilfsrechnung 1 die algebraische Summe von Deviation, Ortsmissweisung und Abtrift 22° Ost. Bringt man dieselbe mit dem Uhrzeiger an den gegebenen Kompasskurs N 25° W, so erhält man als rechtweisenden Kurs durch das Wasser N 3° W.

Beispiel 31.

Bei westlichem Winde steuert ein Schiff S 13° W. Welches ist der wahre Kurs durch das Wasser, wenn die Deviation 7° Ost, die Ortsmissweisung 16° W und die Abtrift 8° beträgt?

Hilfsrechnung 1.
Deviation 7° Ost
Ortsmissweisung 16° W
Abtrift 8° W
algebraische Summe 17° W.

Auflösung. Da die Abtrift nach Backbord den Namen West erhält, so ist nach Hilfsrechnung 1 die algebraische Summe von Deviation, Ortsmissweisung und Abtrift 17° W. Bringt man dieselbe gegen die Bewegung der Uhrzeiger an den gegebenen Kompasskurs S 13° W, so erhält man als rechtweisenden Kurs durch das Wasser S 4° O.

Ungelöste Aufgaben.

Aufgabe 109. Bei südlichem Winde steuert ein Schiff West. Welches ist der wahre Kurs durch das Wasser, wenn die Deviation 3° Ost, die Ortsmissweisung 17° West und die Abtrift 13° beträgt?

Andeutung. Die Aufgaben 109 bis 113 werden analog den Beispielen 30 und 31 gelöst.

Aufgabe 110. Bei nordöstlichem Winde steuert ein Schiff S 63° O. Die Deviation beträgt 8° W, die Ortsmissweisung 0° und die Abtrift 16°. Welches ist der wahre Kurs durch das Wasser?

Aufgabe 111. Bei südwestlichem Winde steuert ein Schiff N 70° W. Die Deviation beträgt 9° Ost, die Ortsmissweisung 7° West und die Abtrift 21° West. Welches ist der wahre Kurs durch das Wasser?

Aufgabe 112. Der Kompasskurs eines in schwerem Nord-West-Sturm beigedreht liegenden Schiffes ist N 19° O. Die Deviation des Kompasses beträgt 5° W, die Ortsmissweisung 11° W und die Abtrift 75°. Wie geht das Schiff durch das Wasser hin?

Aufgabe 113. Bei 90° Abtrift liegt ein Schiff in einem Oststurme beigedreht. Der gesteuerte Kurs ist S 22° O. Wie geht das Schiff durch das Wasser hin, wenn die Deviation 11° Ost und die Ortsmissweisung 17° Ost beträgt?

Frage 41. Wie ist die Abtrift bei der Verwandlung des wahren Kurses durch das Wasser in den zu steuernden Kompasskurs anzubringen?

Antwort. Aus der Beantwortung der Frage 40 ist ohne weiteres klar, dass bei der Verwandlung des wahren Kurses durch das Wasser in den zu steuernden Kompasskurs die Abtrift nach Steuerbord, als den Namen Ost tragend, gegen die Bewegung des Uhrzeigers anzubringen ist, die Abtrift nach Backbord dagegen, als den Namen West tragend, mit dem Uhrzeiger. Aus diesem Grunde vereinigt man auch hier die drei Grössen Deviation, Ortsmissweisung und Abtrift zu einer algebraischen Summe und bringt dieselbe, wenn Ost, gegen den Uhrzeiger, wenn West, mit dem Uhrzeiger an den gegebenen wahren Kurs durch das Wasser an, um den zu steuernden Kompasskurs zu erhalten.

Beispiel 32.

Wie muss ein Schiff bei westlichem Winde steuern, um den wahren Kurs N 43° W durch das Wasser einzuschlagen, wenn die Abtrift 10°, die Deviation des Kompasses 5° Ost und die Ortsmissweisung 14° West beträgt?

Hilfsrechnung 1.

Deviation 5° Ost
Ortsmissweisung 14° West
Abtrift 10° Ost
------
algebraische Summe 1° Ost.

Auflösung. Da die Abtrift nach Steuerbord den Namen Ost erhält, so ist nach Hilfsrechnung 1 die algebraische Summe von Deviation, Ortsmissweisung und Abtrift 1° Ost. Bringt man dieselbe gegen den Uhrzeiger an den gegebenen wahren Kurs durch das Wasser N 43° W, so erhält man als zu steuernden Kompasskurs N 44° W.

Beispiel 33.

Wie muss ein Schiff bei südöstlichem Winde steuern, um den wahren Kurs N 72° O durch das Wasser einzuschlagen, wenn die Abtrift 6°, die Deviation des Kompasses 3° Ost und die Ortsmissweisung 12° West beträgt?

Auflösung. Da die Abtrift nach Backbord den Namen West erhält, so ist nach Hilfsrechnung 1 die algebraische Summe

Hilfsrechnung 1.

Deviation	3° Ost
Ortsmissweisung	12° West
Abtrift	6° West
algebraische Summe	15° West.

von Deviation, Ortsmissweisung und Abtrift 15° West. Bringt man dieselbe mit dem Uhrzeiger an den gegebenen wahren Kurs durch das Wasser N 72° O, so erhält man als zu steuernden Kompasskurs N 87° O.

Ungelöste Aufgaben.

Aufgabe 114. Wie muss ein Schiff bei südlichem Winde steuern, um den wahren Kurs S 62° O durch das Wasser einzuschlagen, wenn die Abtrift 10°, die Deviation des Kompasses 3° Ost und die Ortsmissweisung 11° W beträgt?

Andeutung. Die Aufgaben 114 bis 118 werden analog den Beispielen 32 und 33 gelöst.

Aufgabe 115. Wie muss ein Segelschiff bei nordöstlichem Winde steuern, um den wahren Kurs N 23° O durch das Wasser einzuschlagen, wenn die Abtrift 15°, die Deviation des Kompasses 0° und die Ortsmissweisung 13° Ost beträgt?

Aufgabe 116. Wie muss ein Segelschiff bei östlichem Winde steuern, um den wahren Kurs S 25° O durch das Wasser einzuschlagen, wenn die Abtrift 5°, die Deviation des Kompasses 2° Ost und die Ortsmissweisung 18° Ost beträgt?

Aufgabe 117. Wie muss ein Segelschiff bei südwestlichem Winde steuern, um den wahren Kurs N 71° W durch das Wasser einzuschlagen, wenn die Abtrift 3°, die Deviation des Kompasses 11° West und die Ortsmissweisung 9° West beträgt?

Aufgabe 118. Wie muss ein Segelschiff bei nördlichem Winde steuern, um den wahren Kurs N 80° O durch das Wasser einzuschlagen, wenn die Abtrift 20°, die Deviation des Kompasses 3° Ost und die Ortsmissweisung 19° West beträgt?

III. Das Meridiansegeln.

a) Die erste Aufgabe der Besteckrechnung beim Meridiansegeln.

Frage 42. Welches ist der einfachste Fall der Besteckrechnung?

Antwort. Am einfachsten wird die Rechnung, wenn das Schiff auf einem Meridian segelt, d. h. wenn der wahre Kurs Nord oder Süd ist.

Frage 43. Wie hat man zu verfahren, um den erreichten Schiffsort beim Meridiansegeln zu ermitteln, wenn der Abgangsort sowie Kurs und Distanz gegeben sind?

Antwort. Da 1 sml gleich einer Minute auf einem grössten Kreise ist (siehe Erkl. 13), so erhält man den versegelten Breitenunterschied, indem man die Anzahl der auf einem Meridian zurückgelegten Seemeilen gleich der Anzahl der versegelten Minuten Breitenunterschied setzt. Ist dieselbe grösser als 60, so verwandelt man die Minuten durch Division durch 60 in Grade, z. B. 263 sml S = 263' S = 4° 23' S. Den so gefundenen Breitenunterschied bringt man dann unter Berücksichtigung seines Namens an die Breite des Abgangsortes an.

Erkl. 55. Wenn Abgangsbreite und versegelter Breitenunterschied gleichnamig sind (beide Nord oder beide Süd), so werden sie addiert; wenn dagegen Abgangsbreite und versegelter Breitenunterschied ungleichnamig sind (die eine Grösse Nord, die andere Süd), so werden sie subtrahiert, um die erreichte Breite zu geben. Im ersteren Falle erhält letztere den gemeinschaftlichen Namen, im zweiten denjenigen der grösseren von beiden.

Die Länge bleibt unverändert.

Beispiel 34.

Von 40° 23' N und 28° 19' W steuert ein Dampfer bei 3° westlicher Deviation des Kompasses und bei 23° westlicher Ortsmissweisung N 26° O 172 sml. Welches ist die Breite und Länge des erreichten Ortes?

Auflösung. Die Gesamtmissweisung des Kompasses ist 26° W; mithin der wahre Kurs N 172 sml, also der versegelte Breitenunterschied 172' N = 2° 52' N.

Abgangsort:	Breite 40° 23' N,	Länge 28° 19' W
	Br.-Unt. 2° 52' N	
Erreichter Ort:	Breite 43° 15' N,	Länge 28° 19' W.

Beispiel 35.

Von 1° 13' N und 121° 55' W segelt ein Schiff nach dem Kompass S 18° O 229 sml. Die Deviation des Kompasses ist 2° Ost, die Ortsmissweisung 7° Ost und die Abtrift bei östlichem Winde 9°. Welches ist die Breite und Länge des erreichten Ortes?

Auflösung. Die algebraische Summe von Deviation, Ortsmissweisung und Abtrift ist 18° Ost, folglich der wahre Kurs durch das Wasser S 229 sml; mithin der versegelte Breitenunterschied 229' S = 3° 49' S.

Abgangsort:	Breite 1° 13' N,	Länge 121° 55' W
	Br.-Unt. 3° 49' S	
Erreichter Ort:	Breite 2° 36' S,	Länge 121° 55' W.

Ungelöste Aufgaben.

Aufgabe 119. Von 42° 38' S und 41° 21' W segelt ein Schiff bei östlichem Winde N 8° O nach dem Kompass 186 sml. Die Deviation des Kompasses ist 2° W, die Ortsmissweisung 1° W und die Abtrift 5°. Welches ist die Breite und Länge des erreichten Ortes?

Andeutung. Die Aufgaben 119 bis 123 werden analog den Beispielen 34 und 35 gelöst.

Aufgabe 120. Von 40° 5′ S und 61° 19′ O segelt ein Schiff S 23° W per Kompass 296 sml. Die Deviation des Kompasses beträgt 5° Ost, die Ortsmissweisung 28° W. Welches ist die Breite und Länge des erreichten Ortes?

Aufgabe 121. Von 12° 47′ N und 21° 37′ W segelt ein Segelschiff S 18° W 36 sml bei südöstlichem Winde. Die Deviation des Kompasses beträgt 9° W, die Ortsmissweisung 19° W und die Abtrift 10°. Welches ist die Breite und Länge des erreichten Ortes?

Aufgabe 122. Von 1° 58′ S und 25° 42′ W steuert ein Dampfer nach seinem Kompasse N 16° O 359 sml. Die Deviation des Kompasses beträgt 3° Ost, die Ortsmissweisung 19° W. Welches ist die Breite und Länge des erreichten Ortes?

Aufgabe 123. Von 2° 27′ N und 26° 38′ W steuert ein Dampfer S 28° W per Kompass 419 sml. Die Deviation des Kompasses ist 10° W, die Ortsmissweisung 18° W. Welches ist die Breite und Länge des erreichten Ortes?

b) Die zweite Aufgabe der Besteckrechnung beim Meridiansegeln.

Frage 44. Wie hat man zu verfahren, um den wahren Kurs und die gesegelte Distanz zu finden, wenn der Abgangsort und der Bestimmungsort auf demselben Meridian gegeben sind?

Antwort. Zunächst bestimmt man den Breitenunterschied zwischen beiden Orten und verwandelt denselben in Minuten. Dann ist die gesegelte Distanz in Seemeilen gleich dem Breitenunterschied in Minuten. Der Name des Breitenunterschiedes und infolge dessen auch des Kurses wird gerechnet als Richtung vom Abgangsort zum Bestimmungsort.

Erkl. 56. Sind die beiden Breiten gleichnamig, muss man sie numerisch subtrahieren; sind sie dagegen ungleichnamig, muss man sie numerisch addieren, um den Breitenunterschied zu erhalten.

Beispiel 36.

Welches ist der wahre Kurs eines Schiffes von 43° 51′ S und 48° 19′ W nach 39° 11′ S und 48° 19′ W?

Auflösung.

Abgangsort:	Breite 43° 51′ S,	Länge 48° 19′ W
Bestimmungsort:	Breite 39° 11′ S,	Länge 48° 19′ W

Br.-Unt. 4° 40′ N = 280′ N.

Wahrer Kurs N 280 sml.

Beispiel 37.

Welches ist der wahre Kurs eines Schiffes von $2°5'$ N und $110°37'$ O nach $4°51'$ S und $110°37'$ O?

Auflösung.

Abgangsort: Breite $2°\ 5'$ N, Länge $110°37'$ O
Bestimmungsort: Breite $4°51'$ S, Länge $110°37'$ O
Br.-Unt. $6°56'$ S $= 416'$ S.

Wahrer Kurs S 416 sml.

Ungelöste Aufgaben.

Aufgabe 124. Welches ist der wahre Kurs eines Schiffes von $55°16'$ N und $38°19'$ W nach $48°19'$ N und $38°19'$ W?

Andeutung. Die Aufgaben 124 bis 128 werden analog den Beispielen 36 und 37 gelöst.

Aufgabe 125. Welches ist der wahre Kurs eines Schiffes von $3°11'$ S und $26°18'$ W nach $0°45'$ N und $26°18'$ W?

Aufgabe 126. Welches ist der wahre Kurs eines Schiffes von $33°56'$ S und $81°15'$ O nach $36°49'$ S und $81°15'$ O?

Aufgabe 127. Welches ist der wahre Kurs eines Schiffes von $1°58'$ N und $133°50'$ W nach $2°1'$ S und $133°50'$ W?

Aufgabe 128. Welches ist der wahre Kurs eines Schiffes von $53°18'$ S und $49°36'$ W nach $49°41'$ S und $49°36'$ W?

IV. Das Parallelsegeln.

a) Abweichung und Längenunterschied.

Frage 45. Was versteht man unter Parallelsegeln?

Antwort. Unter Parallelsegeln versteht man den zweiten Spezialfall der Besteckrechnung, bei welchem der wahre Kurs Ost oder West ist, das Schiff also auf einem Breitenparallel segelt. In diesem Falle bleibt also die Breite unverändert und das Schiff verändert nur seine Länge.

Frage 46. Wie findet man den versegelten Längenunterschied?

Antwort. Die auf einem Breitenparallel in Seemeilen gemessene Distanz wird Abweichung genannt. Bezeichnet in nebenstehender Figur 42 AW die Abweichung auf einem Breitenparallel, dessen Mittelpunkt C ist, und LU den auf

Die Schiffahrt nach der Besteckrechnung. 75

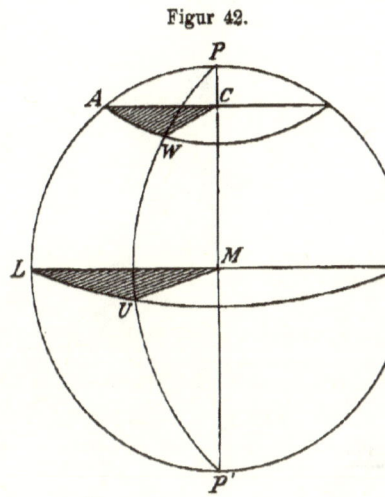

Figur 42.

dem Aequator gemessenen Längenunterschied zwischen denselben Meridianen, so ist:
$$\sphericalangle ACW = \sphericalangle LMU,$$
wenn M den Erdmittelpunkt bedeutet, da $AC \parallel LM$ und $WC \parallel UM$ ist. Da bei gleichen Centriwinkeln die Bogen sich verhalten wie die Radien, so folgt:
$$AW : LU = AC : LM.$$
Bezeichnet nun r den Erdradius LM, so ist, wenn man A mit M verbindet und wenn φ die Breite des Parallelkreises angibt:
$$AC = r \cdot \cos \varphi.$$
Folglich ist:
$$AW : LU = r \cdot \cos \varphi :$$
Mithin ist:
$$AW = \frac{LU \cdot r \cdot \cos \varphi}{r} = LU \cdot \cos \varphi$$
und folglich:
$$LU = AW \cdot \sec \varphi.$$
Wenn man also die Anzahl der Seemeilen Abweichung mit $\sec \varphi$ multipliziert, so erhält man die Anzahl der Seemeilen Längenunterschied, oder, da auf dem Aequator 1 sml = 1′ ist, auch die Anzahl der Minuten Längenunterschied, welche dann leicht in Grad verwandelt werden können.

b) **Die erste Aufgabe der Besteckrechnung beim Parallelsegeln.**

Frage 47. Wie hat man zu verfahren, um den erreichten Schiffsort beim Parallelsegeln zu ermitteln, wenn der Abgangsort sowie Kurs und Distanz gegeben sind?

Antwort. Nachdem man in der vorstehenden Weise den Längenunterschied gefunden, gibt man ihm den Namen des Kurses und bringt ihn so an die Länge des Abgangsortes an; so erhält man die Länge des erreichten Ortes. Die Breite bleibt ungeändert.

Beispiel 38.

Von 36° 18′ N und 43° 34′ W steuert ein Dampfer N 71° W 137 sml. Die Deviation des Kompasses beträgt 2° Ost, die Ortsmissweisung 21° West. Welches ist die Breite und Länge des erreichten Ortes?

Auflösung. Die Gesamtmissweisung des Kompasses ist 19° West; mithin der wahre

Kurs West 137 sml, also die Abweichung ebenfalls West 137 sml. Der Längenunterschied ist demnach $137 \cdot \sec 36^0 18'$ W oder nach Hilfsrechnung 1 $= 2^0 50'$ W.

Abgangsort:	Breite $36^0 18'$ N,	Länge $43^0 34'$ W
		Lg.-Unt. $2^0 50'$ W
Erreichter Ort:	Breite $36^0 18'$ N,	Länge $46^0 24'$ W.

Hilfsrechnung 1.

Aus:
$$\text{Lg.-Unt.} = 137 \cdot \sec 36^0 18'$$
folgt:
$$\log \text{Lg.-Unt.} = \log 137 + \log \sec 36^0 18'.$$
Nun ist:
$$\log 137 = 2{,}1367$$
$$\log \sec 36^0 18' = 0{,}0937$$
$$\overline{\log \text{Lg.-Unt.} = 2{,}2304}$$
$$\text{Lg.-Unt.} = 170' = 2^0 50'.$$

(Bei der nautischen Ortsbestimmung wird nur auf volle Minuten gerechnet.)

Erkl. 57. Wegen der Häufigkeit der Verwandlung von Abweichung in Längenunterschied ist hierfür eine besondere Tafel in Gebrauch. Dieselbe ist im Anhang als Tafel 3 angegeben.

Beispiel 39.

Von $42^0 29'$ S und $178^0 29'$ W steuert ein Segelschiff S 75^0 W 319 sml. Die Deviation des Kompasses beträgt 5^0 West, die Ortsmissweisung 15^0 Ost und die Abtrift bei südlichem Winde 5^0. Welches ist die Breite und Länge des erreichten Ortes?

Auflösung. Die algebraische Summe von Deviation, Ortsmissweisung und Abtrift ist 15^0 Ost; mithin der wahre Kurs West 319 sml, also die Abweichung ebenfalls West 319 sml. Demnach ist der Längenunterschied $319 \cdot \sec 42^0 29'$ W oder nach Hilfsrechnung 1 $= 7^0 0'$ W.

Abgangsort:	Breite $42^0 29'$ S,	Länge $178^0 29'$ W
		Lg.-Unt. $7^0 0'$ W
Erreichter Ort:	Breite $42^0 29'$ S,	Länge $185^0 29'$ W
		$= 174^0 31'$ O.

Hilfsrechnung 1.

Nach Tafel 3 gibt für $\varphi = 40^0 29'$:
300 sml Abw. = 395' Lg.-Unt.
10 „ „ = 13,2'
9 „ „ = 11,8' „
319 sml Abw. = 420' = $7^0 0'$ Lg.-Unt.

Erkl. 58. Da der Meridian von 180^0 W mit dem Meridian von 180^0 O identisch ist, so ist eine über 180^0 hinausgehende Länge gleichbedeutend mit derjenigen Länge, welche man erhält, indem man jene von 360^0 subtrahiert und dem Resultat den entgegengesetzten Namen gibt. So ist:
$$185^0 \text{ O} = (360^0 - 185^0) \text{ W} = 175^0 \text{ W.}$$

Die Schiffahrt nach der Besteckrechnung.

Ungelöste Aufgaben.

Aufgabe 129. Von 51° 19′ N und 36° 40′ W segelt ein Segelschiff, nach dem Kompass N 40° W 146 sml. Die Deviation des Kompasses beträgt 4° W, die Ortsmissweisung 36° W und die Abtrift bei dem nördlichen Winde 10°. Welches ist die Breite und Länge des erreichten Ortes?

Andeutung. Die Aufgaben 129 bis 133 werden analog den Beispielen 38 und 39 gelöst.

Aufgabe 130. Von 44° 18′ S und 10° 13′ Ost segelt ein Schiff bei südöstlichem Winde nach dem Kompass S 61° O 85 sml. Die Deviation des Kompasses ist 6° Ost, die Ortsmissweisung 30° W und die Abtrift 5°. Welches ist die Breite und Länge des erreichten Ortes?

Aufgabe 131. Von 10° 39′ S und 179° 3′ Ost steuert ein Dampfer N 73° O per Kompass 319 sml. Die Deviation des Kompasses beträgt 8° Ost und die Ortsmissweisung 9° Ost. Welches ist die Breite und Länge des erreichten Ortes?

Aufgabe 132. Von 42° 59′ N und 178° 11′ W steuert ein Dampfer S 87° W per Kompass 222 sml. Die Deviation des Kompasses ist 9° W, die Ortsmissweisung 12° O. Welches ist die Breite und Länge des erreichten Ortes?

Aufgabe 133. Von 48° 49′ S und 99° 26′ W segelt ein Segelschiff N 83° O nach seinem Kompasse 156 sml. Die Deviation des Kompasses beträgt 5° West, die Ortsmissweisung 22° O und die Abtrift bei dem südöstlichen Winde 10°. Welches ist die Breite und Länge des erreichten Ortes?

c) Die zweite Aufgabe der Besteckrechnung beim Parallelsegeln.

Frage 48. Wie hat man zu verfahren, um den wahren Kurs und die gesegelte Distanz zu finden, wenn der Abgangsort und der Bestimmungsort auf demselben Breitenparallel liegen?

Antwort. Zunächst bestimmt man den Längenunterschied zwischen beiden Orten und verwandelt denselben in Minuten. Zur Verwandlung dieser Minuten Längenunterschied in Seemeilen Abweichung dient die Formel (siehe Antwort zu Frage 46):

$$\text{Abweichung} = \text{Lg.-Unt.} \cos \varphi.$$

oder Tafel 4 im Anhang.

Die Anzahl der Seemeilen Abweichung

ist dann gleich der gesegelten Distanz. Der wahre Kurs ist entweder Ost oder West und zwar gleichnamig mit dem vom Abgangsort nach dem Bestimmungsort gezählten Längenunterschied.

Beispiel 40.

Welches ist der wahre Kurs von $33°\,48'$ N und $26°\,11'$ W nach $33°\,48'$ N und $30°\,51'$ W?

Abgangsort:	Breite $33°\,48'$ N,	Länge $26°\,11'$ W
Bestimmungsort:	Breite $33°\,48'$ N,	Länge $30°\,51'$ W

$$\text{Lg.-Unt. } 4°\,40'\text{ W}$$
$$= 280'\text{ W.}$$

Hilfsrechnung 1.

Aus:
$$\text{Abw.} = 280 \cdot \cos 33°\,48' \text{ sml}$$
folgt:
$$\log \text{Abw.} = \log 280 + \log \cos 33°\,48'.$$
Nun ist:
$$\log 280 = 2{,}4472$$
$$\log \cos 33°\,48' = 9{,}9196 - 10$$
$$\overline{\log \text{Abw.} = 2{,}3668}$$
$$\text{Abw.} = 233 \text{ sml.}$$

(Dasselbe Resultat ergibt Tafel 4.)

Auflösung.
$$\text{Abw.} = \text{Lg.-U.} \cdot \cos \varphi,$$
$$\text{Abw.} = 280 \cdot \cos 33°\,48' \text{ sml}$$
oder nach Hilfsrechnung 1:
$$\text{Abw.} = 233 \text{ sml.}$$
Mithin:
$$\text{wahrer Kurs} = \text{W } 233 \text{ sml.}$$

Beispiel 41.

Welches ist der wahre Kurs von $42°\,18'$ N und $178°\,50'$ O nach $42°\,18'$ N und $177°\,33'$ W?

Auflösung. Ersetzt man $177°\,33'$ W durch $182°\,27'$ O (siehe Erkl. 58), so ist:

Abgangsort:	Breite $42°\,18'$ N,	Länge $178°\,50'$ O
Bestimmungsort:	Breite $42°\,18'$ N,	Länge $182°\,27'$ O

$$\text{Lg.-Unt. } 3°\,37'\text{ O}$$
$$= 217'\text{ O.}$$

Hilfsrechnung 1.

Aus:
$$\text{Abw.} = 217 \cdot \cos 42°\,18'$$
folgt:
$$\log \text{Abw.} = \log 217 + \log \cos 42°\,18'.$$
Nun ist:
$$\log 217 = 2{,}3365$$
$$\log \cos 42°\,18' = 9{,}8690 - 10$$
$$\overline{\log \text{Abw.} = 2{,}2055}$$
$$\text{Abw.} = 161 \text{ sml.}$$

Nach Hilfsrechnung 1 oder Tafel 4 ist:
$$\text{Abw.} = 161 \text{ sml,}$$
folglich:
$$\text{wahrer Kurs} = \text{Ost } 161 \text{ sml.}$$

Ungelöste Aufgaben.

Aufgabe 134. Welches ist der wahre Kurs von $56°\,49'$ N und $33°\,41'$ W nach $56°\,49'$ N und $41°\,18'$ W?

Andeutung. Die Aufgaben 134 bis 138 werden analog den Beispielen 40 und 41 gelöst.

Aufgabe 135. Welches ist der wahre Kurs von $49°\,11'$ S und $21°\,43'$ O nach $49°\,11'$ S und $28°\,47'$ O?

Aufgabe 136. Welches ist der wahre Kurs von 20° 41′ S und 119° 28′ W nach 20° 41′ S und 115° 48′ W?

Aufgabe 137. Welches ist der wahre Kurs von 10° 37′ N und 177° 45′ W nach 10° 37′ N und 178° 1′ O?

Aufgabe 138. Welches ist der wahre Kurs von 46° 46′ S und 179° 0′ O nach 46° 46′ S und 176° 43′ W?

V. Das Segeln auf einem Zwischenstrich.

a) Das Kursdreieck, die Rechnung nach Mittelbreite.

Frage 49. Was versteht man unter einem Zwischenstrich?

Antwort. Unter einem Zwischenstrich versteht man jede Richtung der Windrose mit Ausnahme der vier Hauptstriche Nord, Ost, Süd, West.

Frage 50. Welches Hilfsmittels bedient man sich beim Segeln auf einem Zwischenstrich, um die Veränderung der Breite und Länge zu erhalten?

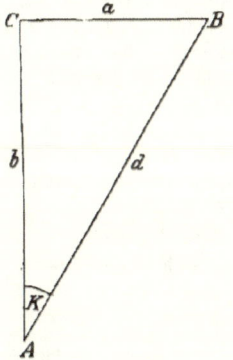

Figur 43.

Antwort. Man führt diesen Fall dadurch auf die beiden speziellen Fälle des Meridian- und Parallelsegelns zurück, dass man in Figur 43 durch den Abgangsort A den Meridian und durch den Ankunftsort B den Breitenparallel legt. So entsteht das sog. Kursdreieck ABC, welches man bei nicht zu grosser Ausdehnung als ein ebenes Dreieck ansehen kann. In demselben ist der bei A liegende Winkel K der Kurswinkel, die Hypotenuse AB ist die gesegelte Distanz d, die Kathete AC der versegelte Breitenunterschied b und die Kathete BC die versegelte Abweichung a. Es gelten somit folgende Formeln:

$$b = d \cdot \cos K,$$
$$a = d \cdot \sin K,$$
$$\tan K = \frac{a}{b},$$
$$d = b \cdot \sec K,$$
$$d = a \cdot \operatorname{cosec} K.$$

Erkl. 59. Da der Sinus eines Winkels gleich dem Cosinus seines Komplementwinkels ist, so lässt sich die Gradtafel (analog der Einrichtung der Tafel für die Logarithmen der trigonometrischen Funktionen) so anordnen, dass man dieselbe nur bis $K = 45°$ zu berechnen braucht, indem für die Werte von $K = 46°$ bis $K = 90°$ dieselben Tafelwerte für b und a wiederkehren wie bei $K = 1°$ bis $K = 45°$, wobei nur b und a vertauscht sind.

Wenn von den vier Grössen d, b, a und K zwei bekannt sind, so lassen sich mit Hilfe dieser Formeln die beiden andern Stücke berechnen. Wegen der grossen Häufigkeit dieser Aufgabe in

Aus diesem Grunde geht man für $K<45°$ von oben, für $K>45°$ von unten in Tafel 2 ein.

Erkl. 60. Es versteht sich von selbst, dass Tafel 2 nicht nur zur Auflösung des Kursdreiecks, sondern auch ganz allgemein zur Auflösung von jedem rechtwinkligen Dreieck benutzt werden kann. Es bedeutet dann allgemein d die Hypotenuse, b die anliegende und a die gegenüberliegende Kathete des Winkels.

der praktischen Nautik hat man zur Erleichterung eine besondere Tafel, die sog. Gradtafel (Tafel 2 im Anhange), berechnet, in welcher man für alle Kurswinkel von Grad zu Grad und für alle Distanzen von 1 sml bis 40 sml die zugehörigen Werte von Breitenunterschied (b) und Abweichung (a) entnehmen kann.

Da auf einem Meridian 1 sml = 1' ist, so ist die Anzahl der auf dem Meridian liegenden Seemeilen gleich der Anzahl der Minuten Breitenunterschied. Dagegen müssen die Seemeilen Abweichung in Minuten Längenunterschied verwandelt werden.

Frage 51. Für welche Breite hat die Verwandlung von Seemeilen Abweichung in Minuten Längenunterschied zu geschehen?

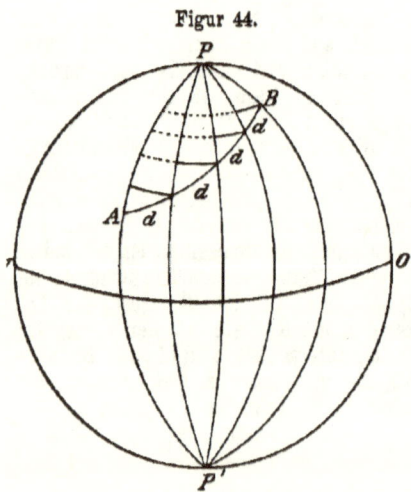

Figur 44.

Erkl. 61. Das Wort Loxodrome stammt aus dem Griechischen und heisst auf deutsch „schieflaufende".

Antwort. Wenn in nebenstehender Figur 44 von A ein Schiff einen nordöstlichen Kurs steuert, so bewegt dasselbe sich, da der Winkel der Kielrichtung mit jedem Meridian derselbe ist, die Meridiane aber nicht unter einander parallel sind, sondern gegen den Pol konvergieren, in einer Kurve AB, welche Loxodrome genannt wird. Teilt man nun die ganze Distanz AB in lauter kleine Abschnitte d und konstruiert zu jedem einzelnen d das zugehörige Kursdreieck, wobei vorausgesetzt wird, dass d so klein ist, dass man das Dreieck als eben ansehen kann, so erhält man den ganzen versegelten Breitenunterschied, indem man die Summe aller einzelnen Breitenunterschiede in den kleinen Dreiecken bildet:

Br.-Unt. $= d \cdot \cos K + d \cdot \cos K + \cdots + d \cdot \cos K$
Br.-Unt. $= (d + d + \cdots + d) \cdot \cos K$
Br.-Unt. $= AB \cdot \cos K$.

Hieraus erkennt man, dass die Benutzung der Gradtafel zur Ermittelung des Breitenunterschiedes auch dann noch statthaft ist, wenn die Distanz so gross ist, dass das Kursdreieck nicht mehr als ein ebenes aufgefasst werden kann.

Die Gesamtabweichung setzt sich ebenfalls zusammen aus den einzelnen Abweichungen der kleinen Dreiecke. Be-

Erkl. 62. Da die Sekante eines Winkels sich in Wirklichkeit nicht gleichmässig mit dem Winkel ändert, so ist im strengen mathematischen Sinne die Rechnung nach Mittelbreite nicht ganz korrekt. Indessen ist der durch diese Annahme verursachte Fehler so gering, dass derselbe gegenüber den grossen Fehlerquellen der Besteckrechnung (Ungenauigkeit des Loggens und Steuerns, Fehler in der zu Grunde gelegten Gesamtmissweisung des Kompasses, unbekannte Strömungen und dergl.) in der Praxis vollständig vernachlässigt werden kann.

zeichnet man nun die diesen einzelnen Abweichungen entsprechenden Werte des Längenunterschiedes der Reihe nach mit l_1, l_2, l_3 u. s. w., so ist:

$$l_1 = a \cdot \sec(\varphi + b)$$
$$l_2 = a \cdot \sec(\varphi + 2b) \text{ u. s. w.}$$

Unter der Annahme, dass die Sekante eines Winkels in demselben Verhältnisse zunähme, wie der Winkel selbst, kann man bei der Summierung der einzelnen Längenunterschiede auf der rechten Seite den Mittelwert $\left(\varphi + \dfrac{\text{Br.-Unt.}}{2}\right)$ anstatt jedes Winkels setzen und erhält so:

$$\text{Lg.-Unt.} = (a + a + a \cdots + a) \cdot \sec\left(\varphi + \frac{\text{Br.-Unt.}}{2}\right) = \text{Abw. sec}\left(\varphi + \frac{\text{Br.-Unt.}}{2}\right).$$

Der Wert $\left(\varphi + \dfrac{\text{Br.-Unt.}}{2}\right)$ ist das Mittel zwischen der Breite des Abgangsortes und der Breite des Ankunftsortes und wird **Mittelbreite** genannt.

Die Verwandlung von Abweichung in Längenunterschied geschieht also mit der Mittelbreite.

Lg.-Unt. = Abw. sec Mittelbreite.

Hieraus folgt für die Verwandlung von Längenunterschied in Abweichung:

Abw. = Lg.-Unt. cos Mittelbreite.

---

b) Die erste Aufgabe der Besteckrechnung beim Segeln auf einem Zwischenstrich.

Frage 52. Wie hat man beim Segeln auf einem Zwischenstrich zu verfahren, um den erreichten Schiffsort zu ermitteln, wenn der Abgangsort sowie Kurs und Distanz gegeben sind?

Antwort. Zunächst entnimmt man mit dem rechtweisend gerechneten Kurswinkel und der gesegelten Distanz aus der Gradtafel den Breitenunterschied aus der b-Spalte und die Abweichung aus der a-Spalte. Hiernach bildet man die Mittelbreite, indem man den halben Breitenunterschied zur kleineren von beiden Breiten addiert. Mit dieser Mittelbreite verwandelt man entweder logarithmisch oder mit Hilfe von Tafel 3 die Seemeilen Abweichung in Minuten Längenunterschied, verwandelt eventuell Breiten- und Längenunterschied in Grad und Minuten und bringt beide mit den aus dem Kurse ersichtlichen Namen an die Breite und Länge des Abgangsortes an; so erhält man die erreichte Breite und Länge.

Beispiel 42.

Von $43^0\,18'$ S und $51^0\,19'$ O segelt ein Schiff bei 2^0 östlicher Deviation und 31^0 westlicher Ortsmissweisung S 31^0 O 256 sml. Welches ist die erreichte Breite und Länge?

Hilfsrechnung 1.

$d = 25$ sml gibt $b = 12{,}5$ u. $a = 21{,}7$,
mithin: $d = 250$ sml gibt $b = 125$ u. $a = 217$,
ferner: $d = 6\ \ ,,\ \ \ \ ,,\ \ b = 3\ ,,\ a = \ \ 5$,
folglich: $d = 256$ sml gibt $b = 128$ u. $a = 222$.

Auflösung. Da die Gesamtmissweisung des Kompasses 29^0 W ist, so ist der rechtweisende Kurs S 60^0 O. Mit dem Kurswinkel 60^0 entnimmt man nach Hilfsrechnung 1 der Tafel 2 die Werte $b = 128'$ $= 2^0\,8'$ S und $a = 222$ sml. Mit der Mittelbreite $44^0\,22'$ gibt Tafel 3 nach Hilfsrechnung 2 den Längenunterschied $311'$ Ost $= 5^0\,11'$ Ost. Das in der Praxis übliche Formular für diese Rechnung ist das folgende:

Abgangsort:	Breite $43^0\,18'$ S	/44°22'/	Länge $51^0\,19'$ O
	Br.-Unt. $2^0\,\ \ 8'$ S		Lg.-Unt. $5^0\,11'$ O
Erreichter Ort:	Breite $45^0\,26'$ S		Länge $56^0\,30'$ O.

Hilfsrechnung 2.

$a = 200$ sml gibt Lg.-Unt. $= 280'$
$a = \ \ 20\ \ ,,\ \ \ \ \ \ \ $ Lg.-Unt. $= \ \ 28'$
$a = \ \ \ \ 2\ \ ,,\ \ \ \ ,,\ \ $ Lg.-Unt. $= \ \ \ \ 3'$
$a = 222$ sml gibt Lg.-Unt. $= 311'$ Ost.
$\ = 5^0\,11'$ Ost.

Ungelöste Aufgaben.

Aufgabe 139. Von $51^0\,16'$ N und $14^0\,58'$ W segelt ein Schiff bei 2^0 westlicher Deviation und 27^0 westlicher Ortsmissweisung S 60^0 W 204 sml per Kompass. Welches ist die Breite und Länge des erreichten Ortes?

Andeutung. Die Aufgaben 139 bis 143 werden analog dem Beispiel 42 gelöst.

Aufgabe 140. Von $42^0\,13'$ S und $81^0\,16'$ O steuert ein Schiff nach seinem Kompass N 41^0 O 139 sml. Welches ist die Breite und Länge des erreichten Ortes, wenn die Deviation des Kompasses 5^0 Ost und die Ortsmissweisung 25^0 W beträgt?

Aufgabe 141. Von $40^0\,12'$ N und $14^0\,39'$ W segelt ein Schiff bei nordöstlichem Winde N 33^0 W per Kompass 65 sml. Welches ist die Breite und Länge des erreichten Ortes, wenn die Abtrift 12^0, die Deviation des Kompasses 4^0 W und die Ortsmissweisung 22^0 W beträgt?

Aufgabe 142. Von 49° 18′ N und 178° 39′ W steuert ein Dampfer nach dem Kompass S 56° W 195 sml. Die Deviation des Kompasses beträgt 10° O, die Ortsmissweisung 12° O. Welches ist die Breite und Länge des erreichten Ortes?

Aufgabe 143. Von 44° 49′ S und 177° 55′ Ost segelt ein Schiff bei nordöstlichem Winde S 59° O per Kompass 249 sml. Die Deviation des Kompasses ist 9° O, die Ortsmissweisung 16° O und die Abtrift 15°. Welches ist die Breite und Länge des erreichten Ortes?

c) Die zweite Aufgabe der Besteckrechnung beim Segeln auf einem Zwischenstrich.

Frage 53. Wie hat man beim Segeln auf einem Zwischenstrich zu verfahren, um Kurs und Distanz zu ermitteln vom Abgangsort nach dem Bestimmungsort?

Antwort. Zunächst findet man durch Subtraktion der beiden Breiten den Breitenunterschied mit seinem Namen und durch Subtraktion der beiden Längen den Längenunterschied mit seinem Namen. Nachdem man letzteren in Minuten verwandelt und diese nach Tafel 4 in Seemeilen Abweichung verwandelt hat, findet man den Kurswinkel nach der Formel:

$$tg\,K = \frac{a}{b}$$

und damit die Distanz aus der Gradtafel.

Der Name des Kurses folgt aus den Namen von Breiten- und Längenunterschied.

Beispiel 43.

Welches ist der wahre Kurs und die Distanz von 51° 29′ N und 30° 26′ W nach 48° 51′ N und 28° 19′ W?

Auflösung.

Abgangsort:	Breite 51° 29′ N		Länge	30° 26′ W
Bestimmungsort:	Breite 48° 51′ N		Länge	28° 19′ W
	Br.-Unt. 2° 38′ S		Lg.-Unt.	2° 7′ O
	= 158′			= 127′.

Hilfsrechnung 1.

Nach Tafel 4 gibt:

Lg.-Unt.	100′	Abw.	64 sml
"	20′	"	12,9 „
"	7′	"	4,5 „
Lg.-Unt.	127′	Abw.	81 sml.

Nach Hilfsrechnung 1:

Abw. = 81 sml.

Nun ist:

Formel 44: $tg\,K = \dfrac{a}{b}$,

folglich nach Einsetzung der Zahlenwerte:

$$tg\,K = \frac{81}{158}$$

Hilfsrechnung 2.

Aus:

$$tg\, K = \frac{81}{158}$$

folgt:

$$\log tg\, K = \log 81 - \log 158.$$

Nun ist:

$\log 81 = 1{,}9085$
$\log 158 = 2{,}1987$
$\overline{\log tg\, K = 9{,}7098 - 10}$
$K = 27°.$

oder nach Hilfsrechnung 2:

$K = 27°.$

Demnach wahrer Kurs S 27° O.
Hiermit gibt Tafel 2:
$d = 178$ sml.

Ungelöste Aufgaben.

Aufgabe 144. Welches ist der wahre Kurs und die Distanz von 48° 16′ S und 45° 53′ W nach 45° 51′ S und 41° 18′ W?

Andeutung. Die Aufgaben 144 bis 148 werden analog dem Beispiel 43 gelöst.

Aufgabe 145. Welches ist der wahre Kurs und die Distanz von 42° 12′ N und 15° 21′ W nach 39° 5′ N und 18° 16′ W?

Aufgabe 146. Welches ist der wahre Kurs und die Distanz von 51° 34′ S und 147° 11′ W nach 52° 11′ S und 142° 4′ W?

Aufgabe 147. Welches ist der wahre Kurs und die Distanz von 37° 31′ N und 178° 55′ O nach 33° 19′ N und 179° 27′ W?

Aufgabe 148. Welches ist der wahre Kurs und die Distanz von 49° 41′ S und 176° 55′ W nach 46° 31′ S und 179° 16′ O?

Anmerkung 4. Beim Passieren des Aequators ist die Rechnung nach Mittelbreite nicht anwendbar. In diesem Falle ist jedoch, wenn es sich um die Ausrechnung der in einem Tage durchsegelten Distanz handelt, die Breite so klein, dass man mit einer für die Praxis vollkommen ausreichenden Genauigkeit die Anzahl der Seemeilen Abweichung gleich der Anzahl der Minuten Längenunterschied setzen kann.

Beispiel 44.

Von 1° 13′ N und 26° 16′ W ist der wahre Kurs S 29° W 98 sml. Welches ist die erreichte Breite und Länge?

Auflösung.

Abgangsort:	Breite	1° 13′ N,	Länge	26° 16′ W
	Br.-Unt.	1° 26′ S,	Lg.-Unt.	48′ W
Erreichter Ort:	Breite	0° 13′ S,	Länge	27° 4′ W.

Die Schiffahrt nach der Besteckrechnung. 85

Ungelöste Aufgaben.

Aufgabe 149. Von 1° 18' N und 26° 38' W ist der wahre Kurs S 6° W 339 sml. Welches ist die erreichte Breite und Länge?

Andeutung. Die Aufgaben 149 bis 151 werden analog dem Beispiel 44 gelöst.

Aufgabe 150. Von 2° 5' S und 109° 38' W ist der wahre Kurs N 26° O 195 sml. Welches ist die erreichte Breite und Länge?

Aufgabe 151. Von 0° 23' N und 179° 35' W ist der wahre Kurs S 61° O 135 sml. Welches ist die erreichte Breite und Länge?

VI. Das Koppeln der Kurse.

Frage 54. Was versteht man unter dem Koppeln der Kurse?

Antwort. Wenn seit der letzten Bestimmung der Breite und Länge mehrere Kurse und Distanzen gesegelt sind, so könnte man auf jeden Kurs die Rechnung nach Mittelbreite anwenden, indem man für den zweiten Kurs die auf dem ersten Kurse erreichte Breite und Länge als Abgangsort zu Grunde legt u. s. w. Viel einfacher und daher in der Praxis allgemein angewandt ist das Verfahren, dass man für die an einem Tage gesteuerten Kurse aus der Gradtafel die zugehörigen Breitenunterschiede und Abweichungen entnimmt, diese algebraisch, d. h. unter Berücksichtigung ihres Namens, addiert und mit der algebraischen Summe die Rechnung nach Mittelbreite vornimmt, wie bei der Berechnung eines einzelnen Kurses.

Erkl. 63. Nach einer gesetzlichen Vorschrift müssen die gesteuerten Kurse und die gesegelten Distanzen täglich in das Schiffsjournal eingetragen werden. Das Koppeln der Kurse geschieht von Mittag zu Mittag, und es wird dann an jedem Mittag das Resultat des „Koppelkurses", also der nach Kompass und Logge erreichte Schiffsort, mit der astronomisch ermittelten Breite und Länge verglichen und so die sogen. „Besteckversetzung" gefunden. Für den folgenden Tag wird dann die astronomische Breite und Länge dem Koppelkurse als Abgangsort zu Grunde gelegt. Die Zeit von einem Mittage zum nächsten Mittage wird **Etmal** genannt.

Beispiel 45.

Von 43° 29' S und 38° 56' W segelt ein Schiff bei östlichem Winde folgende Kurse und Distanzen: S 20° O 18 sml bei 2° östlicher Deviation und 5° Abtrift, S 11° O 9 sml bei 1° östlicher Deviation und 8° Abtrift, N 33° O 15 sml bei 4° westlicher Deviation und 3° Abtrift, N 10° O 22 sml bei 6° westlicher Deviation und 5° Abtrift, N 5° W 13 sml bei 7° westlicher Deviation und 10° Abtrift. Die Ortsmissweisung beträgt 5° West. Welches ist die erreichte Breite und Länge?

Auflösung. Für die Berechnung des Koppelkurses ist allgemein das folgende Schema üblich:

Die Nautik in elementarer Behandlung.

Wind	Gesteuerter Kurs	Abtrift	Deviation	Ortsmissweisung	Wahrer Kurs	Distanz	Br.-Unt.		Abw.	
							N	S	O	W
Oestlich	S 20° O	5°	2° O	5° W	S 18° O	18 sml	—	17,1	5,6	—
	S 11° O	8°	1° O	5° W	S 7° O	9	—	8,9	1,1	—
	N 33° O	3°	4° W	5° W	N 21° O	15	14,0	—	5,4	—
	N 10° O	5°	6° W	5° W	N 6° W	22	21,9	—	—	2,3
„	N 5° W	10°	7° W	5° W	N 27° W	13 „	11,6	—	—	5,9
							47,5	26,0	12,1	8,2
							26,0		8,2	
							21,5 N		3,9 O	

Abgangsort: Breite 43° 29′ S   43° 40′   Länge 38° 56′ W
Br.-Unt.   22′ N   Lg.-Unt.   5′ O
Erreichter Ort: Breite 43° 7′ S   Länge 38° 51′ W.

Ungelöste Aufgaben.

Aufgabe 152. Von 60° 47′ N und 3° 12′ O segelt man bei 19° westlicher Ortsmissweisung folgende Kurse und Distanzen. Welches ist die erreichte Breite und Länge?

Andeutung. Die Aufgaben 152 bis 156 werden analog dem Beispiel 45 gelöst.

Wind	Gesteuerter Kurs	Abtrift	Deviation	Ortsmissweisung	Distanz
W	S 6° W	5°	3° O	19° W	36 sml
SW	N 56° W	10°	4° W	19° W	10
S	N 80° W	5°	5° W	19° W	9
S	S 60° W	3°	6° W	19° W	14
SW	N 45° W	2°	4° W	19° W	35
SW	N 35° W	5°	3° W	19° W	34

Aufgabe 153. Ein Dampfer steuert von 1° 0′ N und 21° 59′ W nach dem Kompass folgende Kurse und Distanzen. Welches ist die erreichte Breite und Länge, wenn die Ortsmissweisung 21° W beträgt?

Gesteuerter Kurs	Deviation	Ortsmissweisung	Distanz
S 56° W	3° W	21° W	51 sml
S 49° W	2° W	21° W	31
S 70° W	5° W	21° W	29

Aufgabe 154. Von 16° 4′ S und 178° 52′ W segelt ein Schiff bei 9° östlicher Ortsmissweisung folgende Kurse und Distanzen. Welches ist die erreichte Breite und Länge?

Die Schiffahrt nach der Besteckrechnung.

Wind	Gesteuerter Kurs	Abtrift	Deviation	Ortsmissweisung	Distanz
Südöstlich	S 15° W	9°	6° O	9° O	26 sml
Südöstlich	S 5° W	15°	6° O	9° O	32
Südöstlich	S 10° W	6°	6° O	9° O	28
Südöstlich	S 25° W	5°	7° O	9° O	17
Oestlich	N 40° O	—	3° W	9° O	5
Oestlich	N 50° O	—	5° W	9° O	8
Oestlich	S 5° O	—	2° O	9° O	12

Aufgabe 155. Von 38° 49′ N und 179° 39′ O segelt ein Schiff bei 14° östlicher Ortsmissweisung folgende Kurse und Distanzen. Welches ist die erreichte Breite und Länge?

Wind	Gesteuerter Kurs	Abtrift	Deviation	Ortsmissweisung	Distanz
W	N 70° O	—	5° W	14° O	34 sml
W	N 55° O	—	4° W	14° O	22
NW	N 60° O	—	5° W	14° O	28
N	N 66° O	8°	6° W	14° O	19
NO	S 88° O	15°	—	14° O	13
O	S 45° O	20°	2° O	14° O	16

Aufgabe 156. Von 54° 18′ N und 36° 15′ W segelt man bei 39° westlicher Ortsmissweisung folgende Kurse und Distanzen. Welches ist die erreichte Breite und Länge?

Wind	Gesteuerter Kurs	Abtrift	Deviation	Ortsmissweisung	Distanz
Südwestlich	S 10° O	—	3° O	39° W	23 sml
Südwestlich	N 60° W	5°	4° W	39° W	16
Südwestlich	N 80° W	10°	6° W	39° W	14
Südwestlich	N 65° W	5°	5° W	39° W	13
Südwestlich	S 18° O	15°	3° O	39° W	11
Südwestlich	N 65° W	10°	5° W	39° W	3
Südwestlich	N 45° W	20°	3° W	39° W	5

VII. Das Segeln im grössten Kreise.

Frage 55. Was versteht man unter „Segeln im grössten Kreise"?

Antwort. Unter Segeln im grössten Kreise versteht man das Verfolgen des Bogens auf dem grössten Kreise, welcher

Erkl. 64. Ein grösster Kreis oder Hauptkreis ist ein Kreis auf einer Kugeloberfläche, dessen Ebene durch den Mittelpunkt der Kugel geht.

Frage 56. Welche Vorteile bietet das Segeln im grössten Kreise?

Erkl. 65. Bei ungünstigem Winde ist die Kenntnis der Lage des grössten Kreises in der Karte beim Kreuzen (siehe Seite 53) aus dem Grunde sehr erwünscht, weil man auf diese Weise sehr bequem unterscheiden kann, mit welchem Buge man sich seinem Ziele am meisten nähert.

den Abgangsort mit dem Bestimmungsort verbindet. Da ein grösster Kreis auf der Erdoberfläche die Meridiane unter verschiedenen Winkeln schneidet, so muss der grösste Kreis in der Merkatorschen Karte wegen der Parallelität der Meridiane nicht als gerade Linie, sondern als Kurve erscheinen im Gegensatz zu der als Gerade auftretenden Loxodrome (siehe Seite 80), welche alle Meridiane unter demselben Winkel schneidet.

Antwort. Da der Bogen des grössten Kreises der kürzeste Weg zwischen zwei Punkten auf einer Kugel ist, so ist die Kenntnis von dem Verlauf des grössten Kreisbogens zwischen Abgangsort und Bestimmungsort in der Merkatorschen Karte sehr erwünscht. Indessen ist eine konsequente Innehaltung dieser Route wegen etwaiger dazwischen liegender Länder und Inseln, wegen der auf hohen Breiten vorhandenen Eisgefahr und bei Segelschiffen wegen ungünstiger Windverhältnisse selten möglich. Dagegen empfiehlt es sich oft, die Route des grössten Kreises in die Seekarte (Uebersegler, s. Erkl. 47) einzuzeichnen.

Frage 57. Wie ermittelt man den Anfangskurs, den Endkurs und die Distanz im Bogen des grössten Kreises?

Antwort. Wenn in Figur 45 A den Abgangsort mit der Breite φ_1 und λ_1 und B den Bestimmungsort mit der Breite φ_2 und λ_2 bedeutet, so ist im sphärischen $\triangle NAB$, in welchem N den Nordpol angibt, $AN = 90^0 - \varphi_1$, $BN = 90^0 - \varphi_2$ und $\sphericalangle ANB = \lambda_2 - \lambda_1$ bekannt. Somit hat man zur Berechnung der Winkel A und B die Gleichungen:

$$\begin{cases} tg\dfrac{A+B}{2} = cotg\dfrac{\lambda_2-\lambda_1}{2} \cdot \dfrac{cos\dfrac{(90^0-\varphi_2)-(90^0-\varphi_1)}{2}}{cos\dfrac{(90^0-\varphi_2)+(90^0-\varphi_1)}{2}}, \\[2ex] tg\dfrac{A-B}{2} = cotg\dfrac{\lambda_2-\lambda_1}{2} \cdot \dfrac{sin\dfrac{(90^0-\varphi_2)-(90^0-\varphi_1)}{2}}{sin\dfrac{(90^0-\varphi_2)+(90^0-\varphi_1)}{2}} \end{cases}$$

Die Schiffahrt nach der Besteckrechnung.

folglich:
$$\begin{cases} tg\dfrac{A+B}{2} = cotg\dfrac{\lambda_2-\lambda_1}{2} \cdot \dfrac{cos\dfrac{\varphi_1-\varphi_2}{2}}{cos\left(90^0-\dfrac{\varphi_1+\varphi_2}{2}\right)}, \\ tg\dfrac{A-B}{2} = cotg\dfrac{\lambda_2-\lambda_1}{2} \cdot \dfrac{sin\dfrac{\varphi_1-\varphi_2}{2}}{sin\left(90^0-\dfrac{\varphi_1+\varphi_2}{2}\right)}, \end{cases}$$

mithin: Formel 45:
$$\begin{cases} tg\dfrac{A+B}{2} = cotg\dfrac{\lambda_2-\lambda_1}{2} \cdot \dfrac{cos\dfrac{\varphi_1-\varphi_2}{2}}{sin\dfrac{\varphi_1+\varphi_2}{2}}, \\ tg\dfrac{A-B}{2} = cotg\dfrac{\lambda_2-\lambda_1}{2} \cdot \dfrac{sin\dfrac{\varphi_1-\varphi_2}{2}}{cos\dfrac{\varphi_1+\varphi_2}{2}}, \end{cases}$$

und daraus: Formel 46:
$$\begin{cases} A = \dfrac{A+B}{2} + \dfrac{A-B}{2}, \\ B = \dfrac{A+B}{2} - \dfrac{A-B}{2}. \end{cases}$$

Zur Berechnung von AB hat man (siehe dritte Gleichung in Erkl. 66):

$$tg\dfrac{(90^0-\varphi_2)+(90^0-\varphi_1)}{2} = tg\dfrac{AB}{2} \cdot \dfrac{cos\dfrac{A-B}{2}}{cos\dfrac{A+B}{2}},$$

$$tg\left(90^0-\dfrac{\varphi_1+\varphi_2}{2}\right) = tg\dfrac{AB}{2} \cdot \dfrac{cos\dfrac{A-B}{2}}{cos\dfrac{A+B}{2}},$$

$$cotg\dfrac{\varphi_1+\varphi_2}{2} = tg\dfrac{AB}{2} \cdot \dfrac{cos\dfrac{A-B}{2}}{cos\dfrac{A+B}{2}},$$

Formel 47: $tg\dfrac{AB}{2} = cotg\dfrac{\varphi_1+\varphi_2}{2} \cdot \dfrac{cos\dfrac{A+B}{2}}{cos\dfrac{A-B}{2}}.$

Erkl. 66. Im sphärischen Dreiecke gelten nach den Neperschen Analogien die folgenden Relationen, wenn die drei Seiten mit a, b und c, die gegenüberliegenden Winkel mit α, β und γ bezeichnet werden:

$$tg\dfrac{\alpha+\beta}{2} = cotg\dfrac{\gamma}{2} \cdot \dfrac{cos\dfrac{a-b}{2}}{cos\dfrac{a+b}{2}},$$

$$tg\dfrac{\alpha-\beta}{2} = cotg\dfrac{\gamma}{2} \cdot \dfrac{sin\dfrac{a-b}{2}}{sin\dfrac{a+b}{2}},$$

$$tg\dfrac{a+b}{2} = tg\dfrac{c}{2} \cdot \dfrac{cos\dfrac{\alpha-\beta}{2}}{cos\dfrac{\alpha+\beta}{2}},$$

Figur 45.

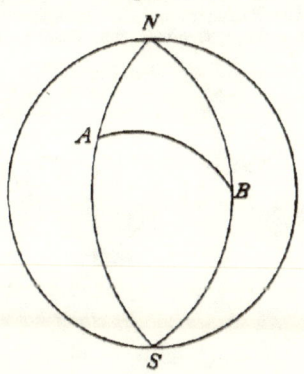

$$tg\frac{a-b}{2} = tg\frac{c}{2} \cdot \frac{\sin\frac{\alpha-\beta}{2}}{\sin\frac{\alpha+\beta}{2}}.$$

Wenn also zwei Seiten (a, b) und der eingeschlossene Winkel (α) gegeben sind, so findet man nach den beiden ersten Gleichungen die halbe Summe und die halbe Differenz der beiden andern Winkel und danach:

und
$$\alpha = \frac{\alpha+\beta}{2} + \frac{\alpha-\beta}{2}$$
$$\beta = \frac{\alpha+\beta}{2} - \frac{\alpha-\beta}{2}.$$

Die dritte Seite (c) findet man dann nach der dritten oder vierten Gleichung.

Durch $\sphericalangle A$ ist der **Anfangskurs**, durch $\sphericalangle B$ der **Endkurs** und durch AB die **Distanz** bestimmt, wenn man AB in Minuten verwandelt und berücksichtigt, dass auf $AB\ 1' = 1$ sml ist.

Frage 58. Wie trägt man den Verlauf des grössten Kreisbogens in die Merkatorsche Karte ein?

Figur 46.

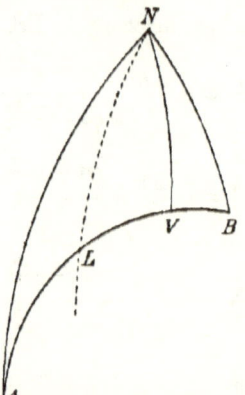

Erkl. 67. Denkt man sich die fünf Stücke eines rechtwinkligen Dreiecks ABC (s. Fig. 47) (mit Ausschluss des rechten Winkels) der Reihe nach auf der Peripherie eines Kreises eingetragen, so lässt sich jedes dieser fünf Stücke als in

Figur 47.

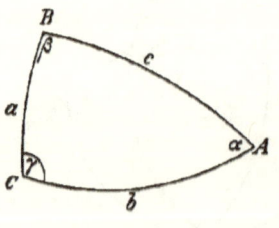
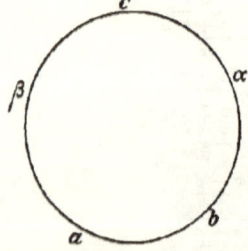

Antwort. Hierbei hat man zwei Fälle zu unterscheiden:
a) die beiden Orte A und B haben gleichnamige Breite;
b) die beiden Orte A und B haben ungleichnamige Breite.

Fall 1.
Im ersteren Falle berechnet man zunächst die Breite und Länge des Scheitelpunktes V (siehe Figur 46), in welchem der Bogen des grössten Kreises seine grösste Breite erreicht und in welchem der Kurs gerade Ost oder West ist, weil hier der grösste Kreisbogen mit dem Meridian von V einen rechten Winkel bildet.

Zu diesem Zwecke ist im $\triangle NBV$ gegeben $NB = 90^\circ - \varphi_2$, $\sphericalangle B$ ist in der ersten Rechnung ermittelt und $\sphericalangle NVB = 90^\circ$, folglich:
$$\sin NV = \sin NB \cdot \sin \sphericalangle B,$$
Formel 48: $\cos \varphi_0 = \cos \varphi_2 \cdot \sin \sphericalangle B$,
wenn man mit φ_0 die Breite des Scheitelpunktes bezeichnet.

Zur Berechnung der Länge λ_0 des Scheitelpunktes V hat man:
$$\cos NB = \cotg B \cdot \cotg BNV,$$
$$\sin \varphi_2 = \cotg B \cdot \cotg(\lambda_2 - \lambda_0),$$
Formel 49:
$$\cotg(\lambda_2 - \lambda_0) = \sin \varphi_2 \cdot tg B.$$

Nachdem so die Breite und Länge des Scheitelpunktes gefunden, berechnet man die Breiten, in welchen eine Anzahl von willkürlich gewählten Meridianen

der Mitte liegend auffassen von zwei benachbarten Stücken oder von zwei von ihm getrennt liegenden Stücken. So ist c das Mittelstück zu den benachbarten Stücken α und β und zu den getrennten Stücken a und b; a ist das Mittelstück zu den benachbarten Stücken b und c und zu den getrennten Stücken β und α u. s. w.

Dann gilt folgender Satz:

„Der Cosinus des Mittelstücks ist gleich dem Produkt der Cotangenten der benachbarten Stücke und gleich dem Produkt der Sinus der getrennten Stücke, wenn man bei den Katheten die Cofunktionen nimmt."

Danach ist:

$\cos c = cotg\,\alpha \cdot cotg\,\beta$
$\cos c = \cos a \cdot \cos b$
$\cos \alpha = cotg\,c \cdot tg\,b$
$\cos \alpha = \sin \beta \cdot \cos a$
$\sin b = cotg\,\alpha \cdot tg\,a$
$\sin b = \sin c \cdot \sin \beta$
$\sin a = cotg\,\beta \cdot tg\,b$
$\sin a = \sin c \cdot \sin \alpha$
$\cos \beta = cotg\,c \cdot tg\,a$
$\cos \beta = \sin \alpha \cdot \cos b$.

Figur 48.

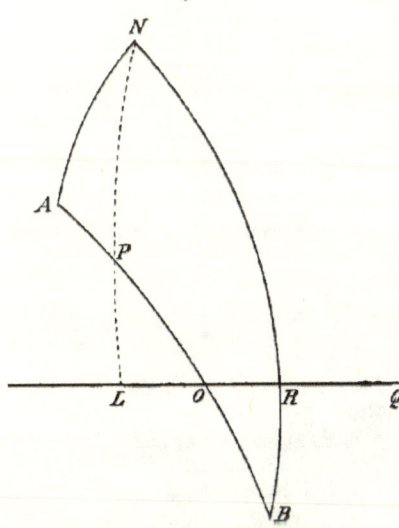

von dem grössten Kreisbogen geschnitten werden. Um z. B. für den zwischen λ_1 und λ_0 liegenden punktiert gezeichneten Meridian λ' diese Rechnung durchzuführen, hat man im $\triangle NVL$:

$\cos LNV = cotg\,NL \cdot tg\,NV$,
$\cos(\lambda_0 - \lambda') = tg\,\varphi' \cdot cotg\,\varphi_0$,

folglich:

Formel 50: $tg\,\varphi' = \cos(\lambda_0 - \lambda') \cdot tg\,\varphi_0$,

wenn φ' die Breite des Punktes L angibt.

Auf diese Weise lassen sich beliebig viele Schnittpunkte mit Meridianen berechnen und in die Merkatorsche Karte einzeichnen, durch deren Verbindung man dann den Verlauf des grössten Kreisbogens erhält.

Fall 2.

Wenn die Breiten von A und B (siehe Figur 48) ungleichnamig sind, so berechnet man zunächst die Länge des Schnittpunktes O mit dem Aequator. Dann ist in dem bei R rechtwinkligen $\triangle OBR$:

$\sin BR = cotg\,B \cdot tg\,OR$,
$\sin \varphi_2 = cotg\,B \cdot tg\,(\lambda_2 - \lambda_0)$,

wenn λ_0 die Länge des Punktes O bezeichnet; folglich:

Formel 51: $tg\,(\lambda_2 - \lambda_0) = \sin \varphi_2 \cdot tg\,B$.

Damit lässt sich der Schnittpunkt O in die Karte eintragen. Um nun analog dem Verfahren des ersten Falles für beliebig gewählte Meridiane die Schnittpunkte zu finden, berechnet man zunächst im $\triangle ORB$ den $\sphericalangle BOR$ nach der Formel:

Formel 52: $\cos BOR = \cos \varphi_2 \cdot \sin B$.

Bezeichnet nun P den Schnittpunkt von AB mit dem Meridian λ' dessen Breite φ', so ist:

$\sin LO = tg\,PL \cdot cotg\,BOR$,
$\sin(\lambda_0 - \lambda') = tg\,\varphi' \cdot cotg\,BOR$,

Formel 53: $tg\,\varphi' = \sin(\lambda_0 - \lambda') \cdot tg\,BOR$.

Die Wiederholung der Rechnung für beliebig gewählte andere Meridiane führt zur Kenntnis des Verlaufs des grössten Kreisbogens in der Merkatorschen Karte, wie in Fall 1.

Beispiel 46.

Ein Schiff will von Porto Plata ($19^0\ 50'$ N und $70^0\ 45'$ W) nach St. Agnes ($49^0\ 54'$ N und $6^0\ 21'$ W).

1. Welches ist der Anfangskurs, der Endkurs und die Distanz auf dem grössten Kreisbogen?
2. Welches ist die Breite und Länge des Scheitelpunktes?
3. In welchen Breiten werden die Meridiane von 50^0 W und 30^0 W geschnitten?

Auflösung zu 1. Nach Formel 45 ist (siehe Figur 49):

Formel 54:
$$\begin{cases} tg\,\dfrac{P+A}{2} = cotg\,\dfrac{\lambda_2-\lambda_1}{2} \cdot \dfrac{cos\,\dfrac{\varphi_1-\varphi_2}{2}}{sin\,\dfrac{\varphi_1+\varphi_2}{2}}, \\ tg\,\dfrac{P-A}{2} = cotg\,\dfrac{\lambda_2-\lambda_1}{2} \cdot \dfrac{sin\,\dfrac{\varphi_1-\varphi_2}{2}}{cos\,\dfrac{\varphi_1+\varphi_2}{2}}. \end{cases}$$

Hilfsrechnung 1.

Aus:
$$tg\,\frac{A+P}{2} = cotg\,32^0\,12'\,\frac{cos\,15^0\,2'}{sin\,34^0\,52'}$$
folgt:
$$\log tg\,\frac{A+P}{2} = \log cotg\,32^0\,12'$$
$$+ \log cos\,15^0\,2' - \log sin\,34^0\,52'.$$

Nun ist:
$$\log cotg\,32^0\,12' = 0{,}2008$$
$$\log cos\,15^0\,2' = 9{,}9849$$
$$\overline{0{,}1857}$$
$$\log sin\,34^0\,52' = 9{,}7571$$
$$\log tg\,\frac{A+P}{2} = 0{,}4286$$
$$\frac{A+P}{2} = 69^0\,33'.$$

Hilfsrechnung 2.

Aus:
$$tg\,\frac{A-P}{2} = cotg\,32^0\,12'\,\frac{sin\,15^0\,2'}{cos\,34^0\,52'}$$
folgt:
$$\log tg\,\frac{A-P}{2} = \log cotg\,32^0\,12'$$
$$+ \log sin\,15^0\,2' - \log cos\,34^0\,52'.$$

Nun ist:
$$\log cotg\,32^0\,12' = 0{,}2008$$
$$\log sin\,15^0\,2' = 9{,}4139$$
$$\overline{9{,}6147}$$
$$\log cos\,34^0\,52' = 9{,}9141$$
$$\log tg\,\frac{A-P}{2} = 9{,}7006$$
$$\frac{A-P}{2} = 26^0\,39'.$$

Nach Einsetzung der Zahlenwerte der Aufgabe ist:
$$\begin{cases} tg\,\dfrac{A+P}{2} = cotg\,32^0\,12' \cdot \dfrac{cos\,15^0\,2'}{sin\,34^0\,52'}, \\ tg\,\dfrac{A-P}{2} = cotg\,32^0\,12' \cdot \dfrac{sin\,15^0\,2'}{cos\,34^0\,52'}. \end{cases}$$

oder nach Hilfsrechnung 1 und 2:
$$\frac{A+P}{2} = 69^0\,33',$$
$$\frac{A-P}{2} = 26^0\,39',$$

folglich nach Formel 46:
$$A = 96^0\,12',$$
$$P = 42^0\,54'.$$

Demnach ist der Anfangskurs N $42^0\,54'$ O und der Endkurs N $88^0\,48'$ O.

Zur Berechnung der Distanz AP hat man nach Formel 47:
$$tg\,\frac{AP}{2} = cotg\,\frac{\varphi_1+\varphi_2}{2} \cdot \frac{cos\,\dfrac{A+P}{2}}{cos\,\dfrac{A-P}{2}}.$$

Nach Einsetzung der Zahlenwerte erhält man:
$$tg\,\frac{AP}{2} = cotg\,34^0\,52' \cdot \frac{cos\,69^0\,33'}{cos\,26^0\,39'}$$

oder nach Hilfsrechnung 3:
$$AP = 58^0\,36' = 3516' = 3516\text{ sml.}$$

Auflösung zu 2. Nach Formel 48 ist:
$$cos\,\varphi_0 = cos\,\varphi_2\,sin\,A.$$

Hilfsrechnung 3.

Aus:
$$tg\frac{AP}{2} = cotg\,34°\,52'\,\frac{cos\,69°\,33'}{cos\,26°\,39'}$$
folgt:
$$log\,tg\frac{AP}{2} = log\,cotg\,34°\,52' + log\,cos\,69°\,33'\\ - log\,cos\,26°\,39'.$$
Nun ist:
$$log\,cotg\,34°\,52' = 0{,}1569\\ log\,cos\,69°\,33' = 9{,}5433\\ \overline{ 9{,}7002}\\ log\,cos\,26°\,39' = 9{,}9512\\ log\,tg\frac{AP}{2} = 9{,}7490\\ \frac{AP}{2} = 29°\,18'.\\ AP = 58°\,36'.$$

Hilfsrechnung 4.

Aus:
$$cos\,\varphi_0 = cos\,49°\,54' \cdot sin\,96°\,12'$$
folgt:
$$log\,cos\,\varphi_0 = log\,cos\,49°\,54' + log\,sin\,96°\,12'.$$
Nun ist:
$$log\,cos\,49°\,54' = 9{,}8090\\ log\,sin\,96°\,12' = 9{,}9975\\ \overline{log\,cos\,\varphi_0 = 9{,}8065}\\ \varphi_0 = 50°\,11'.$$

Hilfsrechnung 5.

Aus:
$$cotg\,(\lambda_2 - \lambda_0) = sin\,49°\,54' \cdot tg\,96°\,12'$$
folgt:
$$log\,cotg\,(\lambda_2 - \lambda_0) = log\,sin\,49°\,54'\\ + log\,tg\,96°\,12'.$$
Nun ist:
$$log\,sin\,49°\,54' = 9{,}8836\\ log\,tg\,96°\,12' = 0{,}9640\,n\\ \overline{log\,cotg\,(\lambda_2 - \lambda_0) = 0{,}8476\,n}\\ \lambda_0 - \lambda_2 = 8°\,5'.$$

Hilfsrechnung 6.

Aus:
$$tg\,\varphi' = cos\,51°\,44' \cdot tg\,50°\,11'$$
folgt:
$$log\,tg\,\varphi' = log\,cos\,51°\,44' + log\,tg\,50°\,11'.$$
Nun ist:
$$log\,cos\,51°\,44' = 9{,}7919\\ log\,tg\,50°\,11' = 0{,}0790\\ \overline{log\,tg\,\varphi' = 9{,}8709}\\ \varphi' = 36°\,36'.$$

Nach Einsetzung der Zahlenwerte erhält man:
$$cos\,\varphi_0 = cos\,49°\,54' \cdot sin\,96°\,12'$$
oder nach Hilfsrechnung 4:
$$\varphi_0 = 50°\,11'\,N.$$
Nach Formel 49 ist:
$$cotg\,(\lambda_2 - \lambda_0) = sin\,\varphi_2\,tg\,A.$$
Nach Einsetzung der Zahlenwerte erhält man:
$$cotg\,(\lambda_2 - \lambda_0) = sin\,49°\,54'\,tg\,96°\,12'$$
oder nach Hilfsrechnung 5:
$$\lambda_0 - \lambda_2 = 8°\,5'.$$
Weil $\lambda_0 > \lambda_2$, so liegt der Scheitelpunkt 8° 5' östlicher als St. Agnes, folglich:
$$\lambda_0 = 1°\,44'\,O.$$

Auflösung zu 3. Nach Formel 50 ist:
$$tg\,\varphi' = cos\,(\lambda_0 - \lambda')\,tg\,\varphi_0.$$
Nach Einsetzung der Zahlenwerte erhält man:
$$tg\,\varphi' = cos\,51°\,44'\,tg\,50°\,11'$$
oder nach Hilfsrechnung 6:
$$\varphi' = 36°\,36'\,N.$$
Der Meridian von 50° W wird also in 36° 36' N geschnitten.

In derselben Weise findet man, dass der Meridian von 30° W in 45° 34' N geschnitten wird.

Figur 49.

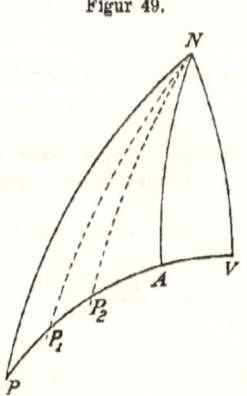

Ungelöste Aufgaben.

Aufgabe 157. Ein Schiff will von Bermuda ($32^0 15'$ N und $64^0 50'$ W) nach Lizard ($49^0 58'$ N und $5^0 12'$ W).
1. Welches ist der Anfangskurs, der Endkurs und die Distanz auf dem grössten Kreisbogen?
2. Welches ist die Breite und Länge des Scheitelpunktes?
3. In welchen Breiten werden die Meridiane von 40^0 W und 20^0 W geschnitten?

Andeutung. Die Auflösung der Aufgaben 157 bis 160 geschieht analog dem Beispiel 46.

Aufgabe 158. Ein Schiff will vom Kap der guten Hoffnung (36^0 S und 18^0 O) nach Kap Otway ($38^0 54'$ S und $143^0 33'$ O).
1. Welches ist der Anfangskurs, der Endkurs und die Distanz auf dem Bogen des grössten Kreises?
2. Welches ist die Breite und Länge des Scheitelpunktes?
3. In welchen Breiten werden die Meridiane von 60^0 O, 100^0 O geschnitten?

Aufgabe 159. Ein Schiff will von Rio de Janeiro ($22^0 55'$ S und $43^0 9'$ W) nach Kap der guten Hoffnung ($34^0 22'$ S und $18^0 30'$ O).
1. Welches ist der Anfangskurs, der Endkurs und die Distanz auf dem Bogen des grössten Kreises?
2. Welches ist die Breite und Länge des Scheitelpunktes?
3. In welchen Breiten werden die Meridiane von 20^0 W und der Meridian von Greenwich geschnitten?

Aufgabe 160. Ein Schiff will von Javahead ($6^0 48'$ S und $105^0 15'$ O) nach Kap Morgan ($32^0 42'$ S und $28^0 25'$ O).
1. Welches ist der Anfangskurs, der Endkurs und die Distanz auf dem Bogen des grössten Kreises?
2. Welches ist die Breite und Länge des Scheitelpunktes?
3. In welchen Breiten werden die Meridiane von 75^0 O und 50^0 O geschnitten?

Beispiel 47.

Ein Schiff will von Sandy Hook ($40^0 28'$ N und $74^0 2'$ W) nach Kap der guten Hoffnung ($34^0 22'$ S und $18^0 30'$ O).
1. Welches ist der Anfangskurs, der Endkurs und die Distanz auf dem Bogen des grössten Kreises?

Auflösung zu 1. Nach Formel 45 ist (siehe Figur 50):

Die Schiffahrt nach der Besteckrechnung.

2. In welcher Länge wird der Aequator geschnitten?
3. In welchen Breiten werden die Meridiane von 50° W und 20° W geschnitten?

Hilfsrechnung 1.
Aus:
$$tg\frac{S+K}{2} = cotg\,46°\,16' \cdot \frac{cos\,37°\,25'}{sin\,3°\,3'}$$
folgt:
$$\log tg\frac{S+K}{2} = \log cotg\,46°\,16' + \log cos\,37°\,25' - \log sin\,3°\,3'$$
Nun ist:
$$\log cotg\,46°\,16' = 9{,}9808$$
$$\log cos\,37°\,25' = 9{,}9000$$
$$\overline{\quad\quad\quad\quad\quad\,\,9{,}8808}$$
$$\log sin\,3°\,3' = 8{,}7260$$
$$\log tg\frac{S+K}{2} = 1{,}1548$$
$$\frac{S+K}{2} = 86°\,0'.$$

Figur 50.

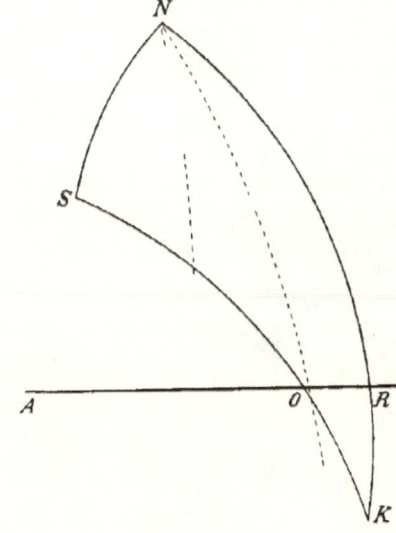

Hilfsrechnung 2.
Aus:
$$tg\frac{S-K}{2} = cotg\,46°\,16' \cdot \frac{sin\,37°\,25'}{cos\,3°\,3'}$$
folgt:
$$\log tg\frac{S-K}{2} = \log cotg\,46°\,16' + \log sin\,37°\,25' - \log cos\,3°\,3'.$$

$$\begin{cases} tg\dfrac{S+K}{2} = cotg\dfrac{\lambda_2-\lambda_1}{2} \cdot \dfrac{cos\dfrac{\varphi_1-\varphi_2}{2}}{sin\dfrac{\varphi_1+\varphi_2}{2}}, \\[2ex] tg\dfrac{S-K}{2} = cotg\dfrac{\lambda_2-\lambda_1}{2} \cdot \dfrac{sin\dfrac{\varphi_1-\varphi_2}{2}}{cos\dfrac{\varphi_1+\varphi_2}{2}}. \end{cases}$$

Nach Einsetzung der Zahlenwerte der Aufgabe ist:
$$\begin{cases} tg\dfrac{S+K}{2} = cotg\,46°\,16' \cdot \dfrac{cos\,37°\,25'}{sin\,3°\,3'}, \\[2ex] tg\dfrac{S-K}{2} = cotg\,46°\,16' \cdot \dfrac{sin\,37°\,25'}{cos\,3°\,3'}, \end{cases}$$
oder nach Hilfsrechnung 1 und 2:
$$\frac{S+K}{2} = 86°\,0',$$
$$\frac{S-K}{2} = 30°\,12',$$
folglich nach Formel 46:
$$S = 116°\,12',$$
$$K = 55°\,48'.$$

Demnach ist der Anfangskurs N 116° 12' O oder S 63° 48' O und der Endkurs S 55° 48' O.

Zur Berechnung der Distanz SK hat man nach Formel 47:
$$tg\frac{SK}{2} = cotg\frac{\varphi_1+\varphi_2}{2} \cdot \frac{cos\dfrac{S+K}{2}}{cos\dfrac{S-K}{2}}.$$

Nach Einsetzung der Zahlenwerte erhält man:
$$tg\frac{SK}{2} = cotg\,3°\,8' \cdot \frac{cos\,86°\,0'}{cos\,30°\,12'}$$
oder nach Hilfsrechnung 3:
$$SK = 113°\,8 = 6788' = 6788\,\text{sml}.$$

Auflösung zu 2. Nach Formel 51 ist:
$$tg(\lambda_2-\lambda_0) = sin\,\varphi_2\,tg\,K.$$
Nach Einsetzung der Zahlenwerte erhält man:
$$tg(\lambda_2-\lambda_0) = sin\,34°\,22' \cdot tg\,55°\,48'$$
oder nach Hilfsrechnung 4:
$$\lambda_2-\lambda_0 = 39°\,43'.$$

Mithin liegt der Schnittpunkt 39° 43' westlicher als 18° 30' O, folglich in 21° 13' W.

Auflösung zu 3. Nach Formel 52 ist:
$$cos\,KOR = cos\,\varphi_2\,sin\,K.$$

Nun ist:
$$\log \cot g\, 46^0\, 16' = 9{,}9808$$
$$\log \sin 37^0\, 25' = 9{,}7886$$
$$\overline{\;9{,}7644}$$
$$\log \cos 3^0\, 3' = 9{,}9994$$
$$\log tg\, \frac{S-K}{2} = 9{,}7650$$
$$\frac{S-K}{2} = 30^0\, 12'.$$

Hilfsrechnung 3.

Aus:
$$tg\, \frac{SK}{2} = \cot g\, 3^0\, 3' \cdot \frac{\cos 86^0\, 0'}{\cos 30^0\, 12'}$$
folgt:
$$\log tg\, \frac{SK}{2} = \log \cot g\, 3^0\, 3' + \log \cos 86^0\, 0'$$
$$- \log \cos 30^0\, 12'.$$

Nun ist:
$$\log \cot g\, 3^0\, 3' = 1{,}2734$$
$$\log \cos 86^0\, 0' = 8{,}8436$$
$$\overline{\;0{,}1170}$$
$$\log \cos 30^0\, 12' = 9{,}9367$$
$$\log tg\, \frac{SK}{2} = 0{,}1803$$
$$\frac{SK}{2} = 56^0\, 34'$$
$$SK = 113^0\, 8'.$$

Hilfsrechnung 4.

Aus:
$$tg\, (\lambda_2 - \lambda_0) = \sin 34^0\, 22'\, tg\, 55^0\, 48'$$
folgt:
$$\log tg\, (\lambda_2 - \lambda_0) = \log \sin 34^0\, 22' + \log tg\, 55^0\, 48'.$$

Nun ist:
$$\log \sin 34^0\, 22' = 9{,}7517$$
$$\log tg\, 55^0\, 48' = 0{,}1677$$
$$\log tg\, (\lambda_2 - \lambda_0) = 9{,}9194$$
$$\lambda_2 - \lambda_0 = 39^0\, 43.$$

Hilfsrechnung 5.

Aus:
$$\cos KOR = \cos 34^0\, 22' \cdot \sin 55^0\, 48'$$
folgt:
$$\log \cos KOR = \log \cos 34^0\, 22' + \log \sin 55^0\, 48'$$

Nun ist:
$$\log \cos 34^0\, 22' = 9{,}9167$$
$$\log \sin 55^0\, 48' = 9{,}9175$$
$$\log \cos KOR = 9{,}8342$$
$$KOR = 46^0\, 57'.$$

Hilfsrechnung 6.

Aus:
$$tg\, \varphi' = \sin 28^0\, 47' \cdot tg\, 46^0\, 57'$$
folgt:
$$\log tg\, \varphi' = \log \sin 28^0\, 47' + \log tg\, 46^0\, 57'.$$

Nun ist:
$$\log \sin 28^0\, 47' = 9{,}6826$$
$$\log tg\, 46^0\, 57' = 0{,}0296$$
$$\log tg\, \varphi' = 9{,}7122$$
$$\varphi' = 27^0\, 16'.$$

Nach Einsetzung der Zahlenwerte erhält man:
$$\cos KOR = \cos 34^0\, 22' \cdot \sin 55^0\, 48'$$
oder nach Hilfsrechnung 5:
$$KOR = 46^0\, 57'.$$

Zur Bestimmung der Breite φ', in welcher der Meridian von 50^0 W geschnitten wird, ist nach Formel 53:
$$tg\, \varphi' = \sin (\lambda_0 - \lambda') \cdot tg\, KOR.$$

Nach Einsetzung der Zahlenwerte erhält man:
$$tg\, \varphi' = \sin 28^0\, 47' \cdot tg\, 46^0\, 57'$$
oder nach Hilfsrechnung 6:
$$\varphi' = 27^0\, 16'\, \text{N}.$$

In derselben Weise findet man die Breite für den Schnittpunkt von 20^0 W zu $1^0\, 18'$ S.

Ungelöste Aufgaben.

Aufgabe 161. Ein Schiff will vom Kap Horn (57^0 $0'$ S und 75^0 $0'$ W) nach St. Francisco (38^0 $0'$ N und 122^0 $0'$ W).

1. Welches ist der Anfangskurs, der Endkurs und die Distanz auf dem Bogen des grössten Kreises?
2. In welcher Länge wird der Aequator geschnitten?
3. In welchen Breiten werden die Meridiane von 90^0 W und 110^0 W geschnitten?

Andeutung. Die Auflösung der Aufgaben 161 bis 164 geschieht analog dem Beispiel 47.

Aufgabe 162. Ein Schiff will vom Kap Horn (55^0 $59'$ S und 67^0 $16'$ W) nach Honolulu (21^0 $18'$ N und 158^0 $1'$ W).

1. Welches ist der Anfangskurs, der Endkurs und die Distanz auf dem Bogen des grössten Kreises?
2. In welcher Länge wird der Aequator geschnitten?
3. In welchen Breiten werden die Meridiane von 100^0 W und 130^0 W geschnitten?

Aufgabe 163. Ein Schiff will von Valparaiso (33^0 $0'$ S und 71^0 $42'$ W) nach Jeddo (35^0 $40'$ N und 139^0 $50'$ O).

1. Welches ist der Anfangskurs, der Endkurs und die Distanz auf dem Bogen des grössten Kreises?
2. In welcher Länge wird der Aequator geschnitten?
3. In welchen Breiten werden die Meridiane von 100^0 W, 130^0 W, 160^0 W und 170^0 O geschnitten?

Aufgabe 164. Ein Schiff will vom Kap Horn (57^0 $0'$ S und 75^0 $0'$ W) nach Kap Elisabeth (54^0 $30'$ N und 142^0 $48'$ O).

1. Welches ist der Anfangskurs, der Endkurs und die Distanz auf dem Bogen des grössten Kreises?
2. In welcher Länge wird der Aequator geschnitten?
3. In welchen Breiten werden die Meridiane von 100^0 W, 140^0 W und 180^0 W geschnitten?

Dritter Abschnitt.

Die Schiffahrt nach astronomischen Beobachtungen.

Für die Aufgaben dieses Abschnittes ist das vom Reichsamt des Innern herausgegebene „Nautische Jahrbuch" Jahrgang 1901 (Preis M. 1. 50.) zu Grunde gelegt.

I. Wiederholungen der astronomischen Grundbegriffe.

Anmerkung 5. Im folgenden sollen zunächst die für das Verständnis der astronomischen Nautik erforderlichen astronomischen Grundbegriffe in Kürze an der Hand von Figuren angegeben werden. Des weiteren möge hier auf das Lehrbuch der Astronomie und mathematischen Geographie von Dr. W. Láska verwiesen werden.

a) Das Koordinatensystem des wahren Horizontes.

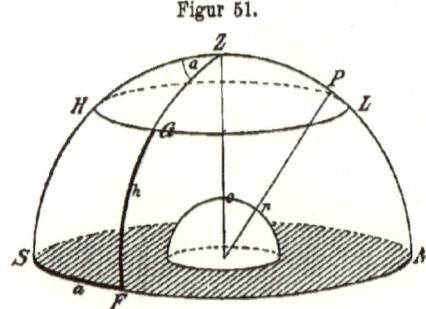

Figur 51.

In Figur 51 ist o der Beobachtungsort mit dem Zenith Z, p und P der erhöhte Erd- resp. Himmelspol, SFN der wahre Horizont mit dem Nordpunkt N und dem Südpunkt S. Bezeichnet G den Ort eines Gestirns am Himmel, so ist der kleinere Kreis HGL, parallel zum wahren Horizont, der Höhenparallel und der zum wahren Horizont senkrechte grösste Kreis ZGF der Höhenkreis des Gestirns. Der Ort des Gestirns ist bestimmt durch die Koordinaten Höhe ($h = FG$) und Azimut ($a = \sphericalangle HZG$, oder $a = SF$).

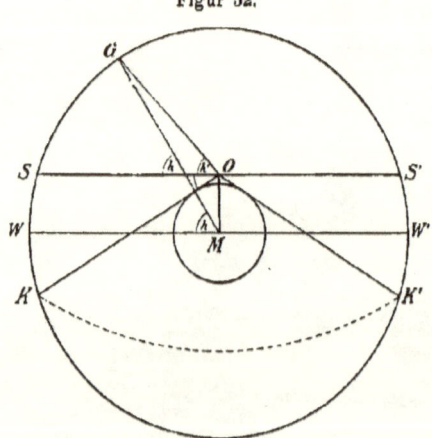

Figur 52.

In Figur 52 ist WW' der wahre, SS' der scheinbare Horizont des Beobachters in O. G bezeichnet den Ort eines Gestirns am Himmel auf seinem Höhenkreise $GSWKK'W'S'$. Dann ist $\sphericalangle GOS$ die scheinbare Höhe h', $\sphericalangle GMW$ die wahre Höhe h. Denkt man sich von O Tangenten an die Meeresoberfläche gezogen, so schneiden dieselben den Himmel im sog. Seehorizont oder Kimm (KK'). Dann ist $\sphericalangle GOK$ der beobachtete Kimmabstand.

Die Schiffahrt nach astronomischen Beobachtungen. 99

Figur 53.

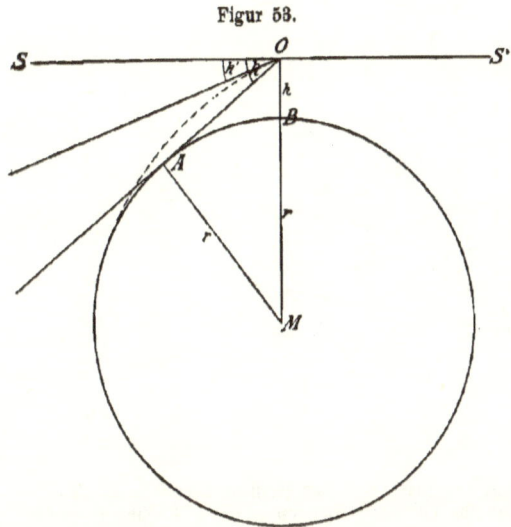

Zur Verwandlung des beobachteten Kimmabstandes in die scheinbare Höhe muss man die Kimmtiefe ($k = \sphericalangle SOK$ in Figur 52) von ersterem subtrahieren. Bezeichnet man die Erhebung des Auges über der Meeresoberfläche, die sogenannte Augeshöhe, mit h, so ist nach Figur 53 $\sphericalangle k = \sphericalangle M$, weil beide denselben Komplementwinkel AOM haben. Da 1 sml gleich einer Minute eines grössten Kreises auf der Erdoberfläche ist, so ist $\sphericalangle M$ in Minuten gleich Bogen AB in Seemeilen, mithin, wenn man $AB = AO$ setzt, k in Minuten $= AO$ in Seemeilen.

$$AO = \sqrt{(r+h)^2 - r^2}$$
$$= \sqrt{r^2 + 2rh + h^2 - r^2}$$
$$= \sqrt{2rh + h^2}.$$

Mit Vernachlässigung des gegen $2rh$ sehr kleinen Gliedes h^2 ist:

$$AO = \sqrt{2rh} = \sqrt{2r} \cdot \sqrt{h}.$$

Nach Einsetzung von $r = 6366738$ m wird:

$$AO = 3568{,}4 \sqrt{h}.$$

oder in Seemeilen:

$$AO_{(sml)} = \frac{3568{,}4}{1852} \sqrt{h_{(m)}} = 1{,}927 \sqrt{h_{(m)}};$$

folglich:

$$k = 1{,}927' \sqrt{h_{(m)}}.$$

Weil aber wegen der Strahlenbrechung (Refraktion) in der Atmosphäre alle Gegenstände, also auch die Kimm, gehoben erscheinen, so ist nach Beobachtungen dieser geometrische Wert der Kimm um $\frac{1}{13}$ zu verkleinern, um die in Wirklichkeit zu subtrahierende Kimmtiefe zu erhalten. Demnach ist:

Formel 55: $k = 106{,}7'' \sqrt{h_{(m)}}.$

Nach dieser Formel ist Tafel VIII des nautischen Jahrbuches berechnet.

Zur Verwandlung der scheinbaren Höhe in die wahre Höhe muss man die beiden Korrektionen Refraktion und Parallaxe anbringen.

Denkt man sich zunächst die Erde mit einer Atmosphäre umgeben, welche aus drei verschieden dichten Schichten besteht, aber so, dass innerhalb derselben Schicht dieselbe Dichtigkeit besteht, so wird der von einem Gestirn G (Fig. 54) die Atmosphäre in A treffende Lichtstrahl nach dem bekannten physikalischen Brechungsgesetz dem Einfallslote zu gebrochen, trifft in B die zweite Schicht, wird hier nach C gebrochen und in C endlich nach D. Weil aber in Wirklichkeit die Dichtigkeit der Atmosphäre allmählich abnimmt, so tritt an Stelle der gebrochenen Linie $ABCD$ als wirklicher Weg des Lichtstrahls die punktiert gezeichnete krumme Linie. Somit erscheint dem Beobachter in D der Lichtstrahl aus G' (Richtung der Tangente) zu kommen, folglich erscheint der Stern dem Beobachter um einen bestimmten Winkel höher, als er in Wirklichkeit steht. Dieser Winkel heisst Refraktion. Derselbe muss stets von der scheinbaren Höhe subtrahiert werden. Sein Wert ist in Tafel IX des nautischen Jahrbuches als „mittlere Strahlenbrechung" angegeben. Da die Refraktion von der Dichtigkeit der Luft, also vom Baro-

Figur 54.

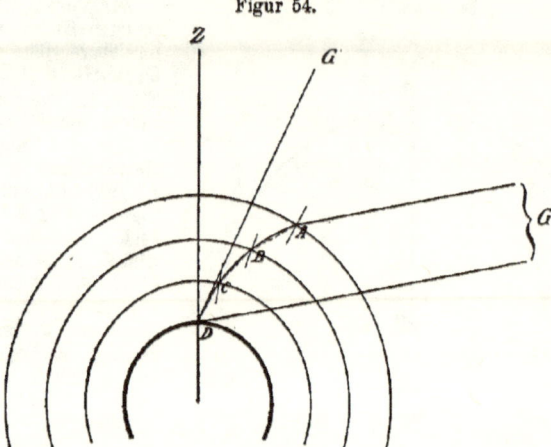

meter- und Thermometerstand abhängt, so lässt sich der Einfluss derselben aus Tafel X und XI entnehmen, doch braucht derselbe nur bei Höhen unter 10° in Rechnung gezogen zu werden.

In untenstehender Figur 55 ist:
$$h' = \sphericalangle GOS'$$
die scheinbare Höhe,
$$h = \sphericalangle GMW'$$
die wahre Höhe des Gestirns G. Da:
$$\sphericalangle GAS' = \sphericalangle GMW'$$
so ist als Aussenwinkel des Dreiecks OGA:
$$h = h' + p$$

Figur 55.

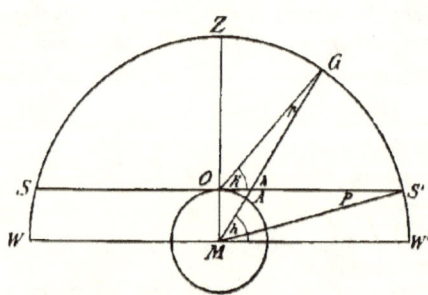

p ist die Parallaxe des Gestirns; dieselbe wird also stets zur scheinbaren Höhe addiert. Die Parallaxe nimmt ab mit wachsender Höhe und zwar ist:

Formel 56: $p = P \cdot \cos h'$,

wenn man die Parallaxe im scheinbaren Horizont, die sog. Horizontalparallaxe, welche in dem nautischen Jahrbuche angegeben ist, mit P bezeichnet. Die Parallaxe der Gestirne ist um so kleiner, je grösser die Entfernung derselben. Beim Monde beträgt die Horizontalparallaxe im Mittel 57′, bei der Sonne 9″ und bei den Planeten 1″ bis 32″. Die Parallaxe der Fixsterne ist zu vernachlässigen.

Die Höhenparallaxe der Sonne erhält man aus Tafel XV, der Planeten aus Tafel XVI des nautischen Jahrbuches.

Bei Sonne und Mond werden nicht die Kimmabstände des Mittelpunktes, sondern des Ober- und Unterrandes beobachtet. Man muss also im ersteren Falle den Halbmesser subtrahieren, im zweiten Falle addieren, um die Höhe des Mittelpunktes zu erhalten. Die Halbmesser der Gestirne sind im nautischen Jahrbuche angegeben. Die Halbmesser der Planeten bleiben unberücksichtigt, weil im Sextanten-Fernrohre die Planeten nicht als Scheiben, sondern als Punkte erscheinen.

Anmerkung 6. Bei den Beobachtungen im künstlichen Horizont (Quecksilber, Teer, Syrup oder dergleichen) beobachtet man den Winkelabstand eines Gestirnes G von seinem Spiegelbilde G', also in Figur 56:

$$\sphericalangle GAG' = 2h'.$$

In diesem Falle muss man also den gemessenen Winkel durch 2 dividieren und dann die so gefundene scheinbare Höhe durch Refraktion, Parallaxe und eventuell Halbmesser in wahre Mittelpunktshöhe verwandeln.

Figur 56.

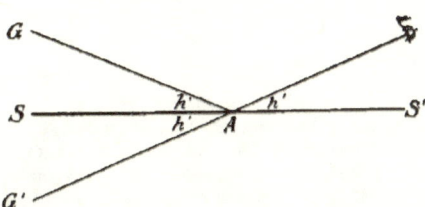

1. Aufgaben über Höhenreduktionen auf See.

Im folgenden beziehen sich die in römischen Ziffern angegebenen Tafelnummern auf die Tabellen des nautischen Jahrbuches (pag. 201 bis 276), diejenigen in arabischen Ziffern auf den Anhang dieses Buches. Die im nautischen Jahrbuche auf Sekunden angegebenen Korrektionen sind auf zehntel Minuten abgerundet.

α) Die Sonne.

Beispiel 48. Aus einer Augeshöhe von 5 m beobachtet man am 18. Mai 1901 den Kimmabstand des Sonnenunterrandes (☉) zu 62° 18'. Der Halbmesser der Sonne ist 15' 50''. Wie gross ist die wahre Mittelpunktshöhe?

Auflösung.

☉ 62° 18'
$k = -4{,}0$ (Tafel VIII)
scheinb. Höhe des Unterr. 62° 14,0'
Refr. $= -0{,}5$ (Tafel IX)
Parall. $= +0{,}1$ (Tafel XV)
wahre Höhe des Unterr. 62° 13,6'
Halbmesser $= +15{,}8$
wahre Höhe des Mittelp. 62° 29,4'.

Beispiel 49.

Aus einer Augeshöhe von 6,5 m beobachtet man am 14. Februar 1901 den Kimmabstand des Sonnenoberrandes (☉) zu 8° 45'. Der Halbmesser der Sonne ist 16' 13''. Thermometer $+24°$ C., Barometer 749 mm. Wie gross ist die wahre Mittelpunktshöhe?

Hilfsrechnung 1.

Mittl. Strahlenbr.	6' 5''	(Tafel IX)
Korr. für Thermom.	-18	(Tafel X)
Barom.	-6	(Tafel XI)
	5' 41''.	

Auflösung.

☉ 8° 45'
$k = -4{,}5$ (Tafel VIII)
scheinb. Höhe des Oberr. 8° 40,5'
Refr. $= -5{,}7$ (Hilfsr. 1)
Parall. $+0{,}1$
wahre Höhe des Oberr. 8° 34,9'
Halbmesser $= -16{,}2$
wahre Höhe des Mittelp. 8° 18,7'.

Ungelöste Aufgaben.

Aufgabe 165. Aus einer Augeshöhe von 9 m beobachtet man am 8. März 1901 den Kimmabstand des Sonnenunterrandes zu 43° 19' 30''. Der Halbmesser der Sonne ist 16' 8''. Welches ist die wahre Mittelpunktshöhe der Sonne?

Andeutung. Die Aufgaben 165 bis 170 werden analog den Beispielen 48 und 49 gelöst.

Aufgabe 166. Aus einer Augeshöhe von 7,5 m beobachtet man am 24. Juli 1901 den Kimmabstand des Sonnenoberrandes zu 9° 5′ 10″. Der Halbmesser der Sonne beträgt 15′ 46″. Thermometer — 13° C., Barometer 769 mm. Welches ist die wahre Mittelpunktshöhe der Sonne?

Aufgabe 167. Aus einer Augeshöhe von 4,5 m beobachtet man am 15. November 1901 den Kimmabstand des Sonnenunterrandes zu 65° 20′ 20″. Der Halbmesser der Sonne beträgt 16′ 12″. Welches ist die wahre Mittelpunktshöhe der Sonne?

Aufgabe 168. Aus einer Augeshöhe von 10 m beobachtet man am 28. August 1901 den Kimmabstand des Sonnenoberrandes zu 6° 18′ 40″. Der Halbmesser der Sonne beträgt 15′ 52″. Thermometer — 8° C., Barometer 765 mm. Welches ist die wahre Mittelpunktshöhe der Sonne?

Aufgabe 169. Aus einer Augeshöhe von 8,5 m beobachtet man am 13. Januar 1901 den Kimmabstand des Sonnenunterrandes zu 38° 25′ 50″. Der Halbmesser der Sonne beträgt 16′ 17″. Welches ist die wahre Mittelpunktshöhe der Sonne?

Aufgabe 170. Aus einer Augeshöhe von 5,5 m beobachtet man am 14. Juni 1901 den Kimmabstand des Sonnenoberrandes zu 4° 29′ 20″. Der Halbmesser der Sonne beträgt 15′ 46″. Thermometer — 17° C., Barometer 751 mm. Welches ist die wahre Mittelpunktshöhe der Sonne?

$\beta)$ **Fixsterne.**

Beispiel 50. Aus einer Augeshöhe von 5 m beobachtet man am 3. April 1901 den Kimmabstand von Sirius zu 8° 50′. Thermometer $+ 18°$ C., Barometer 751 mm. Welches ist die wahre Höhe von Sirius?

Auflösung.

$\quad\quad\pm\ 8°\ 50′$
$k = -4$ (Tafel VIII)
scheinb. Höhe 8° 46
Refraktion — 5,8 (Hilfsrechnung 1)
wahre Höhe 8° 40,2′.

Hilfsrechnung 1.

Mittlere Strahlenbrechung	6′ 2″	(Tafel IX)
Korr. für Thermometer	— 10″	(Tafel X)
„ Barometer	— 5″	(Tafel XI)
Refraktion	5′ 47″.	

Beispiel 51.

Aus einer Augeshöhe von 8,5 m beobachtet man am 2. Juni 1901 den Kimmabstand von Regulus zu 55° 36′. Welches ist die wahre Höhe von Regulus?

Auflösung.

$\quad\quad\pm\ 55°\ 36′$
$k = -5{,}2$ (Tafel VIII)
scheinb. Höhe 55° 30,8′
Refraktion — 0,7 (Tafel IX)
wahre Höhe 55° 30,1′.

Ungelöste Aufgaben.

Aufgabe 171. Aus einer Augeshöhe von 6 m beobachtet man am 21. August 1901 den Kimmabstand von Antares zu $31°\ 5'$. Welches ist die wahre Höhe von Antares?

Andeutung. Die Aufgaben 171 bis 173 werden analog den Beispielen 50 und 51 gelöst.

Aufgabe 172. Aus einer Augeshöhe von 3,5 m beobachtet man am 19. Mai 1901 den Kimmabstand von Rigel zu $6°\ 59'$. Thermometer $+ 24°$ C., Barometer 758 mm. Welches ist die wahre Höhe von Rigel?

Aufgabe 173. Aus einer Augeshöhe von 9 m beobachtet man am 22. November 1901 den Kimmabstand des Polarsterns zu $50°\ 50'$. Welches ist die wahre Höhe des Polarsterns?

γ) Planeten.

Beispiel 52. Aus einer Augeshöhe von 7 m beobachtet man am 12. November 1901 den Kimmabstand von Venus ($\female$) zu $8°\ 19'$. Die Horizontalparallaxe von Venus betrug $8''$. Thermometer $+ 22°$ C., Barometer 750 mm. Welches ist die wahre Höhe der Venus?

Hilfsrechnung 1.
Mittlere Strahlenbrechung $6'\ 23''$ (Tafel IX)
Korr. für Thermometer $\quad - 16''$ (Tafel X)
„ Barometer $\quad - 5''$ (Tafel XI)
Refraktion $\quad\quad\quad 6'\ 2''$.

Auflösung.

$\quad\quad\quad * \quad 8°\ 19'$
$\quad\quad\quad k = -4,7$ (Tafel VIII)
scheinb. Höhe $\quad 8°\ 14,3$
Refraktion $\quad\quad -6,0$ (Hilfsrechnung 1)
Höhenparallaxe $\quad +0,1$ (Tafel XVI)
wahre Höhe $\quad\quad 8°\ 8,4'$.

Beispiel 53.

Aus einer Augeshöhe von 5,5 m beobachtet man am 22. Oktober 1901 den Kimmabstand von Jupiter ($\jupiter$) zu $21°\ 45'$. Die Horizontalparallaxe von Jupiter beträgt $1''$. Welches ist die wahre Höhe von Jupiter?

Auflösung.

$\quad\quad\quad * \quad 21°\ 45'$
$\quad\quad\quad k = -4,2$ (Tafel VIII)
scheinb. Höhe $\quad 21°\ 40,8'$
Refraktion $\quad\quad -2,4$ (Tafel IX)
Höhenparallaxe $\quad +0,0$
wahre Höhe $\quad\quad 21°\ 38,4'$.

Ungelöste Aufgaben.

Aufgabe 174. Aus einer Augeshöhe von 8 m beobachtet man am 3. April 1901 den Kimmabstand von Saturn ($\saturn$) zu $36°\ 11'$. Die Horizontalparallaxe von Saturn beträgt $1''$. Welches ist die wahre Höhe von Saturn?

Andeutung. Die Aufgaben 174 bis 176 werden analog den Beispielen 52 und 53 gelöst.

104   Die Nautik in elementarer Behandlung.

Aufgabe 175. Aus einer Augeshöhe von 9,5 m beobachtet man am 30. September 1901 den Kimmabstand des Mars (♂) zu 16° 39'. Die Horizontalparallaxe von Mars beträgt 5". Welches ist die wahre Höhe des Mars?

Aufgabe 176. Aus einer Augeshöhe von 4 m beobachtet man am 2. September 1901 den Kimmabstand von Venus (♀) zu 10° 15'. Die Horizontalparallaxe von Venus beträgt 15". Welches ist die wahre Höhe der Venus?

δ) Der Mond.

Beispiel 54. Aus einer Augeshöhe von 6,5 m beobachtet man am 10. April 1901 den Kimmabstand des Mondunterrandes (☾) zu 43° 15'. Die Horizontalparallaxe des Mondes beträgt 55' 30" und der Halbmesser 15' 8". Welches ist die wahre Höhe des Mondmittelpunktes?

Auflösung.

$$\text{☾ } 43°\ 15'$$
$$k = -\ 4{,}5 \quad \text{(Taf. XVIII)}$$
scheinb. Höhe des Unterr. 43° 10,5'
$$\text{Refraktion} = -\ 1{,}0 \quad \text{(Taf. IX)}$$
$$\overline{43°\ 9{,}5'}$$
Höhenparallaxe $= +\ 40{,}5$ (Hilfsrech. 1)
wahre Höhe des Unterr. 43° 50,0'
Halbmesser $= +\ 15{,}1$
wahre Höhe des Mittelp. 44° 5,1'.

Hilfsrechnung 1.

Aus:
folgt:
$$p = P \cdot \cos h'$$
$$\log p = \log P + \log \cos h'$$
$$\log p = \log 55{,}5 + \log \cos 43°\ 9{,}5'$$
$$\log 55{,}5 = 1{,}7443$$
$$\log \cos 43°\ 9{,}5' = 9{,}8630 - 10$$
$$\overline{\log p = 1{,}6073}$$
$$p = 40{,}5'.$$

Beispiel 55.

Aus einer Augeshöhe von 5 m beobachtet man am 29. Juni 1901 den Kimmabstand des Mondoberrandes (☾) zu 8° 53'. Die Horizontalparallaxe des Mondes beträgt 55' 10" und der Halbmesser 15' 4". Thermometer + 18° C., Barometer 753 mm. Welches ist die wahre Höhe des Mondmittelpunktes?

Auflösung.

$$\overline{\text{☾ }} 8°\ 53'$$
$$k = -\ 4 \quad \text{(Tafel VIII)}$$
scheinb. Höhe des Oberr. 8° 49'
$$\text{Refraktion} = -\ 5{,}8' \quad \text{(Hilfsrech. 1)}$$
$$\overline{8°\ 43{,}2'}$$
Höhenparallaxe $= +\ 54{,}6$ (Hilfsrech. 2)
wahre Höhe des Oberr. 9° 37,8'
Halbmesser $= -\ 15{,}1$
wahre Höhe des Mittelp. 9° 22,7'.

Hilfsrechnung 1.

Mittlere Strahlenbrechung 6' 0" (Tafel IX)
Korrekt. für Thermometer — 10" (Tafel X)
„   „   Barometer — 4" (Tafel XI)
Refraktion 5' 46".

Hilfsrechnung 2.

Aus: $p = P \cdot \cos h'$
folgt: $\log p = \log P + \log \cos h'$
$$\log p = \log 55{,}2 + \log \cos 8°\ 43{,}2'$$
$$\log 55{,}2 = 1{,}7419$$
$$\log \cos 8°\ 43{,}2' = 9{,}9949 - 10$$
$$\overline{\log p = 1{,}7368}$$
$$p = 54{,}6'.$$

Die Schiffahrt nach astronomischen Beobachtungen. 105

Ungelöste Aufgaben.

Aufgabe 177. Aus einer Augeshöhe von 6,5 m beobachtet man am 26. September 1901 den Kimmabstand des Mondunterrandes zu $36^0\ 19'$. Die Horizontalparallaxe des Mondes beträgt $59'\ 0''$ und sein Halbmesser $16'\ 6''$. Welches ist die wahre Mittelpunktshöhe des Mondes?

Andeutung. Die Aufgaben 177 und 178 werden analog den Beispielen 54 und 55 gelöst.

Aufgabe 178. Aus einer Augeshöhe von 7 m beobachtet man am 24. Oktober 1901 den Kimmabstand des Mondoberrandes zu $20^0\ 36'$. Die Horizontalparallaxe des Mondes beträgt $59'\ 30''$ und sein Halbmesser $16'\ 15''$. Der Thermometerstand ist $+22^0$ C., der Barometerstand 755 mm. Welches ist die wahre Mittelpunktshöhe des Mondes?

2. Aufgaben über Reduktion von Höhen über dem künstlichen Horizont.

α) Die Sonne.

Beispiel 56. Am 19. Oktober 1901 beobachtet man über dem künstlichen Horizont die doppelte scheinbare Höhe des Sonnenunterrandes zu $39^0\ 15'\ 40''$. Der Halbmesser der Sonne beträgt $16'\ 5''$. Thermometer $+15^0$ C., Barometer 756 mm. Welches ist die wahre Mittelpunktshöhe der Sonne?

Hilfsrechnung 1.
Mittlere Strahlenbrechung $2'\ 42''$ (Tafel IX)
Korrekt. für Thermometer $-3''$ (Tafel X)
„   „   Barometer $-1''$ (Tafel XI)
Refraktion $2'\ 38''$.

Auflösung.
Dopp. schb. Höhe des Unterr. $39^0\ 15'\ 40''$
: 2
scheinb. Höhe des Unterr. $19^0\ 37,8'$
Refraktion $-2,6'$ (Hilfsr. 1)
$19^0\ 35,2'$
Höhenparallaxe $+0,1$ (Tafel XV)
wahre Höhe des Unterr. $19^0\ 35,3'$
Halbmesser $+16,1$
wahre Höhe des Mittelp. $19^0\ 51,4'$.

Ungelöste Aufgaben.

Aufgabe 179. Am 23. Januar 1901 beobachtet man über dem künstlichen Horizont die doppelte scheinbare Höhe des Sonnenoberrandes zu $19^0\ 15'\ 30''$. Der Halbmesser der Sonne beträgt $16'\ 16''$. Thermometer -5^0 C., Barometer 764 mm. Welches ist die wahre Mittelpunktshöhe der Sonne?

Andeutung. Die Aufgaben 179 und 180 werden analog dem Beispiel 56 gelöst.

Aufgabe 180. Am 12. Juni 1901 beobachtet man über dem künstlichen Horizont die doppelte scheinbare Höhe des Sonnenunterrandes zu $48^0\ 24'\ 10''$. Der Halbmesser der Sonne beträgt $15'\ 46''$. Welches ist die wahre Mittelpunktshöhe der Sonne?

β) Fixsterne.

Beispiel 57. Ueber dem künstlichen Horizont beobachtet man die doppelte scheinbare Höhe des Regulus zu 63° 11′ 30″. Welches ist die wahre Höhe?

Auflösung.

Doppelte scheinb. Höhe	63° 11′ 30″
	: 2
scheinb. Höhe	31° 35,8′
Refraktion	− 1,6 (Tafel IX)
wahre Höhe	31° 34,2′.

Ungelöste Aufgaben.

Aufgabe 181. Ueber dem künstlichen Horizont beobachtet man die doppelte scheinbare Höhe des Rigel zu 51° 25′ 30″. Welches ist die wahre Höhe?

Andeutung. Die Aufgaben 181 und 182 werden analog dem Beispiel 57 gelöst.

Aufgabe 182. Ueber dem künstlichen Horizont beobachtet man die doppelte scheinbare Höhe des Sirius zu 78° 39′ 20′. Welches ist die wahre Höhe?

γ) Planeten.

Beispiel 58. Am 3. April 1901 beobachtet man über dem künstlichen Horizont die doppelte scheinbare Höhe des Mars zu 35° 55′ 10″. Horizontalparallaxe 11″. Welches ist die wahre Höhe?

Auflösung.

Doppelte scheinb. Höhe	35° 55′ 10″
	: 2
scheinb. Höhe	17° 57,6′
Refraktion	− 3,0 (Tafel IX)
	17° 54,6′
Höhenparallaxe	+ 0,2 (Taf. XVI)
wahre Höhe	17° 54,8′.

Ungelöste Aufgaben.

Aufgabe 183. Am 3. September 1901 beobachtet man über dem künstlichen Horizont die doppelte scheinbare Höhe des Saturn zu 86° 39′ 50″. Horizontalparallaxe 1″. Welches ist die wahre Höhe?

Andeutung. Die Aufgaben 183 und 184 werden analog dem Beispiel 58 gelöst.

Aufgabe 184. Am 2. Januar 1901 beobachtet man über dem künstlichen Horizont die doppelte scheinbare Höhe der Venus zu 16° 21′ 30″. Horizontalparallaxe 6″. Thermometer + 24° C., Barometer 749 mm. Welches ist die wahre Höhe?

δ) Der Mond.

Beispiel 59. Am 4. März 1901 beobachtet man über dem künstlichen Horizont die doppelte scheinbare Höhe des Mondunterrandes zu 75° 36′ 20″. Die Horizontalparallaxe des Mondes beträgt 55′ 14″ und sein Halbmesser 14′ 59″. Welches ist die wahre Mittelpunktshöhe des Mondes?

Auflösung.

Dopp. schb. Höhe des Unterr.	75° 36′ 20″
	: 2
scheinb. Höhe des Unterr.	37° 48,2′
Refraktion =	− 1,2 (Taf. IX)
	37° 47,0′

Hilfsrechnung 1.

Aus: $p = P \cdot \cos h'$
folgt: $\log p = \log P + \log \cos h'$
$\log p = \log 55{,}2' + \log \cos 37° 47'$
$\log 55{,}2 = 1{,}7419$
$\log \cos 37° 47' = 9{,}8978 − 10$
$\overline{\log p = 1{,}6397}$
$p = 43{,}6'.$

Höhenparallaxe =	+ 43,6 (Hilfsr. 1)
wahre Höhe des Unterr.	38° 30,6′
Halbmesser	+ 15,0
wahre Höhe des Mittelp.	38° 45,6′.

Ungelöste Aufgaben.

Aufgabe 185. Am 7. Mai 1901 beobachtet man über dem künstlichen Horizont die doppelte scheinbare Höhe des Mondunterrandes zu 45° 35′ 20″. Die Horizontalparallaxe beträgt 55′ 22″ und der Halbmesser 15′ 7″. Welches ist die wahre Höhe des Mondmittelpunktes?

Andeutung. Die Aufgaben 185 und 186 werden analog dem Beispiel 59 gelöst.

Aufgabe 186. Am 24. Oktober 1901 beobachtet man über dem künstlichen Horizont die doppelte scheinbare Höhe des Mondoberrandes zu 109° 28′ 50″. Die Horizontalparallaxe beträgt 59′ 52″ und der Halbmesser 16′ 21″. Welches ist die wahre Höhe des Mondmittelpunktes?

b) Das Koordinatensystem des Aequators.

Figur 57.

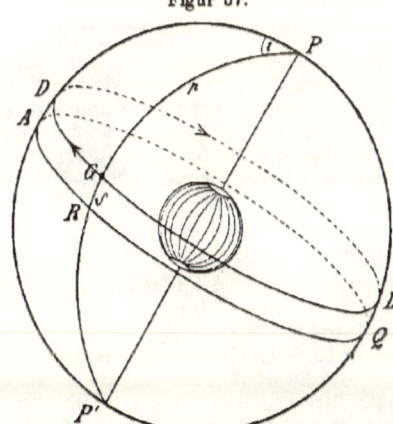

In Figur 57 bezeichnet PP' die Weltachse, $PQP'A$ den Himmelsmeridian und G den Ort eines Gestirns auf dem Deklinationskreise $PGRP'$ und auf dem Deklinationsparallele DGL, so ist ∢ t der Stundenwinkel, $GR = \delta$ die Deklination und $PG = p$ die Poldistanz des Gestirns. In D steht das Gestirn in seiner **oberen**, in L in seiner **unteren Kulmination.**

$$p = 90° \pm \delta,$$

je nachdem Breite und Deklination gleichnamig oder ungleichnamig sind.

Figur 58.

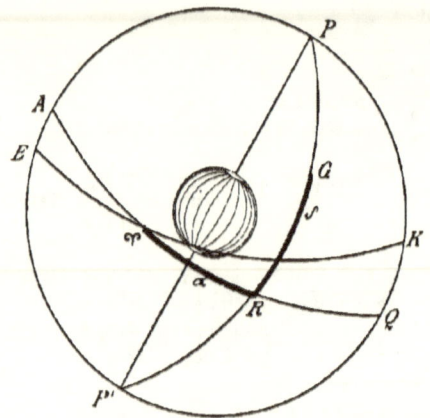

Bezeichnet in Figur 58 ♈ den Widderpunkt, also den Schnittpunkt von Aequator und Ekliptik, so ist ♈R die Rektascension α (von ♈ nach Osten herum gezählt) und GR die Deklination δ des Gestirns G.

Rektascension und Deklination bestimmen den Ort eines Gestirns am Himmel. Im nautischen Jahrbuche sind diese Koordinaten für Sonne, Mond, die vier Hauptplaneten Venus, Mars, Jupiter und Saturn, sowie für die helleren Fixsterne für bestimmte Zeiten angegeben.

Figur 59.

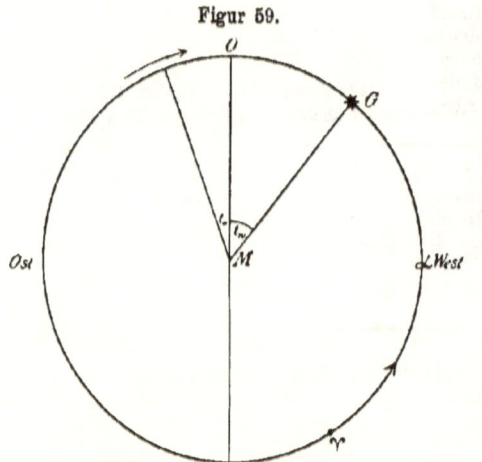

In Figur 59 gibt der Kreis den vom Nordpol des Himmels aus gesehenen Aequator an, O die obere, U die untere Kulmination.

O♈ ist der westliche Stundenwinkel des Widderpunktes oder die **Sternzeit**. Bezeichnet G den Schnittpunkt eines Gestirns mit dem Aequator, so ist ♈G die Rektascension α des Gestirns und OG sein westlicher Stundenwinkel (t_w). Dann ist:

Formel 57: Sternzeit $= \alpha + t_w$.

Für einen östlichen Stundenwinkel (t_o) ist:

Formel 58: Sternzeit $= \alpha - t_o$

und endlich für den Moment der oberen Kulmination ist:

Formel 59: Sternzeit $= \alpha$.

Wenn die Sonne in der oberen Kulmination sich befindet, ist es **wahrer Mittag**. Die Zeit bis zur nächsten oberen Kulmination, der wahre Sonnentag, wird eingeteilt in 24 Stunden. Die **wahre astronomische Ortszeit ist** der westliche Stundenwinkel der Sonne und wird von 0^h (Mittag) bis 24^h (nächster Mittag) durchgezählt. Bürgerlich teilt man den Tag in 2 mal 12 Stunden und unterscheidet Morgenzeit und Nachmittagszeit. So ist z. B.

astronomisch 4^h den 5. August = bürgerlich 4^h Nachm. den 5. August,
astronomisch 19^h den 29. April = bürgerlich 7^h Morg. den 30. April u. s. w.

Weil der Stundenwinkel der Sonne sich wegen der ungleichförmigen Bewegung der Sonne in der Ekliptik ungleichförmig ändert, ist der wahre Sonnentag nicht als Zeitmass zu verwenden und es lassen sich keine nach wahrer Ortszeit regulierte Uhren konstruieren. Für die Zwecke der Zeitmessung nimmt man eine fingierte sogenannte **mittlere Sonne** an, welche sich mit gleichförmiger Geschwindigkeit im Aequator in einem Jahre einmal von Widderpunkt zum Widderpunkt herum bewegt. Die Zeit der oberen Kulmination der mittleren Sonne an einem Orte ist der mittlere Mittag. Die mittlere Ortszeit ist der westliche Stundenwinkel der mittleren Sonne; dieselbe wird, ebenso wie die wahre Ortszeit, entweder astronomisch oder bürgerlich angegeben.

Der Unterschied der wahren und mittleren Ortszeit heisst **Zeitgleichung**. Dieselbe wird im nautischen Jahrbuch für jeden mittleren Greenwicher Mittag angegeben.

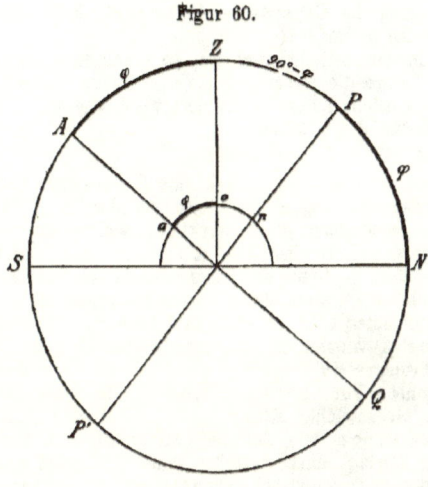

Figur 60.

Ist in Figur 60 o der Beobachtungsort, so ist $ao = \varphi$ die geographische Breite, mithin ist auch:

$$AZ = \varphi$$

und da $AP = 90°$, so ist:

$$PZ = 90° - \varphi,$$

folglich:

$$PN \text{ (Polhöhe)} = \varphi.$$

Diese Relationen führen zur Berechnung der Breite. Die Länge findet man durch Vergleichung der Ortszeit mit der Greenwicher Zeit; ist erstere grösser als letztere, so ist die Länge östlich, im umgekehrten Falle westlich. Zur Verwandlung von Zeitmass in Gradmass dienen die Relationen:

$1^h = 15°$, $4^m = 1°$, $1^m = 15'$,
$4^s = 1'$ $1^s = 0,25'.$

c) Das nautisch-astronomische Grunddreieck zwischen Zenith, Pol und Gestirn.

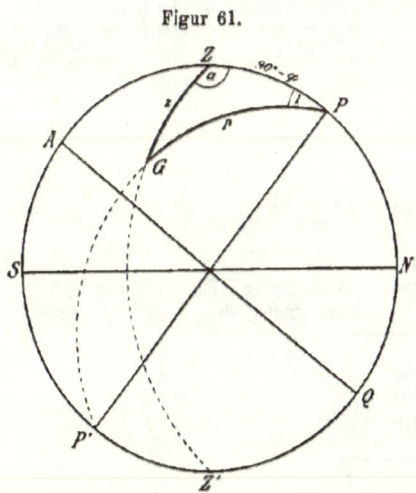

Figur 61.

Meridian, Höhenkreis und Deklinationskreis bilden das sphärische $\triangle ZPG$ in Figur 61. Die Stücke desselben sind:

Seite $PZ = 90° - \varphi$,

Seite $PG = 90° \mp \delta$

und

Seite $ZG = z = 90° - h$,

sowie:

∢ t (Stundenwinkel) bei P,

∢ a (Azimut) bei Z

und der

∢ ZGP (parallaktischer Winkel).

Dieses Dreieck liegt den meisten Aufgaben der astronomischen Nautik zu Grunde und zwar sind je nach der Natur der Aufgabe aus drei bekannten Stücken ein oder mehrere unbekannte Stücke nach den Formeln der sphärischen Trigonometrie zu berechnen.

d) Die Berechnung der Greenwicher Zeit und die Interpolation der Jahrbuchsgrössen.

Die im nautischen Jahrbuche angegebenen Grössen, wie Rektascension, Deklination, Halbmesser und Horizontalparallaxe der in Frage kommenden Gestirne, Zeitgleichung u. s. w. beziehen sich auf bestimmte Zeiten von Greenwich. Für die Entnahme dieser Grössen aus dem Jahrbuche ist daher die Ermittelung der Greenwicher Zeit unerlässliche Vorbedingung. Dieselbe wird auf doppelte Weise gefunden:

a) **Ohne Chronometer.** Wenn die Ortszeit bekannt ist, so erhält man durch Anbringung der in Zeitmass verwandelten Länge die Greenwicher Zeit. Es ist einleuchtend, dass hierbei westliche Länge addiert, östliche Länge subtrahiert werden muss. Zur Verwandlung von Gradmass in Zeitmass dienen die Relationen:

$$15^0 = 1^h, \quad 1^0 = 4^m, \quad 15' = 1^m, \quad 1' = 4^s.$$

b) **Mit Chronometer.** Das Chronometer hat den Zweck, die Greenwicher Zeit anzugeben. Da dies nie streng zu erreichen ist wegen der vielen auf den Gang des Chronometers einwirkenden Einflüsse, so nennt man die Korrektion, welche an die Chronometerzeit anzubringen ist, um mittlere Greenwicher Zeit zu ergeben, den Stand des Chronometers und zwar mit dem Vorzeichen +, wenn das Chronometer gegen mittlere Greenwicher Zeit zurück ist, mit dem Vorzeichen —, wenn das Chronometer gegen mittlere Greenwicher Zeit voraus ist. Da das Chronometer bald gewinnt, bald verliert, so ändert sich der Stand. Die Zeitgrösse, welche angibt, wieviel das Chronometer täglich gewinnt oder verliert, heisst täglicher Gang des Chronometers. Gewinnender Gang wird mit dem Vorzeichen —, verlierender mit + bezeichnet. Vor Antritt der Reise werden Stand und Gang des Chronometers für den mittleren Greenwicher Mittag des betreffenden Datums bestimmt. Durch Anbringung des täglichen Ganges von Tag zu Tag erhält man dann den Stand für jeden mittleren Greenwicher Mittag, durch welchen dann für irgend eine Zeit auf See aus der Chronometerzeit die mittlere Greenwicher Zeit abgeleitet werden kann.

Beispiel 60.

Die wahre Ortszeit in $53^0\,23'$ N und $36^0\,18'$ W ist $5^h\,16^m$ morg. den 3. Mai 1901. Welches ist die wahre Greenwicher Zeit?

Hilfsrechnung 1.

$$30^0 = 2^h$$
$$6^0 = 24^m$$
$$15' = 1^m$$
$$8' = 12^s$$
$$\overline{36^0\,18' = 2^h\,25^m\,12^s.}$$

Auflösung.

Wahre Ortszeit $= 5^h\,16^m$ morg. 3./5. 1901
Länge in Zeit $= 2^h\,25^m\,12^s$ W (Hilfsr. 1)
$\overline{\text{Wahre Gr. Zeit} = 7^h\,41^m\,12^s \text{ morg. 3./5. 1901.}}$

Ungelöste Aufgaben.

Aufgabe 187. Die wahre Ortszeit in $20^0\,59'$ S und $118^0\,27'$ W ist $8^h\,11^m\,13^s$ nachm. 5./8. 1901. Welches ist die wahre Greenwicher Zeit?

Andeutung. Die Aufgaben 187 bis 189 werden analog dem Beispiel 60 gelöst.

Aufgabe 188. Die wahre Ortszeit in $61^0\,15'$ N und $179^0\,23'$ O ist $11^h\,27^m\,48^s$ morg. 13./1. 1901. Welches ist die wahre Greenwicher Zeit?

Aufgabe 189. Die wahre Ortszeit in $12^0\,48'$ S und $133^0\,56'$ O ist $2^h\,29^m\,48^s$ nachm. 1./8. 1901. Welches ist die wahre Greenwicher Zeit?

Die Schiffahrt nach astronomischen Beobachtungen.   111

Beispiel 61.

Am 18. Februar 1901 im mittl. Greenw. Mittag ist der Chronometerstand $+17^m\ 48^s$ (zurück), täglicher Gang $-5{,}5^s$ (gewinnend). Welches ist der Stand um ungefähr 6^h morg. 30./3. 1901 mittl. Greenwicher Zeit?

Hilfsrechnung 1.
Von Mittag 18./2. bis Mittag 28./2. sind 10 Tage.
Von Mittag 28./2. bis Mittag 29./3. sind 29 Tage.
Von Mittag 29./3. bis 6^h mg. 30./3. sind 0,8 Tage.
$\overline{\qquad\qquad\qquad\qquad\qquad 39{,}8\ \text{Tage.}}$

Auflösung.
Stand 18./2. $+17^m\ 48^s$ im mittl. Greenw. Mitt.
$39{,}8 \cdot 5{,}5^s = -\ 3^m\ 39^s$ (Hilfsrechnung 1)
Stand 30./3. $+14^m\ 9^s$ um 6^h mg. m. Gr. Zeit.

Ungelöste Aufgaben.

Aufgabe 190. Am 17. August 1901 im mittl. Greenw. Mittag ist der Chronometerstand $-48^m\ 11^s$ (vor), tägl. Gang $+3{,}6^s$ (verlierend). Welches ist der Stand um ungefähr 8^h nachm. 3./9. mittl. Greenw. Zeit?

Andeutung. Die Aufgaben 190 bis 192 werden analog dem Beispiel 61 gelöst.

Aufgabe 191. Am 24. März 1901 im mittl. Greenw. Mittag ist der Chronometerstand $+13^m\ 26^s$ (nach), tägl. Gang $+4{,}2^s$ (verlierend). Welches ist der Stand um ungefähr 10^h morg. 2./5. 1901 mittl. Gr. Zeit?

Aufgabe 192. Am 20. Oktober 1901 im mittl. Greenw. Mittag ist der Chronometerstand $-24^m\ 56^s$ (vor), tägl. Gang $-0{,}9^s$ (gewinnend). Welches ist der Stand am 11. Dezember 1901 um ungefähr 2^h morg. mittl. Greenw. Zeit?

Die Anordnung des nautischen Jahrbuches und der Gebrauch der angegebenen Grössen ist auf Seite XIV bis XXXII desselben angegeben. Daher sollen hier nur einige Beispiele und Aufgaben über die Interpolation von Jahrbuchsgrössen Aufnahme finden.

Beispiel 62.

Wie gross ist die Deklination der Sonne und die Zeitgleichung um $3^h\ 16^m\ 5^s$ nachm. mittl. Greenw. Zeit am 11. August 1901?

Auflösung.
1. $\odot \delta = 15° 24'\ 58''$ N um 0^h nachm. 11./8.
$3{,}3 \cdot 44{,}5'' = -\ 2'\ 27''$
$\overline{\odot \delta = 15° 22'\ 31''\ \text{N um } 3{,}3^h\ \text{nachm. 11./8.}}$

2. Zeitgl. $= +5^m\ 5{,}6^s$ um 0^h nachm. 11./8.
$3{,}3 \cdot 0{,}39 = -\ 1{,}3^s$
$\overline{\text{Zeitgl.} = +5^m\ 4{,}3^s\ \text{um } 3{,}3^h\ \text{nachm. 11./8.}}$

Beispiel 63.

Wie gross ist die Deklination der Sonne um $8^h\ 20^m$ morg. wahre Greenw. Zeit am 13. Februar 1901?

Auflösung.
$\odot \delta = 13° 29'\ 2''$ S um 0^h nachm. 13./2.
$3{,}7 \cdot 50{,}0'' = +\ 3'\ 5''$
$\overline{\odot \delta = 13° 32'\ 7''\ \text{S um } 3{,}3^h\ \text{morg. 13./2.}}$

Beispiel 64.

Welches ist die Rektascension der mittleren Sonne um $8^h\ 19^m\ 36^s$ nachm. mittlerer Greenwicher Zeit den 11. April 1901?

Auflösung.

$$m \odot \alpha = 1^h\ 16^m\ 1{,}5^s \text{ um } 0^h \text{ nachm. } 11./4.$$

Korr. für $\quad 8^h \ldots + 1^m\ 18{,}9$
$\quad\quad\quad\quad\ 19^m \ \ + \quad\ 3{,}1$
$\quad\quad \text{„}\quad\ 36^s \ \ + \quad\ 0{,}1$

$$m \odot \alpha = 1^h\ 17^m\ 23{,}6^s \text{ um } 8^h\ 19^m\ 36^s \text{ nachm. } 11./4.$$

Anmerkung 7. Bei dieser Grösse liegt der Einrichtung des nautischen Jahrbuches und der Tafel III eine etwas andere Auffassung zu Grunde. Aus Figur 59 folgt, dass wenn die mittlere Sonne kulminiert, die Sternzeit gleich der Rektascension der mittleren Sonne ist. Im mittleren Greenwicher Mittag ist also Sternzeit $= m \odot \alpha$. Daher ist die Rektascension der mittleren Sonne im nautischen Jahrbuch auf Seite II jeden Monats in der dritten Spalte unter der Rubrik „Sternzeit" zu suchen. Um nach diesen für die mittleren Greenw. Mittage angegebenen Werten den Wert für irgend eine andere mittlere Greenw. Zeit zu berechnen, benutzt man Tafel III unter Benutzung der aus der Auflösung zu Beispiel 64 ersichtlichen Modifikation.

Beispiel 65.

Wie gross ist der Halbmesser und die Horizontalparallaxe des Mondes am 27. Februar 1901 um $8^h\ 23^m$ mg. m. Greenw. Zeit?

Auflösung.

1. $\mathbb{C}\ \rho = 15'\ 46''$ um 12^h nachm. 26./2.
$\qquad\quad\ 15'\ 41''$ um $\ 0^h$ nachm. 27./2.
$12 : \overline{5} = 8{,}4 : x$
$\quad\ x = 4''$
$\quad\ 15'\ 46''$
$\mathbb{C}\ \rho = 15'\ 42''$ um $8{,}4^h$ morg. 27./2.

2. $\mathbb{C}\ \pi = 57'\ 47''$ um 12^h nachm. 26./2.
$\qquad\quad\ 57'\ 29''$ um $\ 0^h$ nachm. 27./2.
$12 : \overline{18} = 8{,}4 : x$
$\quad\ x = 13''$
$\quad\ 57'\ 47''$
$\mathbb{C}\ \pi = 57'\ 34''$ um $8{,}4^h$ morg. 27./2.

Beispiel 66.

Wie gross ist die Rektascension und Deklination des Mondes am 7. Februar 1901 um $5^h\ 37^m\ 40^s$ nachm. m. Greenw. Zeit?

Auflösung.

1. $\mathbb{C}\ \alpha = 12^h\ 11^m\ 23{,}3^s$ um 6^h nachm. 7./2.
$22{,}3 \cdot 1{,}873^s = -41{,}8$
$\mathbb{C}\ \alpha = 12^h\ 10^m\ 41{,}5^s$ um $5^h\ 37{,}7^m$ nachm. 7./2.

2. $\mathbb{C}\ \delta = 5°\ 36'\ 51''$ S um 6^h nachm. 7./2.
$22{,}3 \cdot 104{,}8 = -38'\ 53''$
$\mathbb{C}\ \delta = 4°\ 57'\ 58''$ S um $5^h\ 37{,}7^m$ nachm. 7./2.

Beispiel 67.

Wie gross ist die Rektascension, Deklination, Halbmesser und Horizontalparallaxe der Venus am 11. November 1901 um $10^h\ 25^m$ nachm. m. Greenw. Zeit?

Auflösung.

1. $♀\ \alpha = 18^h\ 18^m\ 29{,}5^s$ um 0^h nachm. 11./11.
$10{,}4 \cdot 12{,}45^s = + 2^m\ 9{,}5^s$
$♀\ \alpha = 18^h\ 20^m\ 39{,}0^s$ um $10{,}4^h$ nachm. 11./11.

2. $\venus\,\delta = 26°16'39''$ S um 0^h nachm. 11./11.
$\underline{10,4 \cdot 3,8'' = -40''}$
$\venus\,\delta = 26°14'59''$ S um $10,4^h$ nachm. 11./11.
3. $\venus\,\varrho = 5''$.
4. $\venus\,\pi = 5''$.

Beispiel 68.

Wie gross ist die Rektascension und Deklination des Polarsterns (α urs. min.) am 23. September 1901?

Auflösung.
1. Polaris $\alpha = 1^h\,24^m\,35^s$ (Seite 174 des Nautischen Jahrbuchs).
2. Polaris $\delta = 88°46'55''$ N (Seite 174 des Nautischen Jahrbuchs).

Ungelöste Aufgaben.

Aufgabe 193. Wie gross ist die Deklination und der Halbmesser der Sonne, die Zeitgleichung, die Rektascension, Deklination, Halbmesser und Horizontalparallaxe des Mondes und der vier Hauptplaneten Venus, Mars, Jupiter und Saturn, die Rektascension der mittleren Sonne, sowie die Rektascension und Deklination von Rigel und Fomalhaus am 21. April 1901 um $3^h\,27^m\,48^s$ morg. m. Greenw. Zeit?

Andeutung. Die Aufgaben 193 bis 195 werden analog den Beispielen 62 bis 68 gelöst.

Aufgabe 194. Wie gross ist die Deklination und der Halbmesser der Sonne, die Zeitgleichung, die Rektascension, Deklination, Halbmesser und Horizontalparallaxe des Mondes und der vier Hauptplaneten Venus, Mars, Jupiter und Saturn, die Rektascension der mittleren Sonne, sowie die Rektascension und Deklination von Aldebaran und Capella am 1. August 1901 um $11^h\,27^m\,31^s$ nachm. m. Greenw. Zeit?

Aufgabe 195. Wie gross ist die Deklination der Sonne am 29. Oktober 1901 um $8^h\,27^m$ nachm. wahre Greenwicher Zeit?

e) Die Ermittelung der Stundenwinkel der Gestirne.

Bei den meisten nautisch-astronomischen Rechnungen ist bei der Auflösung des sphärischen Dreiecks zwischen Zenith, Pol und Gestirn (Seite 109) der Stundenwinkel des beobachteten Gestirns als gegebenes Stück in Rechnung zu setzen. Derselbe wird mit Hilfe des Chronometers in der folgenden Weise bestimmt:

α) Die Sonne.

Nachdem man durch Anbringung des Chronometerstandes an die Chronometerzeit die mittlere Greenw. Zeit und aus dieser mit Hilfe der Länge die mittlere Ortszeit gefunden, berechnet man durch Anbringung der Zeitgleichung (mit entgegengesetztem Vorzeichen!) die wahre Ortszeit. Ist dieselbe nachmittags, so ist sie gleich dem westlichen Stundenwinkel der Sonne; ist dieselbe dagegen morgens, so muss man sie von 12^h subtrahieren, um den östlichen Stundenwinkel der Sonne zu erhalten.

Beispiel 69.

Wie gross ist der Stundenwinkel der Sonne in $154^0\ 13'$ O am 11. August 1901 morgens, wenn ein Chronometer, dessen Stand $+ 13^m\ 28^s$ beträgt, $8^h\ 12^m\ 15^s$ nachm. zeigt?

Hilfsrechnung 1.

$150^0 = 10^h$
$4^0 = 16^m$
$13' = 52^s$
$\overline{154^0\ 13' = 10^h\ 16^m\ 52^s}$

Hilfsrechnung 2.

Zeitgl. $= + 5^m\ 14{,}4^s$ um 0^h nachm. 10./8.
$8{,}4 \cdot 0{,}37^s = - 3{,}1$
$\overline{\text{Zeitgl.} = + 5^m\ 11^s}$ um $8{,}4^h$ nachm. 10./8.

Auflösung.

Chronzt. $8^h\ 12^m\ 15^s$ nachm.
Stand $+ 13^m\ 28^s$
m. Gr. Zt. $8^h\ 25^m\ 43^s$ nachm. 10./8.
Länge in Zeit $+ 10^h\ 16^m\ 52^s$ O (Hilfsr. 1)
m. Ortszt. $6^h\ 42^m\ 35^s$ morg. 11./8.
Zeitgleichung $- 5^m\ 11^s$
Wahre Ortszeit $6^h\ 37^m\ 24^s$ morg. 11./8.
$\odot t = 5^h\ 22^m\ 36^s$ O.

Ungelöste Aufgaben.

Aufgabe 196. Wie gross ist der Stundenwinkel der Sonne in $63^0\ 54'$ W am 2. Februar 1901 nachmittags, wenn ein Chronometer, dessen Stand $- 49^m\ 7^s$ ist, $10^h\ 21^m\ 44^s$ nachmittags zeigt?

Andeutung. Die Aufgaben 196 bis 198 werden analog dem Beispiel 69 gelöst.

Aufgabe 197. Wie gross ist der Stundenwinkel der Sonne in $111^0\ 5'$ O am 28. März 1901 morgens, wenn ein Chronometer, dessen Stand $+ 8^m\ 51^s$ beträgt, $3^h\ 28^m\ 54^s$ nachm. zeigt?

Aufgabe 198. Wie gross ist der Stundenwinkel der Sonne in $73^0\ 16'$ W am 17. Juli 1901 morgens, wenn ein Chronometer, dessen Stand $- 30^m\ 22^s$ nachm. zeigt?

β) Die übrigen Gestirne.

Wendet man die Formel 57 von Seite 108 auf die mittlere Sonne an, so ist:

Formel 60: Sternzeit $= m \odot \alpha +$ westlicher Stundenwinkel der mittleren Sonne, in welcher der westliche Stundenwinkel der mittleren Sonne gleich der astronomisch gezählten (von Mittag ab gerechneten) mittleren Ortszeit ist. Nachdem also die mittlere Ortszeit wie bei der Sonne gefunden, rechnet man dieselbe astronomisch und addiert sie so zur Rektaszension der mittleren Ortszeit, so erhält man die Sternzeit. Ferner folgt aus der Gleichung 57:

Sternzeit $= {}_*\alpha +$ westl. t

die Relation:

Formel 61: Sternzeit $- {}_*\alpha =$ westl. t.

Um also bei bekannter Sternzeit den Stundenwinkel eines beliebigen Gestirns zu finden, subtrahiert man von der Sternzeit die Rektaszension des Gestirns, so erhält man

Die Schiffahrt nach astronomischen Beobachtungen. 115

den westlichen Stundenwinkel des Gestirns. Ist derselbe grösser als 12^h, so kann man den östlichen Stundenwinkel finden, indem man den westlichen von 24^h subtrahiert.

Hierbei ist zu bemerken, dass, wenn die Sternzeit kleiner ist als die Rektascension, man erstere um 24^h vergrössern muss, um die Subtraktion ausführen zu können.

Beispiel 70.

Wie gross ist der Stundenwinkel des Sirius in $20^0\ 36'$ O am 3. November 1901 abends, wenn ein Chronometer, dessen Stand $+ 19^m\ 22^s$ ist, $6^h\ 11^m\ 25^s$ nachm. zeigt?

Hilfsrechnung 1.

$15^0 = 1^h$
$5^0 = 20^m$
$30' = 2^m$
$6' = 24^s$
$\overline{20^0\ 36' = 1^h\ 22^m\ 24^s}$

Hilfsrechnung 2.

$m \odot \alpha = 14^h\ 48^m\ 11,7^s$ um 0^h nachm. 3./11.
Korr. für $6^h = + 0^m\ 59,1^s$
„ „ $31^m = + 0^m\ 5,1^s$
$\overline{m \odot \alpha = 14^h\ 49^m\ 16^s}$ um $6,5^h$ nachm. 3./11.

Auflösung.

Chron. $6^h\ 11^m\ 25^s$ nachm.
Stand $= + 19\ \ 22$
$\overline{\text{m. Grw. Zt. } 6^h\ 30^m\ 47^s}$ nachm. 3./11.
Länge $+1\ 22\ 24$ O (Hilfsrechnung 1)
$\overline{\text{m. Ortszt. } 7^h\ 53^m\ 11^s}$ nachm. 3./11.
$m \odot \alpha = 14\ 49\ 16$ (Hilfsrechnung 2)
$\overline{\text{Sternzeit } 22^h\ 42^m\ 27^s}$
Sirius $\alpha = 6\ 40\ 50$
$\overline{\text{Sirius } t = 16^h\ 1^m\ 37^s}$ W oder
$= 7\ 58\ 23$ O.

Beispiel 71.

Wie gross ist der Stundenwinkel des Jupiter am 13. Mai 1901 in $85^0\ 16'$ W abends, wenn ein Chronometer, dessen Stand $- 3^m\ 52^s$ beträgt, $1^h\ 15^m\ 26^s$ morg. zeigt?

Hilfsrechnung 1.

$75^0 = 5^h$
$10^0 = 40^m$
$15' = 1^m$
$1' = 4^s$
$\overline{85^0\ 16' = 5^h\ 41^m\ 4^s}$

Hilfsrechnung 2.

$m \odot \alpha = 3^h\ 22^m\ 11,2^s$ um 0^h nachm. 13./5.
Korr. für $13^h = + 2\ \ 8,1$
„ „ $12^m = + 0\ \ 2,0$
$\overline{m \odot \alpha = 3^h\ 24^m\ 21^s}$ um $1,2^h$ morg. 14./5.

Hilfsrechnung 3.

$\text{2}\!\!\!\downarrow \alpha = 18^h\ 55^m\ 37,3^s$ um 0^h nachm. 13./15.
$13,2 \cdot 0,44 = - 0\ \ 5,8$
$\overline{\text{2}\!\!\!\downarrow \alpha = 18^h\ 55^m\ 32^s}$ um $1,2^h$ morg. 14./5.

Auflösung.

Chron. $1^h\ 15^m\ 26^s$ morg.
Stand $= - 3\ 52$
$\overline{\text{m. Greenw. Zeit } 1^h\ 11^m\ 34^s}$ morg. 14./5.
Länge $= - 5\ 41\ 4$ W (Hilfsrechn. 1)
$\overline{\text{m. Ortszt. } 7^h\ 30^m\ 30^s}$ nachm. 13./5.
$m \odot \alpha = 3\ 24\ 21$ (Hilfsrechnung 2)
$\overline{\text{Sternzeit } 10^h\ 54^m\ 51^s}$
$\text{2}\!\!\!\downarrow \alpha = 18\ 55\ 32$ (Hilfsrechnung 3)
$\overline{\text{2}\!\!\!\downarrow t = 15^h\ 59^m\ 19^s}$ W oder
$8^h\ 0^m\ 41^s$ O.

Ungelöste Aufgaben.

Aufgabe 199. Wie gross ist der Stundenwinkel des Aldebaran am 21. August 1901 in $27^0\ 13'$ O morgens, wenn ein Chronometer, dessen Stand $- 15^m\ 15^s$ beträgt, $3^h\ 59^m\ 28^s$ morg. zeigt?

Andeutung. Die Aufgaben 199 bis 201 werden analog den Beispielen 70 und 71 gelöst.

Aufgabe 200. Wie gross ist der Stundenwinkel des Mars am 24. Januar 1901 morgens in 100° 53′ W, wenn ein Chronometer, dessen Stand $+27^m 13^s$ beträgt, $9^h 14^m 41^s$ morgens zeigt?

Aufgabe 201. Wie gross ist der Stundenwinkel des Mondes am 29. Oktober 1901 nachmittags in 169° 49′ O, wenn ein Chronometer, dessen Stand $+2^m 58^s$ beträgt, $11^h 29^m 13^s$ morgens zeigt?

II. Die nautisch-astronomische Ortsbestimmung.

a) Die Höhengleiche als Grundlage der astronomischen Ortsbestimmung.

Frage 59. Welches ist die allgemeine Grundlage für alle nautisch-astronomische Ortsbestimmung durch Gestirnhöhen?

Antwort. Als allgemeine Grundlage der nautisch-astronomischen Ortsbestimmung dient der Umstand, dass jeder beobachteten Höhe irgend eines Gestirns auf der Erdoberfläche ein kleinerer Kreis als geometrischer Ort entspricht, auf welchem sich das Schiff zufolge jener Höhenbeobachtung irgendwo befinden muss. Zur Kenntnis dieses Kreises gelangt man in der folgenden Weise:

In Figur 62 bezeichne PP' die Weltachse, pp' die Erdachse und ebenso AQ den Himmelsäquator, aq den Erdäquator. G sei der Ort eines Gestirns am Himmel, dessen Höhe h oder Zenithdistanz z beobachtet worden ist. Beschreibt man dann an der Himmelskugel um G als Mittelpunkt mit z als sphärischem Radius einen kleineren Kreis, so liegen auf diesem Kreise die Zenithe aller derjenigen Orte auf der Erdoberfläche, in welchen man dieselbe Zenithdistanz z messen würde. Verbindet man also G mit dem Erdmittelpunkte M und bezeichnet mit g den Punkt, in welchem die Erdoberfläche von MG geschnitten wird, den sog. Projektionspunkt des Gestirns, so gibt der um g mit z beschriebene kleinere Kreis auf der Erdoberfläche den geometrischen Ort derjenigen

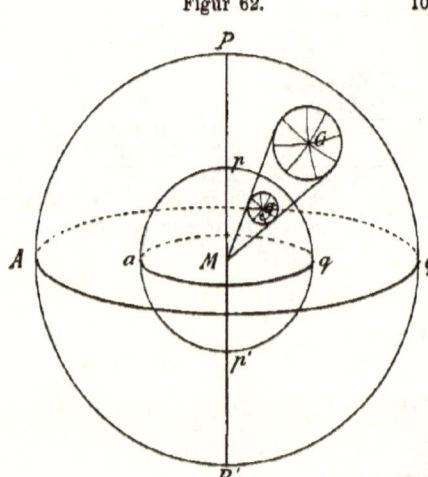

Figur 62.

Punkte an, in welchen man dieselbe Zenithdistanz z (oder Höhe h) messen würde. Dieser Kreis heisst daher **Höhengleiche**.

Anmerkung 8. Die umstehende Antwort lässt sich in Kürze auch so zusammenfassen: Zu jeder Höhenbeobachtung irgend eines Gestirns gehört als geometrischer Ort auf der Erdoberfläche derjenige Kreis, dessen Mittelpunkt der Projektionspunkt des Gestirns im Angenblicke der Beobachtung und dessen sphärischer Halbmesser die wahre Zenithdistanz ist.

Frage 60. Wie wird die Lage des Mittelpunktes der Höhengleiche bestimmt?

Figur 63.

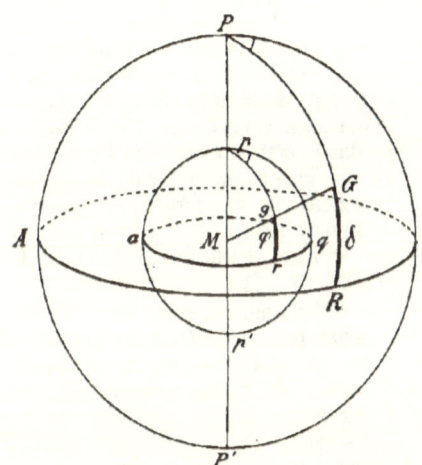

Antwort. Bezeichnet in nebenstehender Figur 63 G den Ort eines Gestirns am Himmel und g seinen Projektionspunkt, ferner der Kreis $APQP'$ resp. $apqp'$ den Himmels- resp. Erdmeridian von Greenwich, so ist, in Bogenmass gemessen,

$$gr = GR;$$

d. h. die Breite des Projektionspunktes eines Gestirns ist gleich der Deklination desselben und mit derselben gleichnamig.

Ebenso ist:

$$\sphericalangle GPQ = gpq;$$

d. h. die Länge des Projektionspunktes eines Gestirns ist gleich dem Greenwicher Stundenwinkel desselben und mit demselben gleichnamig.

Frage 61. Lässt sich nach dem Vorstehenden die Höhengleiche zum Zwecke der Ortsbestimmung auf einer die Erde darstellenden Kugel durch Konstruktion finden?

Antwort. Wenn eine genügend grosse Kugel zur Verfügung stände, so liesse sich auf derselben nach der Antwort auf Frage 59 der Projektionspunkt des beobachteten Gestirns angeben und durch Beschreibung eines Kreises um denselben mit dem sphärischen Radius z die Höhengleiche konstruieren. Da eine zweite Höhenbeobachtung eines andern Gestirns eine zweite Höhengleiche liefern würde, so würde der Schiffsort einer der beiden Schnittpunkte der Höhenkreise sein, zwischen welchen die Entscheidung dann durch den aus der Besteckrechnung angenähert bekannten Schiffsort sich ergeben würde. Weil aber erst auf einer Kugel von 7 m Durchmesser eine Bogenminute eines grössten Kreises gleich 1 mm sein würde, so muss die Konstruktion durch die Rechnung ersetzt werden.

Frage 62. In welchem Dreiecke muss diese Rechnung ausgeführt werden?

Figur 64.

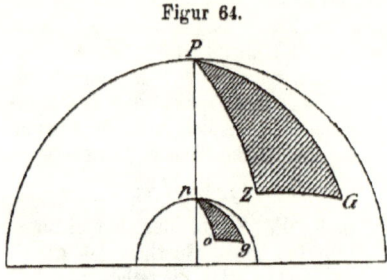

Figur 65.

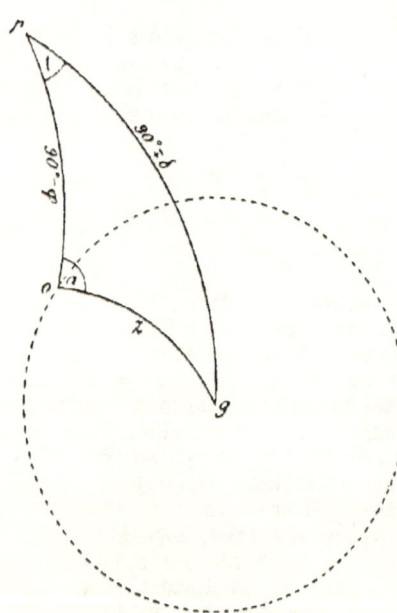

Antwort. Bezeichnet in nebenstehender Figur 64 P den Himmelspol, p den Erdpol, G den Ort eines Gestirns am Himmel, g dessen Projektionspunkt und endlich Z das Zenith des Beobachtungsortes o, so ist $\triangle PZG$ das bekannte Fundamentaldreieck zwischen Zenith, Pol und Gestirn. Da aber $\triangle pog$ die terrestrische Projektion desselben, mithin demselben ähnlich ist, so sind die Stücke der beiden Dreiecke der Reihe nach einander gleich. Mithin ist po das Komplement der Breite, $90^0 - \varphi$, pg die Poldistanz, $90^0 \mp \delta$ und og die Zenithdistanz z; ferner $\sphericalangle opg = t$ (Stundenwinkel), $\sphericalangle pog = a$ (Azimut) und $\sphericalangle pgo$ gleich dem parallaktischen Winkel.

Wenn nun an einem Orte die Höhe eines bekannten Gestirns beobachtet ist, so ist im $\triangle pog$ (Figur 65) bekannt die Seite $pg = 90^0 \mp \delta$ und die Seite $og = z$. Da aber zur Berechnung eines sphärischen Dreiecks drei Stücke bekannt sein müssen, so lässt sich der Schiffsort o auf der punktiert gezeichneten Höhengleiche aus einer einzigen Höhe nicht berechnen. Vielmehr wäre im allgemeinen zur Berechnung der Breite ($po = 90^0 - \varphi$) die Kenntnis des Stundenwinkels t, mithin nach dem Verfahren von Seite 113 u. 114 die Kenntnis der Länge erforderlich, und ebenso müsste auch umgekehrt die Breite bekannt sein, um den Stundenwinkel t, und hieraus die Länge berechnen zu können. Dagegen gibt es drei spezielle Fälle, in welchen die Breite ohne genaue Kenntnis der Länge, oder die Länge ohne genaue Kenntnis der Breite berechnet werden kann.

b) Die Bestimmung der Breite durch Meridianhöhen (Meridianbreiten).

Frage 63. In welcher Lage des Dreiecks pog (Figur 65) lässt sich die Breite ohne genaue Kenntnis der Länge finden?

Antwort. Wenn o auf pg oder dessen Verlängerung liegt, d. h. wenn das Gestirn im Meridian des Beobachtungsortes steht in seiner oberen oder unteren Kulmination. In diesen Lagen ist nämlich die Seite po entweder gleich der Differenz oder der Summe der beiden gegebenen Seiten $90^0 \mp \delta$ und z.

1. Höhen im oberen Meridian.

Frage 64. Wie beobachtet man die Höhe eines Gestirns im oberen Meridian?

Erkl. 68. Da jedes Gestirn bei der Meridianpassage in der Richtung Nord oder Süd zum Beobachter steht, so gibt der Kompass unter Berücksichtigung der Missweisung einen Anhaltspunkt dafür, wann mit dem Messen der Höhen zu beginnen ist. Genauer verfährt man, wenn man die Ortszeit der Kulmination vorher berechnet.

Antwort. Da die Höhe eines Gestirns im oberen Meridian die grösste Höhe ist, so verfolgt man einige Zeit vor der Meridianpassage des zu beobachtenden Gestirns (bei der Sonne vor dem wahren Mittage) die Höhen desselben mit dem Sextanten, bis dieselben ihren grössten Wert erreichen und wieder abzunehmen beginnen. Die Ablesung am Sextanten, eventuell korrigiert wegen etwaiger Instrumentalfehler, gibt dann den beobachteten Kimmabstand im oberen Meridian an.

Frage 65. Wie findet man aus einer beobachteten Meridianhöhe eines Gestirns im oberen Meridian die Breite des Beobachtungsortes?

Antwort. In umstehender Figur 66 bezeichne der Kreis den Meridian des Beobachtungsortes und zwar der linke Halbkreis den oberen Meridian, in welchem der Beobachtungsort liegt, der rechte den unteren Meridian. Da die Breite des Projektionspunktes des beobachteten Gestirns gleich der Deklination desselben ist, so findet man g, indem man δ von a aus nach N oder S abträgt, je nachdem die Deklination nördlich oder südlich ist. Da og gleich der Zenithdistanz z ist, so trägt man von g aus den Bogen z auf dem Meridian ab und zwar, wenn die Höhe über dem Südpunkte des Horizontes gemessen ist, nach Norden, wenn dagegen die Höhe über dem Nordpunkte des Horizontes

Die Nautik in elementarer Behandlung.

Figur 66.

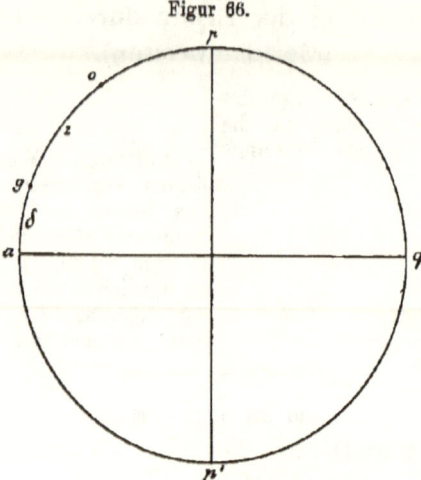

Erkl. 69. Es empfiehlt sich für Anfänger, die Meridianfigur in einer rohen Skizze vor Ausführung der Rechnung zu zeichnen.

gemessen ist, nach Süden. Der Grund hierfür liegt darin, dass, wenn das Gestirn südlich vom Beobachter steht, g südlich von o, mithin o nördlich von g liegen muss. Wenn dagegen das Gestirn nördlich vom Beobachter steht, so liegt g nördlich von o, also o südlich von g. Aus dieser Betrachtung folgt, dass man die Breite des Beobachtungsortes o erhält, indem man die algebraische Summe von Zenithdistanz und Deklination bildet, wobei die Zenithdistanz den entgegengesetzten Namen der Höhe hat.

Beispiel 72. (Sonne.)

Am 19. Oktober 1901 in etwa 50° 56′ N und 35° W (nach Besteckrechnung) beobachtet man aus 6 m Augeshöhe den Kimmabstand ☉ 28° 55′ über dem Südpunkt des Horizontes. Welche Breite folgt hieraus?

Figur 67.

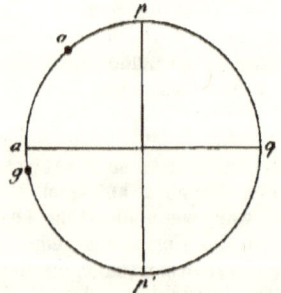

Auflösung.

Wahre Ortszeit 0ʰ 0ᵐ nachm. 19./10.
Länge in Zeit + 2 20 W (Hilfsr. 1)

wahre Greenw. Zeit 2ʰ 20ᵐ nachm. 19./10.

Kimmabstand ☉ 28° 55′ S
$k = -$ 4,4 (Tafel VIII)

scheinb. Höhe d. Unterr. 28° 50,6′ S
Refraktion $= -$ 1,8 (Tafel IX)
Höhenparallaxe $= +$ 0,1 (Tafel XV)

wahre Höhe d. Unterr. 28° 48,9′ S
Halbmesser $= +$ 16,1 (Naut. Jb. S. 129)

wahre Höhe des Mittelp. 29° 5,0′ S
$z = 60° 55,0′$ N
☉ $\delta = \ \ 9° 51,7′$ S

$\varphi = 51° \ 3,3′$ N.

Hilfsrechnung 1.

$30^0 = 2^h$
$\underline{5^0 = 20^m}$
$35^0 = 2^h 20^m$.

Hilfsrechnung 2.

$\odot \delta = 9^0 49' 36'' $ S um 9^h nachm. 19./10. w. Greenw. Zeit
$2{,}3 \cdot 54{,}2'' = + 2 \; 5$
$\overline{\odot \delta^2 = 9^0 51{,}7'\text{ S um } 2{,}3^h}$ nachm. 19./10. w. Greenw. Zeit
$\odot \varrho = \;\; 16{,}1'$.

Ungelöste Aufgaben.

Aufgabe 202. Am 15. Juli 1901 in etwa 41° 20′ S und 83° O (nach Besteckrechnung) beobachtet man aus 5 m Augeshöhe den Kimmabstand ☽ 27° 37 über dem Nordpunkte des Horizontes. Welche Breite folgt hieraus?

Andeutung. Die Aufgaben 202 bis 205 werden analog dem Beispiel 72 gelöst.

Aufgabe 203. Am 28. Juni 1901 beobachtet man aus 8 m Augeshöhe nach der Besteckrechnung in 40° 45′ S und 80° O den Kimmabstand ☉ 25° 47′ über dem Nordpunkte des Horizontes. Welche Breite folgt hieraus?

Aufgabe 204. Am 29. August 1901 beobachtet man in etwa 31° 40′ N und 42° W (nach der Besteckrechnung) aus 4,5 m Augeshöhe den Kimmabstand ☉ 67° 14′ über dem Südpunkte des Horizontes. Welche Breite folgt hieraus?

Aufgabe 205. Am 20. März 1901 beobachtet man aus 6,5 m Augeshöhe nach der Besteckrechnung in 1° 0′ N und 81° O den Kimmabstand ☉ 88° 45′ über dem Südpunkte des Horizontes. Welche Breite folgt hieraus?

Beispiel 73. (Fixstern.)

Am 29. Juli 1901 beobachtet man aus 7 m Augeshöhe nach der Besteckrechnung in 34° 35′ S und 46° 30′ O den Kimmabstand von Spica zu 66° 19′ über dem Nordpunkte des Horizontes. Welche Breite folgt hieraus?

Auflösung.

Kimmabstand ± 66° 19′ N
$k =$ — 4,7′ (Tafel VIII)
scheinbare Höhe 66° 14,3′ N
Refraktion — 0,4 (Tafel IX)
wahre Höhe 66° 13,9′ N
✷ $z = 23° 46{,}1'$ S
✷ $\delta = 10° 38{,}9'$ S
$\varphi = 34° 25'$ S

Ungelöste Aufgaben.

Aufgabe 206. Am 19. März 1901 in etwa 39° 30′ S und 40° W (nach der Besteckrechnung) beobachtet man aus 6,5 m Augeshöhe den Kimmabstand von Sirius zu 67° 12′ über dem Nordpunkte des Horizontes. Welche Breite folgt hieraus?

Andeutung. Die Aufgaben 206 bis 209 werden analog dem Beispiel 73 gelöst.

Aufgabe 207. Am 18. Januar 1901 beobachtet man aus 5,5 m Augeshöhe nach der Besteckrechnung in 2° 50′ S und 21° W den Kimmabstand von Canopus zu 40° 18′ S über dem Südpunkte des Horizontes. Welche Breite folgt hieraus?

Aufgabe 208. Am 3. November 1901 beobachtet man in etwa 17° 20′ S und 63° 30′ O (nach der Besteckrechnung) aus 5 m Augeshöhe den Kimmabstand von Atair zu 63° 57′ über dem Nordpunkte des Horizontes. Welche Breite folgt hieraus?

Aufgabe 209. Am 13. Februar 1901 beobachtet man in etwa 52° 25′ N und 45° 20′ W (nach der Besteckrechnung) aus 8,5 m Augeshöhe den Kimmabstand von Regulus zu 50° 14′ über dem Südpunkte des Horizontes. Welche Breite folgt hieraus?

Beispiel 74. (Planet.)

Im Nautischen Jahrbuch sind für jeden Tag die Kulminationszeiten der vier Hauptplaneten (auf den Seiten VII und VIII in jedem Monat) und des Mondes (Seite II) für Greenwich angegeben. Da die Differenz zweier benachbarter Kulminationszeiten angibt, wieviel das betreffende Gestirn sich während der Zeit, wo es die Erde einmal in der Richtung von Ost nach West umkreist, gegen die Sonne verspätet (bei zunehmenden Kulminationszeiten) oder verfrüht (bei abnehmenden Kulminationszeiten), so kann man hieraus mit Hilfe einer Proportion für irgend eine Länge die Verspätung resp. Verfrühung gegen Greenwich berechnen. Durch Anbringung dieser Verspätung an die Greenwicher Kulminationszeit erhält man die mittlere Ortszeit der Kulmination am Orte.

Am 10. Juli 1901 beobachtet man aus 5 m Augeshöhe nach der Besteckrechnung in etwa 36° 10′ S und 148° W den Kimmabstand des Jupiter zu 77° 5′ über dem Nordpunkte des Horizontes. Welche Breite folgt hieraus?

Hilfsrechnung 1.
Kulm. in Greenwich 11ʰ 17ᵐ nachm. 10./7.
Kulm. in Greenwich 11 13 nachm. 11./7.
$$360^m : 4^m = 148^0 : x^m$$
$$x = 2^m$$

Hilfsrechnung 2.
$$135^0 = 9^h$$
$$13^0 = 52^m$$
$$148^0 = 9^h 52^m.$$

Auflösung.
Kulm. in Greenwich 11ʰ 17ᵐ nachm. 10./7.
Korrekt. für 148° W = − 2ᵐ (Hilfsr. 1)
m. Ortsz. der ob. Kulm. 11ʰ 15ᵐ nachm. 10./7.
Länge in Zeit = + 9 52 W
m. Greenw. Zeit 9ʰ 7ᵐ morg. 11./7.
Kimmabstand ♃ 77° 5′ N
k = − 4,0 (Tafel VIII)
Scheinbare Höhe ♃ 77° 1,0′ N
Refraktion = − 0,2 (Tafel IX)
Höhenparallaxe = + 0,0 (Tafel XVI)
wahre Höhe ♃ 77° 0,8′ N
♃ z = 12° 59,2′ S
♃ δ = 28° 15,8′ S
$$\varphi = 36^0 15{,}0' \text{ S.}$$

Die Schiffahrt nach astronomischen Beobachtungen.

Hilfsrechnung 3.

♃ δ = 23° 15′ 52″ S um 0ʰ nachm. 11./7. m. Gr. Zt.
2,9 · 1‧3″ =   − 4″

♃ δ = 23° 15,8′ S um 9,1ʰ morg. 11./7. m. Gr. Zt.
Horizontalparallaxe = 2″.

Ungelöste Aufgaben.

Aufgabe 210. Am 3. Oktober 1901 beobachtet man in etwa 22° 40′ N und 30° 30′ W (nach der Besteckrechnung) aus 6 m Augeshöhe den Kimmabstand von Saturn zu 44° 35′ über dem Südpunkte des Horizontes. Welche Breite folgt hieraus?

Andeutung. Die Aufgaben 210 bis 213 werden analog dem Beispiel 74 gelöst.

Aufgabe 211. Am 9. März 1901 beobachtet man aus 6,5 m Augeshöhe nach der Besteckrechnung in 36° 30′ S und 52° 30′ O den Kimmabstand von Mars zu 37° 20′ über dem Nordpunkte des Horizontes. Welche Breite folgt hieraus?

Aufgabe 212. Am 27. April 1901 beobachtet man in etwa 2° 30′ S und 28° 40′ W (nach der Besteckrechnung) aus 5 m Augeshöhe den Kimmabstand des Saturns zu 70° 30′ über dem Südpunkte des Horizontes. Welche Breite folgt hieraus?

Aufgabe 213. Am 15. Juli 1901 beobachtet man aus 7,5 m Augeshöhe nach der Besteckrechnung in etwa 42° 19′ S und 88° O den Kimmabstand des Jupiter zu 70° 50′ über dem Nordpunkte des Horizontes. Welche Breite folgt hieraus?

Beispiel 75. (Mond.)

Am 28. Mai 1901 beobachtet man in etwa 51° 30′ N und 47° W (nach der Besteckrechnung) aus 6 m Augeshöhe den Kimmabstand des Monduntterrandes zu 27° 56′ über dem Südpunkte des Horizontes. Welche Breite folgt hieraus?

Auflösung.

Kulm. in Greenw. 8ʰ 35ᵐ nachm. 28./5.
Korrekt. für 47° W = + 6ᵐ (Hilfsrechnung 1)

m. Ortsz. d. ob. Kulm. 8ʰ 41ᵐ nachm. 28./5.
Länge in Zeit = + 3ʰ 8ᵐ W (Hilfsrechn. 2)

m. Greenw. Zeit 11ʰ 49ᵐ nachm. 28./5.

Hilfsrechnung 1.

Kulm. in Greenw. 8ʰ 35ᵐ nachm. 28./5.
Kulm. in Greenw. 9ʰ 18ᵐ nachm. 29./8.

360° : 43ᵐ = 47° : x^m

$x = 6^m$.

Hilfsrechnung 2.
$45^0 = 3^h$
$2^0 = 8^m$

$47^0 = 3^h 8^m$.

Hilfsrechnung 3.
☾ $\delta = 10^0 2' 16''$ S um 12^h nachm. 28./5.
$11 \cdot 9{,}26'' = -1' 42''$

☾ $\delta = 10^0 0{,}6'$ S um $11^h 49^m$ nachm. 28./5.
☾ $\varrho = 14{,}8'$
☾ $\pi = 54{,}1'$.

Hilfsrechnung 4.
Höhenparallaxe $= 54{,}1' \cdot \cos 27^0 50'$
$\log \quad 54{,}1' = 1{,}7332$
$\log \cos 27^0 50' = 9{,}9466 - 10$

$\log = 1{,}6798$
Höhenparallaxe $= 47{,}8'$.

Kimmabstand ☾ $27^0 56'$ S
$k = -\quad 4{,}4'$ (Tafel VIII)

scheinb. Höhe des Unterr. $27^0 51{,}6'$ S
Refraktion $= -1{,}8'$ (Tafel IX)

$27^0 49{,}8'$
Höhenparallaxe $= +47{,}8'$ (Hilfsr. 4)

wahre Höhe des Unterr. $28^0 37{,}6'$ S
Halbmesser $= +14{,}8'$

wahre Mittelpunktshöhe $28^0 52{,}4'$ S
$z = 61^0\ 7{,}6'$ N
$\delta = 10^0\ 0{,}6'$ S
$\varphi = 51^0\ 7{,}0'$ N.

Ungelöste Aufgaben.

Aufgabe 214. Am 27. November 1901 beobachtet man aus 8 m Augeshöhe nach der Besteckrechnung in $38^0 20'$ S und 48^0 O den Kimmabstand des Mondunterrandes zu $30^0 45'$ über dem Nordpunkte des Horizontes. Welche Breite folgt hieraus?

Andeutung. Die Aufgaben 214 bis 217 werden analog dem Beispiel 75 gelöst.

Aufgabe 215. Am 28. Juli 1901 beobachtet man aus 5 m Augeshöhe nach der Besteckrechnung in $30^0 12'$ S und 122^0 W den Kimmabstand des Mondunterrandes zu $78^0 48'$ über dem Nordpunkte des Horizontes. Welche Breite folgt hieraus?

Aufgabe 216. Am 6. Mai 1901 beobachtet man aus 9 m Augeshöhe in etwa $18^0 15'$ N und 171^0 O (nach der Besteckrechnung) den Kimmabstand des Sonnenunterrandes zu $61^0 17'$ über dem Südpunkte des Horizontes. Welche Breite folgt hieraus?

Aufgabe 217. Am 30. April 1901 beobachtet man aus 7 m Augeshöhe nach der Besteckrechnung in etwa $48^0 10'$ S und $51^0 30'$ W den Kimmabstand des Mondunterrandes zu $48^0 19'$ über dem Nordpunkte des Horizontes. Welche Breite folgt hieraus?

2. Höhen im unteren Meridian.

Frage 66. Wie beobachtet man die Höhe eines Gestirns im unteren Meridian?

Antwort. Da die Höhe eines Gestirns im unteren Meridian die kleinste Höhe ist, so verfolgt man einige Zeit vor der unteren Kulmination (bei der Sonne vor der wahren Mitternacht) die Höhen desselben mit dem Sextanten, bis dieselben ihren kleinsten Wert erreicht haben und wieder zuzunehmen beginnen. Die Ablesung am Sextanten, eventuell korrigiert wegen etwaiger Instrumentalfehler, gibt dann den beobachteten Kimmabstand im unteren Meridian an.

Erkl. 70. Analog dem Verfahren bei der Beobachtung der Höhen im oberen Meridian (siehe Erkl. 68) kann man auch bei der Höhe im unteren Meridian entweder mit Hilfe des Kompasses oder durch Vorausberechnung der unteren Kulminationszeit bestimmen, wann mit dem Messen der Höhen zu beginnen ist.

Frage 67. Wie findet man aus einer beobachteten Meridianhöhe eines Gestirns im unteren Meridian die Breite des Beobachtungsortes?

Figur 68.

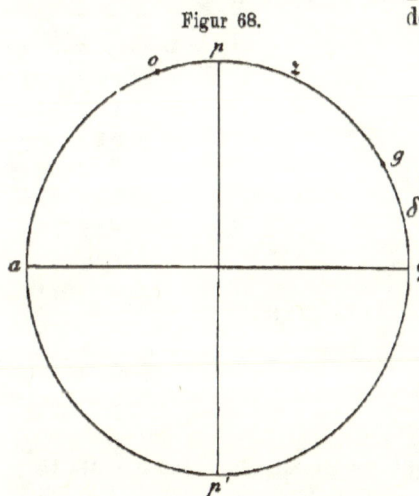

Antwort. In nebenstehender Fig. 68 bezeichne der Kreis den Meridian des Beobachtungsortes und zwar wiederum der linke Halbkreis den oberen Meridian, in welchem der Beobachtungsort liegt, der rechte Halbkreis den unteren Meridian, in welchem der Projektionspunkt des Gestirns liegt. Man findet dann zunächst den letzteren (g), indem man rechts die Deklination δ von q aus abträgt und zwar nach oben bei nördlicher, nach unten bei südlicher Deklination. Da bei Meridianhöhen im unteren Meridian die Breite stets mit der Deklination gleichnamig ist (siehe Erkl. 71), so trägt man von g aus die Zenithdistanz über den Pol hinaus ein ($go = z$), so erhält man den Beobachtungsort o. Aus dieser Betrachtung folgt, dass man die Breite des Beobachtungsortes erhält, indem man die Summe von Deklination und Zenithdistanz von 180^0 subtrahiert:

$$ao = 180^0 - (\delta + z).$$

Erkl. 71. Dass Breite und Deklination gleichnamig sein müssen, folgt unmittelbar aus der Figur 68, da bei nördlicher Deklination nur eine nördliche Breite der Forderung genügen kann, dass z kleiner als 90^0 ist. Da somit der Name der Breite aus demjenigen der Deklination folgt, so braucht bei den Meridianhöhen im unteren Meridian nicht wie bei jenen im oberen Meridian auf den Namen der Höhe und der Zenithdistanz geachtet zu werden.

Erkl. 72. Auch hier empfiehlt es sich für Anfänger, die Meridianfigur zu skizzieren.

Beispiel 76. (Sonne.)

In der Nacht vom 5. auf den 6. Dezember 1901 beobachtet man aus 9 m Augeshöhe nach der Besteckrechnung in 71° 50′ S und 66° O den Kimmabstand des Sonnenoberrandes zu 4° 58′ im unteren Meridian. Welche Breite folgt hieraus?

Figur 69.

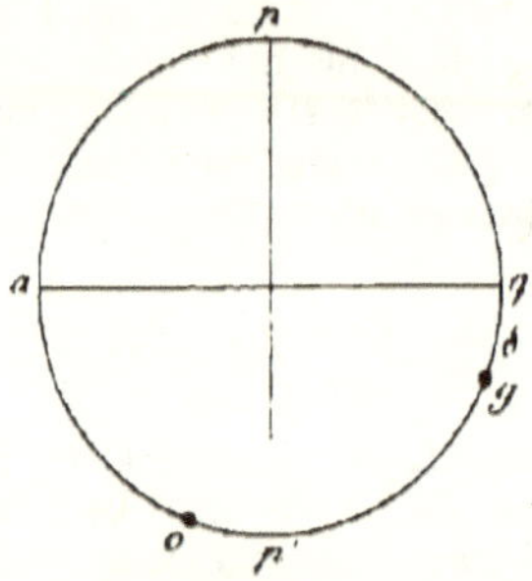

Auflösung.

wahre Ortszeit 12^h 0^m nachm. 5./12.
Länge in Zeit = — 4^h 24^m W (Hilfsrechn. 1)
Wahre Greenw. Zeit 7^h 36^m morg. 4./12.

Kimmabstand ☉	4° 58′
$k =$ —	5,3′ (Tafel VIII)
scheinb. Höhe des Oberr.	4° 52,7′
Refraktion = —	10,0′ (Tafel IX)
	4° 42,7′
Höhenparallaxe = +	0,1′ (Tafel XV)
wahre Höhe des Oberr.	4° 42,8′
Halbmesser = —	16,3′
wahre Höhe des Mittelp.	4° 26,5′
$z =$	85° 33,5′
$\delta =$	22° 14,1′ S
	107° 47,6′
	180°
$\varphi =$	72° 12,4′ S.

Hilfsrechnung 1.
60° = 4^h
6° = 24^m
66° = 4^h 24^m.

Hilfsrechnung 2.
☉ δ = 22° 11′ 35″ S um 0^h nachm. 4./12.
7,6·20,1″ = + 2′ 33″
☉ δ = 22° 14,1′ S um 7,6^h nachm. 4./12.
☉ ϱ = 16,3′.

Ungelöste Aufgaben.

Aufgabe 218. In der Nacht vom 8. auf den 9. Juni 1901 beobachtet man aus 8 m Augeshöhe in etwa 71° 40′ N und 16° 30′ W (nach der Besteckrechnung) den Kimmabstand des Sonnenoberrandes zu 3° 51′ im unteren Meridian. Welche Breite folgt hieraus?

Andeutung. Die Aufgaben 218 bis 221 werden analog dem Beispiel 76 gelöst.

Aufgabe 219. In der Nacht vom 12. auf den 13. Juli 1901 beobachtet man aus 7 m Augeshöhe in etwa 70° 20′ S und 112° 30′ O (nach der Besteckrechnung) den Kimmabstand des Sonnenoberrandes zu 4° 1′ im unteren Meridian. Welche Breite folgt hieraus?

Aufgabe 220. In der Nacht vom 18. auf den 19. Juni 1901 beobachtet man aus 5 m Augeshöhe nach der Besteckrechnung in 70° 40′ N und 144° 30′ O den Kimmabstand des Sonnenoberrandes zu 4° 12′ im unteren Meridian. Welche Breite folgt hieraus?

Aufgabe 221. In der Nacht vom 25. auf den 26. Juli 1901 beobachtet man aus 4,5 m Augeshöhe nach der Besteckrechnung in 74° 10′ N und 59° 20′ W den Kimmabstand des Sonnenunterrandes zu 4° 3′ im unteren Meridian. Welche Breite folgt hieraus?

Beispiel 77. (Fixstern.)

Am 11. November 1901 beobachtet man aus 6 m Augeshöhe in etwa 56° 40′ N und 30° 40′ W (nach der Besteckrechnung) den Kimmabstand von Capella zu 12° 38′ im unteren Meridian. Welche Breite folgt hieraus?

Auflösung.

$$
\begin{array}{rl}
\text{Kimmabstand} \ast & 12°\,38{'} \\
k = & -\,4{,}4{'} \text{ (Tafel VIII)} \\ \hline
\text{scheinbare Höhe} & 12°\,33{,}6{'} \\
\text{Refraktion} = & -\,4{,}3{'} \text{ (Tafel IX)} \\ \hline
\text{wahre Höhe} & 12°\,29{,}3{'} \\
z = & 77°\,30{,}7{'} \\
\delta = & 45°\,53{,}8{'}\ N \\ \hline
& 123°\,24{,}5{'} \\
& 180° \\ \hline
\varphi = & 56°\,35{,}5{'}\ N.
\end{array}
$$

Ungelöste Aufgaben.

Aufgabe 222. Am 3. Januar 1901 beobachtet man aus 7 m Augeshöhe nach der Besteckrechnung in etwa 53° 5′ N und 20° 25′ W den Kimmabstand von Deneb zu 8° 18′ im unteren Meridian. Welche Breite folgt hieraus?

Andeutung. Die Aufgaben 222 bis 225 werden analog dem Beispiel 77 gelöst.

Aufgabe 223. Am 3. April 1901 beobachtet man aus 5 m Augeshöhe in etwa 38° 10′ S und 48° 40′ W (nach der Besteckrechnung) den Kimmabstand von α Centauri zu 8° 36′ im unteren Meridian. Welche Breite folgt hieraus?

Aufgabe 224. Am 11. Februar 1901 beobachtet man aus 8,5 m Augeshöhe in etwa 36° 30′ N und 31° 50′ W (nach der Besteckrechnung) den Kimmabstand von α urs. min. (Polarstern) zu 35° 20′ im unteren Meridian. Welche Breite folgt hieraus?

Aufgabe 225. Am 15. Januar 1901 beobachtet man aus 7,5 m Augeshöhe nach der Besteckrechnung in etwa $55^0\,33'$ N und $48^0\,20'$ W den Kimmabstand von Wega zu $4^0\,20'$ im unteren Meridian. Welche Breite folgt hieraus?

Beispiel 78. (Planet.)

Um die ungefähre mittlere Ortszeit der unteren Kulmination eines Planeten oder des Mondes zu berechnen, bestimmt man zunächst nach der Anmerkung zu Beispiel 74 (siehe Beispiel 74 und 75) die mittlere Ortszeit der oberen Kulmination für den betreffenden Tag. Bringt man an diese dann die halbe Zwischenzeit zwischen zwei benachbarten oberen Kulminationen nach dem Nautischen Jahrbuche, den sogenannten halben Planetentag resp. Mondtag an, so erhält man die mittlere Ortszeit der unteren Kulmination.

Am 27. Oktober 1901 beobachtet man aus 5 m Augesböhe in etwa $71^0\,10'$ S und 112^0 W (nach der Besteckrechnung) den Kimmabstand von Saturn zu $3^0\,55'$ im unteren Meridian. Welche Breite folgt hieraus?

Hilfsrechnung 1.
Obere Kulm. in Greenw. $4^h\,28^m$ nachm. 27./10.
„   „   „   „ $4^h\,24^m$ nachm. 28./10.

$360^0 : \quad 4^m = 112^0 : x^m$
$x = 1^m$
1 Planetentag $= 23^h\,56^m$
½ Planetentag $= 11^h\,58^m$

Hilfsrechnung 2.
$105^0 = 7^h$
$7^0 = 28^m$
$112^0 = 7^h\,28^m$.

Hilfsrechnung 3.
$\hbar\,\delta = 22^0\,42'\,31''$ S um 0^h nachm. 27./10.
$\frac{1}{20} \cdot 0{,}6'' = \quad + \quad 0''$

$\hbar\,\delta = 22^0\,42{,}5'$ S
$\hbar\,\pi = 1^0$.

Auflösung.
Obere Kulm. in Greenw. $4^h\,28^m$ nachm. 27./10.
Korrektion für 112^0 W $= - 1^m$ (Hilfsr. 1)

m. Ortszeit d. ob. Kulm. $4^h\,27^m$ nachm. 27./10.
½ Planetentag $= 11^h\,58^m$ (Hilfsr. 1)

m. Ortsz. d. unt. Kulm. $4^h\,29^m$ morg. 27./10.
Länge in Zeit $= + \quad 7^h\,28^m$ W

mittlere Greenw. Zeit $11^h\,57^m$ morg. 27./10.

Kimmabstand $3^0\,55'$
$k = -\,4{,}0'$ (Tafel VIII)

scheinbare Höhe $3^0\,51{,}0'$
Refraktion $= - 12{,}1'$ (Tafel IX)
Höhenparallaxe $= + 0{,}0'$

wahre Höhe $3^0\,38{,}9'$
$\hbar\,z = 86^0\,21{,}1'$
$\hbar\,\delta = 22^0\,42{,}5'$ S

$109^0\,3{,}6'$
180^0

$\varphi = 70^0\,56{,}4'$ S.

Ungelöste Aufgaben.

Aufgabe 226. Am 6. Februar 1901 beobachtet man aus 6 m Augeshöhe nach der Besteckrechnung in $69^0\,40'$ S und $169^0\,30'$ O den Kimmabstand von Jupiter zu $4^0\,26'$ im unteren Meridian. Welche Breite folgt hieraus?

Andeutung. Die Aufgaben 226 und 227 werden analog dem Beispiel 78 gelöst.

Aufgabe 227. Am 2. November 1901 beobachtet man aus 7 m Augeshöhe in etwa $70^0\,5'$ S und 32^0 W (nach der Besteckrechnung) den Kimmabstand des Mars zu $3^0\,31'$ im unteren Meridian. Welche Breite folgt hieraus?

Die Schiffahrt nach astronomischen Beobachtungen.

Beispiel 79. (Mond.)

Am 2. Januar 1901 beobachtet man aus 7 m Augeshöhe in etwa $75°15'$ N und $46°30'$ O (nach der Besteckrechnung) den Kimmabstand des Mondoberrandes zu $5°29'$ im unteren Meridian. Welche Breite folgt hieraus?

Hilfsrechnung 1.

Obere Kulm. in Greenw. $10^h\,10^m$ nachm. 2./1.
„   „   „   „ $9^h\,11^m$ nachm. 1./1.
$360° : 59^m = 46{,}5° : x$
$x = 7^m$
1 Mondtag $= 24^h\,59^m$
$^1/_2$ Mondtag $= 12^h\,29^m$.

Hilfsrechnung 2.

$45° = 3^h$
$1° = 4^m$
$30' = 2^m$
$46°30' = 3^h\,6^m$.

Hilfsrechnung 3.

☾ $\delta = 20°53'34''$ N um 18 Uhr 1./1.
$28 \cdot 2{,}77 = +\ 1'18''$
☾ $\delta = 20°54{,}9'$ N   um $18^h\,28^m$ 1./1.

☾ $\varrho = 16'6''$ um 12^h nachm. 1./1.
☾ $\varrho = 16'4''$ um 0^h nachm. 2./1.
$12^h : 2'' = 6{,}5^h : x$
$x = 1''$
☾ $\varrho = 16'5''$
☾ $\pi = 59'0''$ um 12^h nachm. 1./1.
☾ $\pi = 58'51''$ um 0^h nachm. 2./1.
$12^h : 9'' = 6{,}5^h : x$
$x = 5''$
☾ $\pi = 58'55''$.

Hilfsrechnung 4.

Höhenparallaxe $= 58{,}9' \cdot \cos 5°15'$
$\log 58{,}9 = 1{,}7701$
$\log \cos 5°15' = 9{,}9982$
$\log = 1{,}7683$
Höhenparallaxe $= 58{,}7$

Auflösung.

Obere Kulm. in Greenw. $10^h\,10^m$ nachm. 2./1.
Korr. für $46{,}5°$ O $= -\ 7^m$ (Hilfsr. 1)
mittl. Ortsz. der ob. Kulm. $10^h\,3^m$ nachm. 2./1.
$^1/_2$ Mondtag $= 12^h\,29^m$ (Hilfsr. 1)
mittl. Ortsz. d. unt. Kulm. $9^h\,34^m$ morg. 2./1.
Länge in Zeit $= 8^h\,6^m$ Ost
mittl. Greenw. Zeit $6^h\,28^m$ morg. 2./1.

Kimmabstand ☾ $5°29'$
$k = -\ 4{,}7'$ (Tafel VIII)
scheinb. Höhe d. Mondoberr. $5°24{,}8'$
Refraktion $= -\ 9{,}2'$ (Tafel IX)
$5°15{,}1'$
Höhenparallaxe $= +\ 58{,}7'$ (Hilfsr. 4)
wahre Höhe des Mondober. $6°13{,}8'$
Halbmesser $= -\ 16{,}1'$ (Hilfsr. 3)
wahre H. d. Mondmittelp. $5°57{,}7'$
☾ $z = 84°\ 2{,}3'$
☾ $\delta = 20°54{,}9'$ (Hilfsr. 3)
$104°57{,}2'$
$180°$
$75°2{,}8'$ N.

Ungelöste Aufgaben.

Aufgabe 228. Am 5. September 1901 beobachtet man aus 5 m Augeshöhe nach der Besteckrechnung in $74°30'$ N und $13°20'$ W den Kimmabstand des Mondoberrandes zu $4°18'$ im unteren Meridian. Welche Breite folgt hieraus?

Andeutung. Die Aufgaben 228 und 229 werden analog dem Beispiel 79 gelöst.

Aufgabe 229. Am 30. Januar 1901 beobachtet man aus 6 m Augeshöhe in etwa $73°15'$ N und $128°30'$ W (nach der Besteckrechnung) den Kimmabstand des Mondunterrandes zu $3^0\,11'$ im unteren Meridian. Welche Breite folgt hieraus?

---

c) Die Bestimmung der Breite durch Höhen des Polarsterns.

Frage 68. Wie findet man aus einer beobachteten Höhe des Polarsterns die Breite des Beobachtungsortes?

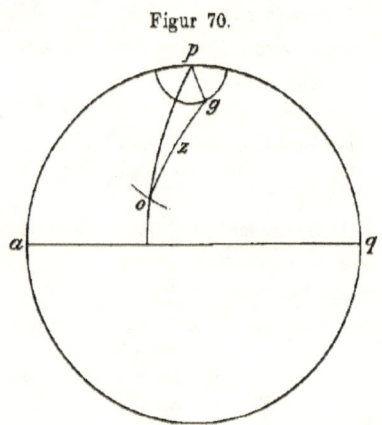

Figur 70.

Antwort. Wenn der Polarstern genau im Nordpol des Himmels stände, mithin sein Projektionspunkt genau im Nordpol der Erde, so würde der nach früherem (siehe Antwort auf Frage 59) um den Projektionspunkt mit dem sphärischen Radius z beschriebene kleinere Kreis auf der Erdoberfläche ein Breitenparallel sein, und es würde demnach in diesem Falle die Bestimmung der Breite vollkommen unabhängig von der Länge sein, da dann $90^0 - \varphi = z = 90^0 - h$, folglich $\varphi = h$ wäre. In diesem Falle würde also die wahre Höhe des Polarsterns gleich der Breite des Beobachtungsortes sein.

In Wirklichkeit ist aber die Poldistanz des Polarsterns pg ungefähr $1^1/_4{}^0$, und daher beschreibt der Projektionspunkt infolge der scheinbaren täglichen Drehung des Himmels einen kleinen Kreis um p (siehe Figur 70). Gibt dann g auf diesem Kreise die Lage des Projektionspunktes für den Moment der Beobachtung an, in welchem die Höhe h oder die Zenithdistanz z gemessen ist, so kann der um g mit z beschriebene kleinere Kreis, die Höhengleiche nicht mit dem Breitenparallel zusammenfallen. Wegen der Kleinheit des Bogens pg wird aber die Neigung der Höhengleiche gegen den Breitenparallel so gering sein, dass ein kleiner Fehler in der Länge von verschwindendem Einflusse auf die Breite ist.

Für die Berechnung der Breite aus einer beobachteten Höhe des Polarsterns verfährt man so, dass man (Figur 71) von g aus das Lot $gr \perp po$ fällt. Wegen der Kleinheit des sphärischen Dreiecks pgr darf man dasselbe als ein ebenes betrachten, und da $\sphericalangle\, opg$ gleich dem Stundenwinkel t ist, so ist:

$$pr = (90^0 - \delta)\cos t$$

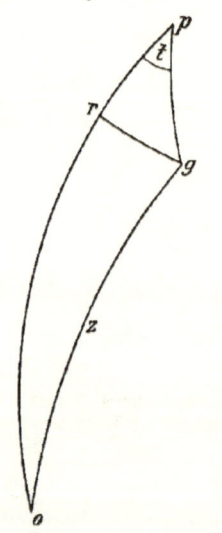

Figur 71.

Die Schiffahrt nach astronomischen Beobachtungen. 131

Da gr sehr klein ist, so darf man ferner $og = or$ setzen; folglich ist, da $op = or + pr$ ist:
$$90^0 - \varphi = z + (90^0 - \delta) \cos t$$
$$90^0 - \varphi = 90^0 - h + (90^0 - \delta) \cos t$$
Formel 62: $\varphi = h - (90^0 - \delta) \cos t$.

Wenn man also die Koordinaten α und δ des Polarsterns dem Nautischen Jahrbuche entnimmt, so lässt sich die von der Höhe zu subtrahierende Korrektion $(90^0 - \delta) \cdot \cos t$ berechnen, nachdem man nach dem Vorgange von Beispiel 70 und 71 den Stundenwinkel t zuvor ermittelt.

Erkl. 78. Da der Cosinus im zweiten Quadranten negativ ist, so muss bei stumpfem Stundenwinkel die Korrektion zur Höhe addiert werden, um die Breite zu ergeben.

Für die Praxis genügt es vollkommen, wenn man als Rektaszension den mittleren Wert des betreffenden Jahres zu Grunde legt. Dieser Annahme liegt Tafel 5 im Anhange zu Grunde, in welcher die Werte der Korrektion für 1900 und 1905 für das Argument „Stundenwinkel" tabuliert sind, mithin die gesuchten Korrektionen für irgend ein anderes Jahr durch Interpolation gefunden werden können.

Beispiel 80.

Am 22. Januar 1901 beobachtet man abends in etwa $16^0\ 20'$ N und $34^0\ 30'$ W (nach der Besteckrechnung) aus 6 m Augeshöhe nach einem Chronometer, dessen Stand $+ 18^m\ 29^s$ beträgt,
Chron. $11^h\ 27^m\ 5^s$ Polaris $\pm\ 17^0\ 11'$.
Welche Breite folgt hieraus?

Hilfsrechnung 1.
$$30^0 = 2^h$$
$$4^0 = 16^m$$
$$30' = 2^m$$
$$\overline{34^0\ 30' = 2^h\ 18^m}$$

Hilfsrechnung. 2.
$m \odot \alpha = 20^h\ 4^m\ 33{,}8^s$
Korr. für 11^h .... $+\ 1^m\ 48{,}4^s$ } Tafel III
" " 45,6 .... $+\ 7{,}5^s$
$\overline{m \odot \alpha = 20^h\ 6^m\ 30^s}$

Polaris $\alpha = 1^h\ 23^m\ 18^s$ } (Seite 174 des Nautischen Jahrbuchs)
" $\delta = 88^0\ 47{,}2'$ N

Hilfsrechnung 3.
$$90^0$$
$$\delta = 88^0\ 47{,}2'\ N$$
$$\overline{90^0 - \delta = 1^0\ 12{,}8' = 72{,}8'}$$

Auflösung 1.

Chron. $11^h\ 27^m\ 5^s$
Stand $= +\ 18^m\ 29^s$

m. Greenw. Zeit $11^h\ 45^m\ 34^s$ nachm. 22./1.
Länge $= -\ 2^h\ 18^m$ W

m. Ortszeit $9^h\ 27^m\ 34^s$ nachm. 22./1.
$m \odot \alpha = 20^h\ 6^m\ 30^s$

Sternzeit $5^h\ 34^m\ 4^s$
Polaris $\alpha = 1^h\ 23^m\ 18^s$

Polaris $t = 4^h\ 10^m\ 51^s$ W
Nun ist nach Formel 62:
$$\varphi = h - (90^0 - \delta) \cos t$$
oder nach Einsetzung der Zahlenwerte (siehe Hilfsrechnung 3 und 4):
$$\varphi = 17^0\ 3{,}5' - 72{,}8' \cdot \cos 62^0\ 42{,}9'$$
folglich nach Hilfsrechnung 5:
$$\varphi = 17^0\ 3{,}5' - 33{,}4'$$
$$\varphi = 16^0\ 30'\ N$$

Die Nautik in elementarer Behandlung.

$4^h \quad = 60°$
$10^m = 2° 30'$
$51^s = 12{,}8'$
$\overline{4^h\ 10^m\ 51^s = 62°\ 42{,}8'.}$

Auflösung 2. Nach Tafel 4 ist:
$\varphi = 17° 4' - 34$
$\varphi = 16° 30'.$

Hilfsrechnung 4.
Kimmabstand 17° 11'
Kimmtiefe = − 4,4' (Tafel VIII)
scheinbare Höhe 17° 6,6'
Refraktion 3,1' (Tafel IX)
wahre Höhe 17° 3,5'

Hilfsrechnung 5.
$\log 72{,}8' = 1{,}8621$
$\log \cos 62° 42{,}8' = 9{,}6613 - 10$
$\overline{\log = 1{,}5234}$
Zahl = 33,4'.

Ungelöste Aufgaben.

Aufgabe 230. Am 29. Januar 1901 beobachtet man morgens in etwa 31° 20' N und 165° 33' O (nach der Besteckrechnung) aus 8 m Augeshöhe nach einem Chronometer, dessen Stand — $2^m 58^s$ beträgt:
Chron. $2^h 26^m 43^s$ Polaris ± 30° 41'.
Welche Breite folgt hieraus?

Andeutung. Die Aufgaben 230 bis 232 sind analog dem Beispiel 80 zu lösen.

Aufgabe 231. Am 3. November 1901 beobachtet man abends in etwa 35° 40' N und 49° 49' W (nach der Besteckrechnung) aus 7 m Augeshöhe nach einem Chronometer, dessen Stand + $3^m 11^s$ beträgt:
Chron. $1^h 19^m 25^s$ Polaris ± 36° 59'.
Welche Breite folgt hieraus?

Aufgabe 232. Am 3. August 1901 beobachtet man morgens in etwa 38° 50' N und 136° 19' W (nach der Besteckrechnung) aus 5 m Augeshöhe nach einem Chronometer, dessen Stand — $11^m 11^s$ beträgt:
Chron. $10^h 43^m 19^s$ Polaris ± 39° 34'.
Welche Breite folgt hieraus?

d) Die Bestimmung der Länge durch Höhen im ersten Vertikal (Chronometerlängen).

Frage 69. In welcher Lage des Dreiecks pog (Figur 72) lässt sich die Länge ohne genaue Kenntnis der Breite finden?

Antwort. Im $\triangle pog$ ist die Seite $og = z$ durch die Beobachtung und die Seite $pg = 90° \mp \delta$ aus dem Nautischen

Die Schiffahrt nach astronomischen Beobachtungen. 133

Figur 72.

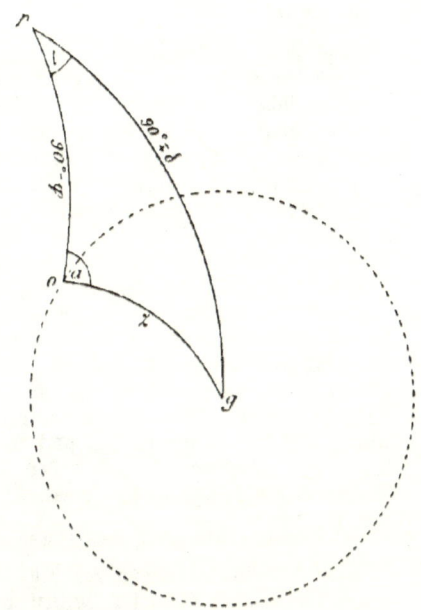

Jahrbuche stets bekannt. Um also den Stundenwinkel t und damit die Länge von o zu berechnen, muss die Breite von o oder auch $po = 90^0 - \varphi$ bekannt sein. Aus der Figur 72 ist ersichtlich, dass der Einfluss eines Fehlers in der Breite auf den Stundenwinkel und damit auf die Länge um so kleiner ist, je mehr sich die Lage von po der Tangente an den um g beschriebenen Kreis, die Höhengleiche, nähert. In der Lage der Tangente selbst, d. h. wenn $\sphericalangle a = 90^0$ ist oder wenn das Gestirn im ersten Vertikal steht, ist ein Fehler in der Breite ohne Einfluss auf den Stundenwinkel, und daher ist diese Lage des Gestirns am günstigsten für die Zwecke der Längenbestimmung. Aber auch, wenn diese Bedingung nicht strenge erfüllt ist und das Gestirn nur in der Nähe des ersten Vertikals steht, ist der Einfluss eines Fehlers in der Breite für die Praxis ohne Belang für die Genauigkeit der Länge.

Erkl. 74. Zur Ausgleichung der unvermeidlichen Beobachtungsfehler misst man gewöhnlich mehrere, in der Regel drei, Höhen unmittelbar nach einander und bildet von ihnen das arithmetische Mittel.

Frage 70. Wie berechnet man im $\triangle pog$ (Figur 72) den Stundenwinkel?

Erkl. 75. Bezeichnet man allgemein die Seiten eines sphärischen Dreiecks mit a, b, c und die gegenüberliegenden Winkel der Reihe nach mit α, β, γ, so gelten für die Berechnung der Winkel aus den drei Seiten folgende Formeln der sphärischen Trigonometrie, in welchen s die Summe der Seiten bedeutet:

$$tg\,\frac{\alpha}{2} = \sqrt{\frac{\sin\left(\frac{s}{2} - b\right)\sin\left(\frac{s}{2} - c\right)}{\sin\frac{s}{2} \cdot \sin\left(\frac{s}{2} - a\right)}}$$

$$tg\,\frac{\beta}{2} = \sqrt{\frac{\sin\left(\frac{s}{2} - a\right) \cdot \sin\left(\frac{s}{2} - c\right)}{\sin\frac{s}{2} \cdot \sin\left(\frac{s}{2} - b\right)}}$$

$$tg\,\frac{\gamma}{2} = \sqrt{\frac{\sin\left(\frac{s}{2} - a\right) \cdot \sin\left(\frac{s}{2} - b\right)}{\sin\frac{s}{2} \cdot \sin\left(\frac{s}{2} - c\right)}}$$

Antwort. Da im $\triangle pog$ die drei Seiten bekannt sind ($og = z$ durch die Beobachtung, $pg = 90^0 \mp \delta$ aus der Besteckrechnung), so berechnet man den Stundenwinkel t nach der

Formel 63:

$$tang\,\frac{t}{2} = \sqrt{\frac{\sin\left(\frac{s}{2} - po\right)\sin\left(\frac{s}{2} - pg\right)}{\sin\frac{s}{2} \cdot \sin\left(\frac{s}{2} - z\right)}}$$

in welcher

$$s = po + pg + z$$

ist. Die Rechnung wird in der Praxis mit vollständig genügender Genauigkeit auf volle Bogenminuten und mit vierstelligen Logarithmen ausgeführt.

Frage 71. Wie berechnet man mit Hilfe des gefundenen Stundenwinkels die Länge des Beobachtungsortes?

Antwort.

1. Für die Sonne.

Zunächst findet man mit Hilfe des Stundenwinkels der Sonne die wahre Ortszeit, denn, wenn der Stundenwinkel westlich ist, so ist er direkt gleich der wahren Ortszeit nachmittags; wenn der Stundenwinkel dagegen östlich ist, so muss man ihn von 12^h subtrahieren, um die wahre Ortszeit morgens zu erhalten. Durch Anbringung der dem Nautischen Jahrbuche entnommenen Zeitgleichung an die wahre Ortszeit erhält man dann die mittlere Ortszeit und durch Vergleichung derselben mit der durch das Chronometer gelieferten mittleren Greenwicher Zeit die Länge in Zeit und endlich durch Verwandlung derselben in Gradmass die Länge in Gradmass.

Erkl. 76. Für die Methode der Längenbestimmung durch Gestirnshöhen in der Nähe des ersten Vertikals ist also ein Chronometer, dessen Stand bekannt ist, unerlässliche Vorbedingung. Man nennt daher die Methode allgemein die Methode der Chronometerlängen.

2. Für die übrigen Gestirne.

Nach den Betrachtungen von Fig. 59 (Seite 108) galten für jedes Gestirn die folgenden Beziehungen zwischen der Rektascension, dem östlichen (t_0) resp. westlichen (t_w) Stundenwinkel desselben und der Sternzeit

Formel 57: Sternzeit $= \alpha + t_w$

und

Formel 58: Sternzeit $= \alpha - t_0$.

Hiernach findet man also die Sternzeit, indem man den berechneten Stundenwinkel des beobachteten Gestirns, wenn derselbe **westlich** ist, zur Rektascension des Gestirns **addiert**, wenn derselbe dagegen **östlich** ist, von der Rektascension des Gestirns **subtrahiert**.

Erkl. 77. Wenn der berechnete östliche Stundenwinkel grösser ist als die Rektascension des Gestirns, so muss man die letztere, um die Subtraktion ausführen zu können, um 24^h vergrössern. Aus demselben Grunde muss die Sternzeit um 24^h vergrössert werden, wenn dieselbe kleiner ist als die Rektascension der mittleren Sonne.

Wendet man ferner die erstere Formel auf die mittlere Sonne an, so erhält man (siehe auch „die Ermittlung der Stundenwinkel der Gestirne" auf S. 113):

Formel 60: Sternzeit $= m \odot \alpha +$ westlicher Stundenw. der $m \odot$

oder auch:

Sternzeit $= m \odot \alpha +$ astron. mittl. Ortszeit

folglich:

Formel 64: Sternzeit $- m \odot \alpha =$ astron. mittl. Ortszeit.

Erkl. 78. Wenn bei westlichem Stundenwinkel die Sternzeit grösser wird als 24^h, so kann man 24^h subtrahieren, in derselben Weise wie man z. B. für einen Winkel von 395^0 den Winkel 35^0 setzt.

Wenn also von der vorhin gefundenen Sternzeit die Rektascension der

Die Schiffahrt nach astronomischen Beobachtungen. 135

Erkl. 79. Wenn die astronomische mittlere Ortszeit grösser ist als 12^h, so kann man dafür den Ueberschuss über 12^h als bürgerliche Morgenzeit des folgenden Datums rechnen.

mittleren Sonne subtrahiert wird, so erhält man die mittlere Ortszeit nach astronomischer, d. h. von Mittag ab gerechneter Zählung. Die Vergleichung dieser mittleren Ortszeit mit der mittleren Greenwicher Zeit des Chronometers führt dann in derselben Weise wie bei Sonnenbeobachtungen zur Kenntnis der Länge.

Beispiel 81.

Am 12. Mai 1901 in etwa $37^0\,43'$ N und 122^0 O (nach der Besteckrechnung) beobachtet man morgens aus 5m Augeshöhe den Kimmabstand des Sonnenunterrandes nach einem Chronometer, dessen Stand $+\,0^m\,15^s$ beträgt,

Chron.	$11^h\,58^m$	9^s	☉	$36^0\,8'$
	58	39		13
	58	56		17
Chron.	$11^h\,58^m\,35^s$		☉	$36^0\,12{,}7'$

Welche Länge folgt hieraus?

Hilfsrechnung 1.
☉ $\delta = 17^0\,46'\,16''$ N um 0^h nachm. 11./5.
$12 \cdot 38{,}5'' = +\,7\,42$
☉ $\delta = 17^0\,54'$ N um 12^h nachm. 11./5.
$pg = (90^0 - \delta) = 72^0\,6'$
Zeitgleichung $= -\,3^m\,46{,}1^s$ um 0^h nachm. 11./5.
$12 \cdot 0{,}08 = -\quad 1{,}0$
Zeitgleichung $= -\,3^m\,47^s$ um 12^h nachm. 11./5.
☉ $r = 15{,}9'$.

Hilfsrechnung 2.
Kimmabst. d. Sonnenunterr. $36^0\,12{,}7'$
$\quad$ Kimmtiefe $= -\,4{,}0$ (Tafel VIII)
scheinb. Höhe d. Sonnenunt. $36^0\,8{,}7'$
$\quad$ Refraktion $= -\,1{,}3'$ (Tafel IX)
$\quad$ Höhenparallaxe $= +\,0{,}1'$ (Tafel XV)
wahre Höhe d. Sonnenunt. $36^0\,7{,}5'$
$\quad$ Halbmesser $= +\quad 15{,}9'$
w. H. d. Sonnenmittelpunkt. $36^0\,23'$
$\quad z = \quad 53^0\,37'$.

Hilfsrechnung 3.
$\quad\quad\quad\quad 90^0$
$\quad\quad\quad\varphi = 37^0\,43'$
$po = 90^0 - \varphi = 52^0\,17'$

Hilfsrechnung 4.
$po = 52^0\,17'$
$pg = 72^0\,\,6'$
$z = 53^0\,37'$
$s = 178^0\,\,0'$
$\dfrac{s}{2} = 89^0\,\,0'$.

Auflösung.
Chron. $11^h\,58^m\,35^s$
Stand $+\,\,0\quad 15$
mittl. Greenw. Zeit $11^h\,58^m\,50^s$ nachm. 11./5.
Nach Formel 63 ist:

$$tang\,\frac{t}{2} = \sqrt{\frac{sin\left(\frac{s}{2} - po\right) \cdot sin\left(\frac{s}{2} - pg\right)}{sin\,\frac{s}{2} \cdot sin\left(\frac{s}{2} - z\right)}}$$

Nach Einsetzung der Zahlenwerte (siehe Hilfsrechnung 1, 2, 3, 4) erhält man:

$$tang\,\frac{t}{2} = \sqrt{\frac{sin(89^0\,0' - 52^0\,17') \cdot sin(89^0 - 72^0\,6')}{sin\,89^0 \cdot sin(89^0 - 53^0\,37')}}$$

oder:

$$tang\,\frac{t}{2} = \sqrt{\frac{sin\,36^0\,43' \cdot sin\,16^0\,54'}{sin\,89^0 \cdot sin\,35^0\,23'}}$$

folglich nach Hilfsrechnung 5:
$\quad\quad t = 57^0\,26'$ Ost
oder nach Hilfsrechnung 6:
$\quad\quad t = 3^h\,49^m\,44^s$ Ost
$\quad\quad\quad\quad 12^h$
wahre Ortszeit $8^h\,10^m\,16^s$ morg. 12./5.
Zeitgleich. $= -\quad 3\,\,47$
mittl. Ortszeit $8^h\,\,6^m\,29^s$ morg. 12./5.
m. Greenw. Zeit $11^h\,58^m\,50^s$ nachm. 11./5.

Länge in Zeit $\,8^h\,\,7^m\,39^s$ Ost
oder nach Hilfsrechnung 7:
$\quad\quad$ Länge $= 121^0\,55'$ Ost.

Hilfsrechnung 5.

Aus:
$$\tan \frac{t}{2} = \sqrt{\frac{\sin 36° 43' \cdot \sin 16° 54'}{\sin 89° \cdot \sin 35° 23'}}$$

folgt:
$$\log \tan \frac{t}{2} = \frac{(\log \sin 36° 43' + \log \sin 16° 54') - (\log \sin 89° + \log \sin 35° 23')}{2}$$

$\log \sin 36° 43' = 9{,}7766 - 10$ $\quad\log \sin 89° \quad= 9{,}9999 - 10$
$\log \sin 16° 54' = 9{,}4634 - 10$ $\quad\log \sin 35° 23' = 9{,}7627 - 10$

$\quad\quad\quad\log\ 9{,}2400 - 10$ $\quad\quad\quad\log\ 9{,}7626 - 10$
$\quad\quad\quad\log\ 9{,}7626 - 10$

$\quad\quad\quad\log\ 9{,}4774 - 10$
$\quad\quad\quad\quad\quad : 2$

$\log \tan \frac{t}{2} = 9{,}7387 - 10$

$\frac{t}{2} = 28° 43'$

$t = 57° 26'.$

Hilfsrechnung 6.

$57° \quad\quad = 3^h\ 48^m$
$\quad 26' = \quad\ 1^m\ 44^s$
———————————————
$57° 26' = 3^h\ 49^m\ 44^s.$

Hilfsrechnung 7.

$8^h \quad\quad\quad = 120°$
$\quad 7^m \quad\quad = \quad 1° 45'$
$\quad\quad 39^s = \quad\quad\quad 9{,}8'$
———————————————
$8^h\ 7^m\ 39^s = 121° 54{,}8'.$

Ungelöste Aufgaben.

Aufgabe 233. Am 15. Juli 1901 beobachtet man in etwa 23° 17' N und 128° 10' W (nach der Besteckrechnung) den Kimmabstand des Sonnenunterrandes aus 6 m Augeshöhe nach einem Chronometer, dessen Stand — 9m 20s beträgt,

Chron. 0h 31m 40s   ☉ 38° 24'
$\quad\quad\quad$ 33m 58s $\quad\quad\quad$ 37° 54'
$\quad\quad\quad$ 35m 30s $\quad\quad\quad\quad$ 34'.

Welche Länge folgt hieraus?

Andeutung. Die Aufgaben 233 bis 235 werden analog dem Beispiel 81 gelöst.

Aufgabe 234. Am 13. Februar 1901 beobachtet man in etwa 32° 57' S und 131° 25' W (nach der Besteckrechnung) den Kimmabstand des Sonnenunterrandes aus 7 m Augeshöhe nach einem Chronometer, dessen Stand + 5m 4s beträgt,

Chron. 4h 41m 57s   ☉ 29° 18'
$\quad\quad\quad$ 43m 20s $\quad\quad\quad$ 36'
$\quad\quad\quad$ 44m 55s $\quad\quad\quad$ 56'.

Welche Länge folgt hieraus?

Die Schiffahrt nach astronomischen Beobachtungen.

Aufgabe 235. Am 18. April 1901 in etwa $23°40'$ S und $108°$ W (nach der Besteckrechnung) beobachtet man aus 5 m Augeshöhe den Kimmabstand des Sonnenunterrandes nach einem Chronometer, dessen Stand $+ 10^m 12^s$ beträgt,

Chron. $3^h 52^m 10^s$ ☉ $32° \ 4'$
       $53^m \ 3^s$ $14'$
       $54^m 40^s$ $26'$.

Welche Länge folgt hieraus?

Beispiel 82.

Am 12. November 1901 beobachtet man abends in etwa $39°42'$ N und $55°30'$ W (nach der Besteckrechnung) aus 5 m Augeshöhe nach einem Chronometer, dessen Stand $+ 8^m 52^s$ beträgt,

Chron. $11^h 56^m \ 2^s$ Aldebaran $* \ 25°44'$
       $58 \ 17$ $26 \ 10'$
       $12 \ 0 \ 47$ $39'$
Chron. $11^h 58^m 22^s$ $* \ 26°11,0'$ Ost

Welche Länge folgt hieraus:

Auflösung.

Chron. $11^h 58^m 22^s$
Stand $= + \ 8 \ 52$

mittl. Greenw. Zeit $0^h \ 7^m 14^s$ morg. 13./11.

Nach Formel 63 ist:

$$tang \frac{t}{2} = \sqrt{\frac{sin\left(\frac{s}{2} - po\right) \cdot sin\left(\frac{s}{2} - pg\right)}{sin \frac{s}{2} \cdot sin\left(\frac{s}{2} - z\right)}}$$

Nach Einsetzung der Zahlenwerte (siehe Hilfsrechnung 1, 2, 3, 4) erhält man:

$$tang \frac{t}{2} = \sqrt{\frac{sin(93°57' - 50°18') \cdot sin(93°57' - 73°41')}{sin \ 93°57' \cdot sin(93°57' - 63°55')}}$$

oder:

$$tang \frac{t}{2} = \sqrt{\frac{sin \ 43°39' \cdot sin \ 20°16'}{sin \ 93°57' \cdot sin \ 30°2'}}$$

folglich nach Hilfsrechnung 5:

$t = 69°22'$ Ost

oder nach Hilfsrechnung 6:

$t = 4^h 37^m 28^s$ Ost

Hilfsrechnung 1.

$m ☉ α = 15^h 23^m 40,7^s$ um 0^h nachm. 12./11.
Korr. für 12^h $1 \ 58,8$
   „   7,2^m $1,2$
$m ☉ α = 15^h 25^m 40 \ s$ um $0,1^h$ morg. 13./11.

Aldebaran $α = \ 4^h 30^m 19^s$
          $δ = 16°18'43''$ N
         $pg = 73°41'$.

Aldebaran $α = \ 4 \ 30 \ 19$
Sternzeit $23^h 52^m 51^s$
$m ⊙ α = 15 \ 25 \ 40$

mittl. Ortszeit $8^h 27^m 11^s$ nachm. 12./11.
mittl. Greenw. Zeit $0 \ 7 \ 14$ morg. 13./11.

Länge in Zeit $3^h 40^m \ 3^s$ West

oder nach Hilfsrechnung 7:

Länge $= 55°1'$ West.

Hilfsrechnung 2.

Kimmabstand $* \ 26°11,0'$
Kimmtiefe $= - \ \ \ 4,0'$ (Tafel VIII)
scheinb. Höhe $26° \ 7,0'$
Refraktion $= - \ \ \ 2,0'$ (Tafel IX)
wahre Höhe $26° \ 5'$
$z = 63°55'$.

Hilfsrechnung 3.

          $90°$
      $φ = 39°42'$
$po = 90° - φ = 50°18'$.

Hilfsrechnung 4.

$po = \ \ 50°18'$
$pg = \ \ 73 \ 41$
$z = \ \ 63 \ 55$

$s = 187°54'$

$\frac{s}{2} = 93°57'$.

Hilfsrechnung 5.

Aus:
$$\tan \frac{t}{2} = \sqrt{\frac{\sin 43°39' \cdot \sin 20°16'}{\sin 93°57' \cdot \sin 60°2'}}$$

folgt:
$$\log \tan \frac{t}{2} = \frac{(\log \sin 43°39' + \log \sin 20°16') - (\log \sin 93°57' + \log \sin 60°2')}{2}$$

$\log \sin 43°39' = 9{,}8390 - 10$ $\log \sin 93°57' = 9{,}9990 - 10$
$\log \sin 20°16' = 9{,}5396 - 10$ $\log \sin 60°\ 2' = 9{,}6994 - 10$
$ 9{,}3786 - 10$ $9{,}6984$
$ 9{,}6984 - 10$
$ 9{,}6802 - 10$
$:2$

$\log \tan \frac{t}{2} = 9{,}8401 - 10$

$\frac{t}{2} = 34°41'$

$t = 69°22'$ O

Hilfsrechnung 6.

$60° \ \ = 4^h$
$\ \ 9° \ \ = \ \ 36^m$
$\ \ 15' \ \ = \ \ \ \ 1^m$
$\ \ \ \ 7' \ \ = \ \ \ \ \ \ \ 28^s$
$\overline{69°22' \ = 4^h\ 37^m\ 28^s}$

Hilfsrechnung 7.

$3^h \ \ \ \ \ = 45°$
$40^m \ \ \ = 10°$
$\ \ \ \ 3^s = \ \ \ \ 0{,}8'$
$\overline{3^h\ 40^m\ 3^s = 55°\ 1'.}$

Ungelöste Aufgaben.

Aufgabe 236. Am 18. Januar 1901 beobachtet man morgens in etwa 33° 14' N und 155° 16' W (nach der Besteckrechnung) aus 5 m Augeshöhe nach einem Chronometer, dessen Stand — 0ᵐ 2ˢ beträgt,

Chron. 1ʰ 4ᵐ 18ˢ   Procyon ± 39° 48'
       5ᵐ 34ˢ   33'
       6ᵐ 50ˢ   12'.

Welche Länge folgt hieraus?

Andeutung. Die Aufgaben 236 bis 238 werden analog dem Beispiel 82 gelöst.

Aufgabe 237. Am 22. August 1901 beobachtet man abends in etwa 36° 12' S und 158° 40' O (nach der Besteckrechnung) aus 8 m Augeshöhe nach einem Chronometer, dessen Stand — 21ᵐ 15ˢ beträgt,

Chron. 0ʰ 5ᵐ 59ˢ   Fomalhaut ± 57° 38'
       8ᵐ 1ˢ   58° 2'
       9ᵐ 31ˢ   58° 32'.

Welche Länge folgt hieraus?

Aufgabe 238. Am 10. Dezember 1901 beobachtet man in etwa 40° 44′ N und 61° 55′ W (nach der Besteckrechnung) aus 5 m Augeshöhe nach einem Chronometer, dessen Stand — $8^m\,30^s$ beträgt,

Chron. $9^h\,39^m\,44^s$ Vega $\doteq$ 43° 16′
       $\quad\ \ 40^m\,50^s$ 43° 4′
       $\quad\ \ 41^m\,40^s$ 42° 55′.

Welche Länge folgt hieraus?

---

e) Die astronomische Standlinie (allgemeiner Fall).

Frage 72. Wie verfährt man in dem allgemeinen Falle des $\triangle\,pog$, wo nach den vorhergehenden Kapiteln weder die Breite noch die Länge des Beobachtungsortes aus einer einzigen Höhe berechnet werden kann?

Antwort. Wenn zu irgend einer Zeit die Höhe irgend eines Gestirns gemessen ist, so lässt sich nach den Betrachtungen zu Frage 62 im allgemeinen die Breite nur bei bekannter Länge und ebenso die Länge nur bei bekannter Breite finden. Wenn dagegen weder Breite noch Länge bekannt ist, so sind im $\triangle\,pog$ (Figur 65) nur die beiden Seiten $pg = 90° \mp \delta$ und $go = z$ bekannt. Wenn somit auch eine Berechnung des Dreiecks nicht möglich ist, so folgt doch aus der beobachteten Zenithdistanz z, dass das Schiff auf einem kleineren Kreise, der sog. Höhengleiche, (siehe Figur 62 und 63) steht, welchen man auf der Erdoberfläche um den Projektionspunkt g mit dem sphärischen Radius z beschreibt. Nun ist durch die Besteckrechnung der angenäherte Schiffsort bekannt; somit kommt für die Ortsbestimmung des Schiffes nur das in der Nähe des Besteckes liegende Bogenstück der Höhengleiche in Frage, und wenn die Krümmung derselben nicht zu stark, d. h. der Radius z nicht zu klein ist, so lässt sich dieses Bogenstück in der Karte durch die Tangente der Höhengleiche ersetzen. Mithin entspricht jeder beliebigen Gestirnhöhe als geometrischer Ort in der Karte eine gerade Linie, auf welcher sich das Schiff zufolge jener Höhenbeobachtung irgendwo befinden muss.

Frage 73. Wie wird die astronomische Standlinie in der Karte konstruiert?

Figur 73.

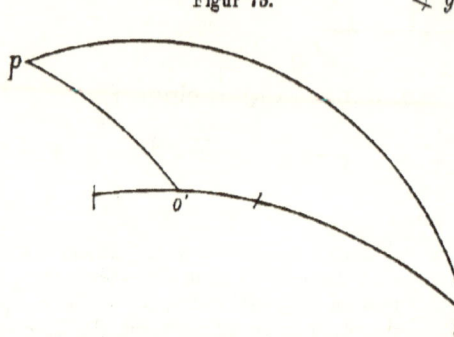

Antwort. Wenn in Figur 73 p den mit der Breite gleichnamigen Erdpol, g den Projektionspunkt des beobachteten Gestirns und o' den Besteckort angibt, für welchen also Breite und Länge bekannt sind, so ist im $\triangle p o' g$ bekannt $p o' = 90^0 - \varphi'$, $p g = 90^0 \mp \delta$ und $\sphericalangle g p o' = t$. Es lässt sich daher nach den Formeln der sphärischen Trigonometrie die Seite $g o' = z'$ und der Winkel $p o' g$, welcher das Azimut des Gestirns angibt, berechnen. Aus der Vergleichung des beobachteten z mit dem für den Besteckort o' berechneten z' lässt sich dann schliessen, wie weit die wirkliche Höhengleiche, auf welcher das Schiff steht, vom Besteckort o' entfernt ist. Wenn $z < z'$ ist, so liegt die Höhengleiche um das Stück $z' - z$ weiter nach dem Projektionspunkte hin in der Richtung, welche das Azimut angibt. Wenn dagegen $z > z'$ ist, so liegt die Höhengleiche um das Stück $z - z'$ weiter vom Projektionspunkte entfernt, also in der entgegengesetzten Richtung des Azimuts. Ersetzt man also das in Betracht kommende Kurvenstück der Höhengleiche durch die Tangente, so ergibt sich für die Konstruktion der Standlinie (Fig. 74) folgende Regel:

1. Wenn die beobachtete Zenithdistanz kleiner ist als die berechnete, so trage man vom Besteckorte o' aus die Differenz $z' - z = o' o_1$ in der Richtung des Azimuts ab und errichte in o_1 das Lot, so ist dieses die Standlinie, auf welcher das Schiff steht.

Figur 74.

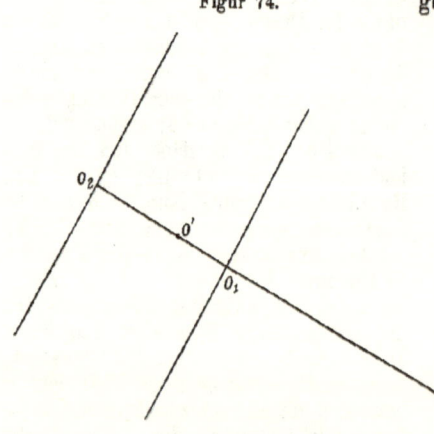

2. Wenn die beobachtete Zenithdistanz grösser ist als die berechnete, so trage man die Differenz $z - z' = o' o_2$ in der dem Azimut entgegengesetzten Richtung ab und errichte in o_2 das Lot, so ist dieses die Standlinie, auf welcher das Schiff steht.

Erkl. 80. Bei der Konstruktion der astronomischen Standlinie sieht man erstens die Linien $o' o_1$ und $o' o_2$ in Merkators Karte als Gerade an und ersetzt zweitens die Kurve durch die Tangente. Die aus der letzteren Annahme resultierende Ungenauigkeit ist um so grösser, je weiter der wirkliche Schiffsort von dem Berührungspunkte o_1 resp. o_2 entfernt liegt.

Frage 74. Wie berechnet man im $\triangle p\,o'g$ die Seite z' und den Winkel $p\,o'g = a$?

Antwort. Da nach der Antwort auf Frage 73 im $\triangle p\,o'g$ zwei Seiten und der eingeschlossene Winkel gegeben sind, so findet man, wenn man den bei o' liegenden Azimutwinkel mit a bezeichnet, zunächst den Winkel a nach der

Formel 65:
$$\begin{cases} tang\ \dfrac{a+g}{2} = cotg\ \dfrac{t}{2} \cdot \dfrac{cos\ \dfrac{(90^0-\delta)-(90_0-\varphi)}{2}}{cos\ \dfrac{(90^0-\delta)+(90^0-\varphi)}{2}} \\ tang\ \dfrac{a-g}{2} = cotg\ \dfrac{t}{2} \cdot \dfrac{sin\ \dfrac{(90^0-\delta)-(90^0-\varphi)}{2}}{sin\ \dfrac{(90^0-\delta)+(90^0-\varphi)}{2}} \end{cases}$$

Erkl. 81. Bezeichnen a, b, c die Seiten und α, β, γ die gegenüberliegenden Winkel eines sphärischen Dreiecks, so lauten die Nepperschen Formeln:

$$tang\ \frac{\alpha+\beta}{2} = cotg\ \frac{\gamma}{2} \cdot \frac{cos\ \dfrac{a-b}{2}}{cos\ \dfrac{a+b}{2}}$$

und

$$tang\ \frac{\alpha-\beta}{2} = cotg\ \frac{\gamma}{2} \cdot \frac{sin\ \dfrac{a-b}{2}}{sin\ \dfrac{a+b}{2}}$$

woraus sich ergibt:

$$\alpha = \frac{\alpha+\beta}{2} + \frac{\alpha-\beta}{2}$$

$$\beta = \frac{\alpha+\beta}{2} - \frac{\alpha-\beta}{2}$$

Ferner existieren nach dem Sinussatze die Beziehungen.

$$sin\,a : sin\,b = sin\,\alpha : sin\,\beta.$$

dann ist:

Formel 66: $a = \dfrac{a+g}{2} + \dfrac{a-g}{2}$.

Eine Vereinfachung der beiden ersten Formeln ergibt sich, wenn man rechts die Klammern auflöst; dann ist:

$$\begin{cases} tang\ \dfrac{a+g}{2} = cotg\ \dfrac{t}{2} \cdot \dfrac{cos\ \dfrac{\varphi-\delta}{2}}{cos\left(90^0 - \dfrac{\varphi+\delta}{2}\right)} \\ tang\ \dfrac{a-g}{2} = cotg\ \dfrac{t}{2} \cdot \dfrac{sin\ \dfrac{\varphi-\delta}{2}}{sin\left(90^0 - \dfrac{\varphi+\delta}{2}\right)} \end{cases}$$

woraus sich endlich ergibt:

Formel 67:
$$\begin{cases} tang\ \dfrac{a+g}{2} = cotg\ \dfrac{t}{2} \cdot \dfrac{cos\ \dfrac{\varphi-\delta}{2}}{sin\ \dfrac{\varphi+\delta}{2}} \\ tang\ \dfrac{a-g}{2} = cotg\ \dfrac{t}{2} \cdot \dfrac{sin\ \dfrac{\varphi-\delta}{2}}{cos\ \dfrac{\varphi+\delta}{2}} \end{cases}$$

Erkl. 82. In Formel 67 ist unter $\varphi - \delta$ und $\varphi + \delta$ natürlich die algebraische Differenz sowie die algebraische Summe zu verstehen (mit Berücksichtigung der Vorzeichen).

Durch Anwendung des Sinussatzes erhält man dann zur Berechnung von z'

$$sin\,(90^0 - \delta) : sin\,z' = sin\,a : sin\,t$$

woraus sich ergibt:

Formel 68: $sin\,z' = \dfrac{sin\,(90^0-\delta) \cdot sin\,t}{sin\,a}$

oder endlich:

Formel 69: $sin\,z' = \dfrac{cos\,\delta \cdot sin\,t}{sin\,a}$.

Erkl. 83. Die mit der Bestimmung eines Winkels durch den Sinus verbundene Unbestimmtheit zwischen dem spitzen und stumpfen Werte ist in Formel 69 ohne Bedeutung, weil hier z' als Zenithdistanz nur spitz sein kann.

Frage 75. Wie wird die astronomische Standlinie in der Karte verwertet?

Antwort. Bei der Ansegelung von Land ist die Kenntnis der Standlinie in der Karte aus dem Grunde von besonderer Wichtigkeit, weil ein Verfolgen des Kurses der Standlinie selbst das Schiff nach demjenigen Küstenpunkt führen muss, in welchem die Standlinie die Küste schneidet.

Erkl. 84. Die Methode der Standlinien wurde von dem amerikanischen Kapitän Sumner 1837 bei seiner Einsegelung in den St. Georgs-Kanal erfunden. Man nennt die Standlinie daher auch Sumnersche Standlinie. (Siehe Beispiel 83, welches die Daten des historischen Sumnerschen Beispiels mit Verschiebung auf 1901 wiedergibt.)

Beispiel 83.

Am 17. Dezember 1901 beobachtet man zur Einsegelung in den St. Georgs-Kanal in etwa $51°37'$ W und $6°39'$ W (nach der Besteckrechnung) um ungefähr $10^1/_2$ Uhr morgens nach einem Chronometer, welches mittlere Greenwicher Zeit zeigt,

Chron. $10^h 47^m 13^s$ ☉ $12°2'$.

Welchen Verlauf hat hiernach die Standlinie in der Karte (**Figur 75**) und wie hat man zum Zwecke der Ansegelung von Land zu navigieren?

Hilfsrechnung 1.

☉ $\delta = 23°21'\ 3''$ S um 0^h nachm. 17./12.
$1{,}2 \cdot 6{,}5'' = -\ 8''$
☉ $\delta = 23°20'55''$ S um $10{,}8^h$ morg. 17./12.
Zeitgl. $= - 3^m 58{,}3^s$ um 0^h nachm. 17./12.
$1{,}2 \cdot 1{,}22^s = \ 1{,}5$
Zeitgl. $= - 4^m 0^s$ um $10{,}8^h$ morg. 17.12.
☉ $r = 16{,}3'$.

Hilfsrechnung 2.

☉ $12°\ 2'$
Kimmtiefe $= - 4'$ (Tafel VIII)
scheinb. Höhe des Unterr. $11°58'$
Refraktion $= - 4{,}5'$ (Tafel IX)
Höhenparallaxe $= + 0{,}1'$ (Tafel XV)
wahre Höhe des Unterr. $11°53{,}6'$
Halbmesser $= + 16{,}3'$
wahre Höhe des Mittelp. $12°10'$
$z = 77°50'$.

Hilfsrechnung 3.

$\varphi = 51°37'$ N
$\delta = 23°21'$ S
$\varphi + \delta = 28°16'$
$\varphi - \delta = 74°58'$

folglich:
$\dfrac{\varphi + \delta}{2} = 14°8'$

$\dfrac{\varphi - \delta}{2} = 37°29'$.

Auflösung.

Chron. $10^h 47^m 13^s$
Stand $= 0$
mittl. Greenw. Zeit $10^h 47^m 13^s$ morg. 17./12.
Länge in Zeit $= -\ 26\ \ 36$ W
mittl. Ortszeit $10^h 20^m 37^s$ morg. 17./12.
Zeitgl. $= +\ 4\ \ 0$
wahre Ortszeit $10^h 24^m 37^s$ morg. 17./12.
$t = 1^h 35^m 23^s \bigcirc = 23°51'0$

$\dfrac{t}{2} = 11°55{,}5'$.

Nach Hilfsrechnung 2 ergibt sich aus der Beobachtung:
$z = 77°50'$

nach Formel 67 ist:
$$\begin{cases} \tan\dfrac{a+g}{2} = \cot g\,\dfrac{t}{2} \cdot \dfrac{\cos\dfrac{\varphi-\delta}{2}}{\sin\dfrac{\varphi+\delta}{2}} \\ \\ \tan\dfrac{a-g}{2} = \cot g\,\dfrac{t}{2} \cdot \dfrac{\sin\dfrac{\varphi-\delta}{2}}{\cos\dfrac{\varphi+\delta}{2}} \end{cases}$$

Nach Einsetzung der in Hilfsrechnung 3 gefundenen Werte erhält man:
$$\begin{cases} \tan\dfrac{a+g}{2} = \cot g\ 11°55{,}5' \cdot \dfrac{\cos 37°29'}{\sin 14°8'} \\ \tan\dfrac{a-g}{2} = \cot g\ 11°55{,}5' \cdot \dfrac{\sin 37°29'}{\cos 14°8'} \end{cases}$$

oder nach Hilfsrechnung 4:
$\dfrac{a+g}{2} = 86°17'$

$\dfrac{a-g}{2} = 71°24'$

$a = 157°41'$ (nach Formel 66).

Die Schiffahrt nach astronomischen Beobachtungen.   1

Figur 75.

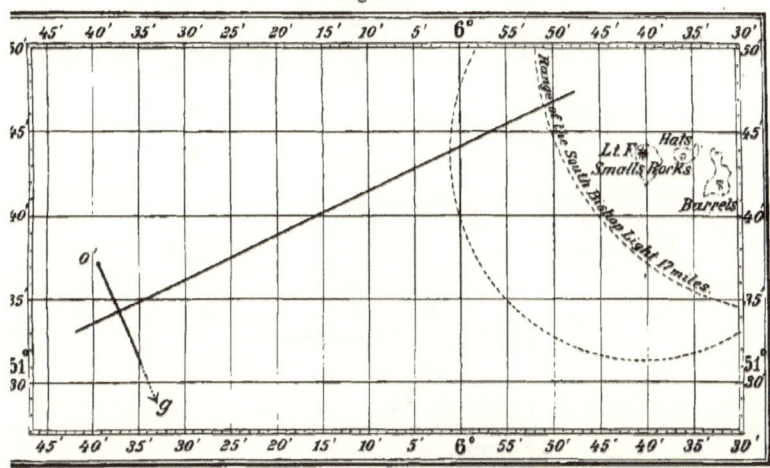

Hilfsrechnung 4.

Aus:

$$ang \frac{a+g}{2} = cotg\, 11^0\,55{,}5' \cdot \frac{cos\,37^0\,29'}{sin\,14^0\,8'}$$

t:

$$tang \frac{a+g}{2} = \log cotg\, 11^0\,55{,}5' + \log cos\, 37^0\,29' - \log sin\, 14^0\,8'$$

$$\begin{aligned}
\log cotg\, 11^0\,55{,}5' &= 0{,}6753 \\
\log cos\, 37^0\,29' &= 9{,}8996 - 10 \\
\hline
&0{,}5749 \\
\log sin\, 14^0\,8' &= 9{,}3877 - 10 \\
\hline
\log tang \tfrac{a+g}{2} &= 1{,}1872 \\
\tfrac{a+g}{2} &= 86^0\,17'.
\end{aligned}$$

Aus:

$$ang \frac{a-g}{2} = cotg\, 11^0\,55{,}5' \cdot \frac{sin\,37^0\,29'}{cos\,14^0\,8'}$$

t:

$$g\,tang \frac{a-g}{2} = \log cotg\, 11^0\,55{,}5' + \log sin\, 37^0\,29' - \log cos\, 14^0\,8'$$

$$\begin{aligned}
\log cotg\, 11^0\,55{,}5' &= 0{,}6753 \\
\log sin\, 37^0\,29' &= 9{,}7843 - 10 \\
\hline
&0{,}4596 \\
\log cos\, 14^0\,8' &= 9{,}9867 - 10 \\
\hline
\log tg \tfrac{a-g}{2} &= 0{,}4729 \\
\tfrac{a-g}{2} &= 71^0\,24'.
\end{aligned}$$

Da nach Figur 64 das Azimut stets v dem mit der Breite gleichnamigen Pol, al hier von N zählt und zwar nach der n dem Stundenwinkel gleichnamigen Seite, al hier nach O, so ist das Azimut, auf vol Grade abgerundet, N 158° O oder S 22° (

Nach Formel 69 ist ferner:

$$sin\, z' = \frac{cos\,\delta\, sin\,t}{sin\,a}$$

oder nach Einsetzung der Zahlenwerte:

$$sin\, z' = \frac{cos\,23^0\,21' \cdot sin\, 23^0\,51}{sin\, 157^0\,41'}$$

folglich nach Hilfsrechnung 5:

$$\begin{aligned}
z' &= 77^0\,53' \\
z &= 77\ \ 50 \\
\hline
z' - z &= 0^0\ \ 3'.
\end{aligned}$$

Nach Vorschrift der in der Antwort a1 Frage 73 angegebenen Regel 1 muss ma also vom Besteckorte o' aus in der Kart S 22° O 3' absetzen. Die Abmessung vo 3' geschieht hierbei in der Merkatorsche Karte auf die Skala für die Distanzen, als auf dem rechten oder linken Rande de Karte (siehe Erkl. 14), da auf dem grösste Kreisbogen $o'g$ 1 sml = 1' ist. Errichte man dann im Endpunkte ein Lot, so is dieses die gesuchte Standlinie, auf welche das Schiff irgendwo steht. Da der Kui der Standlinie N 68° O ist (senkrecht a1 S 22° O), so ist also das Schiff auf diese

Die Nautik in elementarer Behandlung.

Hilfsrechnung 5.

Aus:
$$\sin z' = \frac{\cos 23°21' \cdot \sin 23°51'}{\sin 157°41'}$$
folgt:
$\log \sin z' = \log \cos 23°21' + \log \sin 23°51'$
$\qquad - \log \sin 157°41'$

$\log \cos 23°21' = 9{,}9629 - 10$
$\log \sin 23°51' = 9{,}6068 - 10$
$\qquad\qquad\quad\;\; \overline{9{,}5697 - 10}$
$\log \sin 157°41' = 9{,}5795 - 10$
$\qquad\qquad\;\; \overline{\log \sin z' = 9{,}9902 - 10}$
$\qquad\qquad\quad\;\; z' = 77°53'.$

rechtweisenden Kurs zu legen. Dann muss nach längerer oder kürzerer Segelung das Feuer von Smalls Rocks an Steuerbord (rechts) in Sicht kommen. (Siehe Figur 75.)

Ungelöste Aufgaben.

Aufgabe 239. Am 15. Januar 1901 beobachtet man morgens in etwa 55° 44' N und 15° 55' O (nach der Besteckrechnung) aus 6 m Augeshöhe nach einem Chronometer, dessen Stand — $10^m\,4^s$ beträgt,
Chron. $2^h\,18^m\,7^s$ Regulus $\perp$ 45° 43'.
Welche Standlinie folgt hieraus?

Andeutung. Die Aufgaben 239 bis 241 werden analog dem Beispiel 83 gelöst.

Aufgabe 240. Am 3. Juli 1901 beobachtet man abends in etwa 53° 2' N und 3° 35' O (nach der Besteckrechnung) aus 5 m Augeshöhe nach einem Chronometer, dessen Stand $+\,15^m\,29^s$ beträgt,
Chron. $10^h\,29^m\,41^s$ Antares $\perp$ 9° 1'.
Welche Standlinie folgt hieraus?

Aufgabe 241. Ein nach der Elbe bestimmtes Schiff befindet sich nach der Besteckrechnung am 4. Januar 1901 um 1 Uhr morgens in etwa 54° 50' N und 7° 40' O, wo man aus 7 m Augeshöhe nach einem Chronometer, dessen Stand — $1^m\,5^s$ beträgt, folgende Höhe beobachtet,
Chron. $12^h\,25^m\,22^s$ Arcturus $\perp$ 13° 1'
Welche Standlinie folgt hieraus?

f) Die Bestimmung der Breite und Länge durch zwei Gestirnshöhen. (Zweihöhenproblem.)

Frage 76. Wie bestimmt man den Schiffsort auf See durch Ermittelung der Breite und Länge?

Antwort. Da eine einzige Höhe nach dem Vorhergehenden nur die gerade Linie in der Karte bestimmt, auf welcher das Schiff zufolge jener Höhenbeobachtung irgendwo stehen muss, so kann erst durch zwei verschiedene

Gestirnshöhen der Schiffsort selbst bestimmt werden, indem derselbe mit dem Schnittpunkt der beiden resultierenden Standlinien zusammenfällt. In der That genügt, wenn das Schiff in Gewässern sich befindet, für welche Spezialkarten von genügend grossem Massstabe zur Verfügung stehen, was in der Nähe von Land in der Regel der Fall ist (siehe Erkl. 47) die Konstruktion der beiden Standlinien in der Karte, um von dem Schnittpunkte aus den Kurs, welchen das Schiff nach seinem Reiseziel unter Berücksichtigung der Küstenfiguration, sowie der angegebenen Meerestiefen einschlagen muss, zu bestimmen. Wenn aber auf hoher See der Massstab der Karte zu klein ist, um die Konstruktion genügend genau ausführen zu können, so muss die Breite und Länge des Schnittpunktes durch Rechnung gefunden werden.

Frage 77. Wie berechnet man die Breite und Länge des Schnittpunktes zweier Standlinien?

Antwort. Wenn man die den beiden Höhenbeobachtungen entsprechenden Azimute mit a_1 und a_2, die zugehörigen Differenzen zwischen der beobachteten und der berechneten Zenithdistanz mit d und D, wobei festgesetzt werden möge, dass d die kleinere und D die grössere Distanz bedeutet, so gibt nach Fig. 76, in welcher P der der Rechnung zu Grunde gelegte Besteckort ist, der Schnittpunkt S der beiden Standlinien I und II den wirklichen Schiffsort an. Es ist also die in der Figur nicht gezeichnete Gerade PS nach Richtung und Länge die Abweichung des astronomischen Schiffsortes vom Besteckorte, die sog. Besteckversetzung. Um nun den Breiten- und Längenunterschied von S gegen P zu finden, kann man nach der Methode des Koppelkurses (siehe Seite 85) für die beiden einzelnen Kurse Pr und rS aus der Gradtafel die zugehörigen Werte des

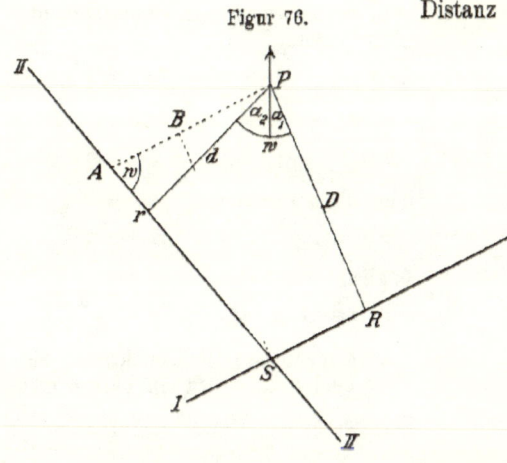

Figur 76.

Erkl. 85. Die Bestimmung, dass $rS \perp Pr$ ist, würde die Entscheidung darüber, ob man die Richtung von r nach S oder von r nach A zu nehmen hätte, an sich zweifelhaft lassen; indessen verschwindet diese Zweideutigkeit dadurch, dass stets diejenige der beiden Richtungen zu wählen ist, welche eine Annäherung an D bringt. Es genügt also die Entwerfung einer rohen Skizze nach dem Augenmass. In der Formel
$$rS = \frac{D}{\sin w} - \frac{d}{\tang w}$$
kommt dies dadurch zum Ausdruck, dass der erste Bruch stets grösser ist als der zweite und zwar aus dem doppelten Grunde, weil erstens $D > d$ ist und zweitens $\sin w < \tang w$.

Erkl. 86. Es ist nicht nötig, dass die beiden Höhen gleichzeitig, also von zwei Beobachtern, gemessen sind, sondern es können dieselben auch, wenn nur ein Beobachter vorhanden, von demselben nacheinander beobachtet sein, wenn nur die Bedingung erfüllt ist, dass die in der Zwischenzeit stattgefundene Versegelung vernachlässigt werden kann.

Breitenunterschiedes (b-Spalte) und der Abweichung (a-Spalte) (siehe Seite 81) entnehmen. Dann gibt die algebraische Summe der beiden Breitenunterschiede und diejenige der beiden Abweichungen den Breitenunterschied und die Abweichung des wirklichen Schiffsortes S gegen den Besteckort P an. Verwandelt man dann nach Tafel 3 die Abweichung in Längenunterschied und bringt endlich Breitenunterschied und Längenunterschied an die bekannte Breite und Länge von P an, so erhält man die gesuchte Breite und Länge von S.

Für die Gerade Pr ist Kurs und Distanz durch das berechnete Azimut und die berechnete Differenz der Zenithdistanzen bekannt. Für rS ist der Kurs ebenfalls dadurch bestimmt, dass derselbe rechtwinklig zum Kurse der Linie Pr sein muss. Um auch die Distanz rS zu finden, zieht man die Hilfslinien $PA \parallel l$ und $SB \perp PA$. Bezeichnet man dann den Winkel zwischen D und d mit w, $(a_1 + a_2)$, so ist:
$$rS = AS - Ar.$$
Nun ist im $\triangle ABS$:
$$AS = \frac{BS}{\sin \sphericalangle BAS}$$
oder, da $BS = D$ und $\sphericalangle BAS = \sphericalangle w$, weil beide denselben Komplementwinkel APr haben:
$$AS = \frac{D}{\sin w}.$$
Ebenso ist Ar im $\triangle APr$:
$$Ar = \frac{Pr}{\tang w}$$
oder, da $Pr = d$ ist,
$$Ar = \frac{d}{\tang w}$$
folglich:

Formel 70: $rS = \dfrac{D}{\sin w} - \dfrac{d}{\tang w}$.

Zur grösseren Bequemlichkeit sind diese beiden Ausdrücke in Tafel 6 tabuliert worden und zwar der erste, $\dfrac{D}{\sin w}$, in Tafel A (links), der zweite, $-\dfrac{d}{\tang w}$, in Tafel B (rechts) für alle Werte von

d resp. D bis 10' und alle Werte von w von 30° bis 150°. Die algebraische Summe der beiden Tafelwerte ist dann die gesuchte Distanz rS.

Frage 78. Welche Stellung der beiden Gestirne ist für die Bestimmung der Breite und Länge am günstigsten?

Antwort. Da der Schiffsort als Schnittpunkt zweier Geraden sich um so sicherer bestimmen lässt, je mehr sich der Winkel, unter welchem sich die Geraden schneiden, einem Rechten nähert (siehe auch die Antwort auf Frage 13 sowie die Erkl. 28 und 35), so ist es am günstigsten, die Gestirne so zu wählen, dass der Unterschied ihrer Azimute ($\sphericalangle w$), möglichst nahe an 90° liegt. Mit genügender Genauigkeit lässt sich dies stets vor dem Beobachten nach dem Augenmass schätzen.

Beispiel 84.

Am 24. März 1901 beobachtet man abends in etwa 34° 31' S und 34° 56' W (nach der Besteckrechnung) aus 7 m Augeshöhe nach einem Chronometer, dessen Stand $+ 24^m 55^s$ ist,

Chron. $10^h 23^m 40^s$ α Centauri $\underline{*}$ 30° 12'
und gleich darauf:
Chron. $10^h 27^m 8^s$ α Eridiani $\underline{*}$ 20° 41'.
Welche Breite und Länge folgt hieraus?

Hilfsrechnung 1.

$m \odot \alpha = 0^h 5^m 3{,}5^s$ um 0^h nachm. 24./3.
Korr. für $10^h + 1$ 38,6
„   „ $48{,}6^m + 0$ 8,0
$\overline{m \odot \alpha = 0^h 6^m 50^s}$

α Centauri $\alpha = 14^h 32^m 58^s$
„ $\delta = 60° 25' 28''$ S
          $pg = 29° 35'$.

Hilfsrechnung 2.

30° $= 2^h$
4° $= 16^m$
45' $= 3^m$
11' $= 44^s$
$\overline{34° 56' = 2^h 19^m 44^s.}$

Hilfsrechnung 3.

Kimmabstand $\underline{*}$ 30° 12'
Kimmtiefe $=$ $-$ 4,7 (Tafel VIII)
Scheinb. Höhe   30° 7,8'
Refraktion $=$ $-$ 1,7 (Tafel IX)
Wahre Höhe   30° 5,6'
$z = 59° 54'$.

Auflösung.

1. α Centauri.

Chron. $10^h 23^m 40^s$
Stand $+ 24 55$
mittl. Greenw. Zeit $10^h 48^m 35^s$ nachm. 24./3.
Länge $- 2 19 44$ W
mittl. Ortszeit $8^h 28^m 51^s$ nachm. 24./3.
$m \odot \alpha = 0 6 50$
Sternzeit $8^h 35^m 41^s$
$* \alpha = 14 32 58$
$* t = 18^h 2^m 43^s$ W
$ = 5^h 57^m 17^s$ O $= 89° 19'$ O
$\dfrac{t}{2} = 44° 40'$.

Nach Hilfsrechnung 3 ergibt sich aus der Beobachtung:

$z = 59° 54'$.

Nach Formel 67 ist:

$$\begin{cases} \tan \dfrac{a+g}{2} = \cot \dfrac{t}{2} \cdot \dfrac{\cos \dfrac{\varphi - \delta}{2}}{\sin \dfrac{\varphi + \delta}{2}} \\[2ex] \tan \dfrac{a-g}{2} = \cot \dfrac{t}{2} \cdot \dfrac{\sin \dfrac{\varphi - \delta}{2}}{\cos \dfrac{\varphi + \delta}{2}} \end{cases}$$

148   Die Nautik in elementarer Behandlung.

Weil $\delta > \varphi$, so formt man diese Formeln, da $sin(-w) = -sin\,w$, $cos(-w) = cos\,w$ und $tang(-w) = -tang\,w$ ist, um in

Formel 71:
$$\begin{cases} tang\,\dfrac{g+a}{2} = cotg\,\dfrac{t}{2} \cdot \dfrac{cos\,\dfrac{\delta-\varphi}{2}}{sin\,\dfrac{\delta+\varphi}{2}} \\ tang\,\dfrac{g-a}{2} = cotg\,\dfrac{t}{2} \cdot \dfrac{sin\,\dfrac{\delta-\varphi}{2}}{cos\,\dfrac{\delta+\varphi}{2}} \end{cases}$$

Hilfsrechnung 4.
$\delta = 60^0\,25'$ S
$\varphi = 84^0\,31'$ S
$\delta + \varphi = 94^0\,56'$
$\delta - \varphi = 25^0\,54'$

folglich:
$\dfrac{\delta+\varphi}{2} = 47^0\,28'$
$\dfrac{\delta-\varphi}{2} = 12^0\,57'$.

Hilfsrechnung 5.
$\log cotg\,44^0\,40' = 0{,}0051$
$\log cos\,12^0\,57' = 9{,}9888 - 10$
$ 9{,}9939 - 10$
$\log sin\,47^0\,28' = 9{,}8674 - 10$

$\log tang\,\dfrac{g+a}{2} = 0{,}1265$

$\dfrac{g+a}{2} = 53^0\,13{,}7'$.

$\log cotg\,44^0\,40' = 0{,}0051$
$\log sin\,12^0\,57' = 9{,}3504 - 10$
$ 9{,}3555 - 10$
$\log cos\,47^0\,28' = 9{,}8300 - 10$

$\log tang\,\dfrac{g-a}{2} = 9{,}5255 - 10$

$\dfrac{g-a}{2} = 18^0\,32{,}4'$.

Hilfsrechnung 6.
$\log cos\,60^0\,25' = 9{,}6935 - 10$
$\log sin\,89^0\,19' = 0{,}0000$
$ 9{,}6935 - 10$
$\log sin\,34^0\,41' = 9{,}7551 - 10$
$\log sin\,z' = 9{,}9384 10$
$z' = 60^0\,12'$.

Hilfsrechnung 7.
$m \odot \alpha = 0^h\,5^m\,3{,}5^s$ um 0^h nachm. 24./3.
Korr. für $10^h\ \ +\ 1\ \ 38{,}6$
„ „ $52^m\ + 8{,}5$
$m \odot \alpha = 0^h\,6^m\,51^s$ um $10^h\,52^m$ nachm. 24./3.

α Eridani $\alpha = 1^h\,34^m\,0^s$
$\alpha \phantom{\text{Eridani}\alpha} \delta = 57^0\,44'\,25''$ S
$\phantom{\alpha\text{ Eridani}\alpha} pg = 32^0\,16'$.

Nach Einsetzung der in Hilfsrechnung 4 gefundenen Zahlenwerte erhält man:
$$\begin{cases} tang\,\dfrac{g+a}{2} = cotg\,44^0\,40' \cdot \dfrac{cos\,12^0\,57'}{sin\,47^0\,28'} \\ tang\,\dfrac{g-a}{2} = cotg\,44^0\,40' \cdot \dfrac{sin\,12^0\,57'}{cos\,47^0\,28'} \end{cases}$$

oder nach Hilfsrechnung 5:
$\dfrac{g+a}{2} = 53^0\,13{,}7'$
$\dfrac{g-a}{2} = 18^0\,32{,}4'$

Formel 72: $a = \dfrac{g+a}{2} - \dfrac{g-a}{2}$
$a = 34^0\,41'$.

Da das Azimut nach Figur 65 seinen Namen von der Breite und dem Stundenwinkel erhält, so ist das wahre Azimut S 35^0 O. Nach Formel 69 ist ferner:

$sin\,z' = \dfrac{cos\,\delta \cdot sin\,t}{sin\,a}$

oder nach Einsetzung der Zahlenwerte:

$sin\,z' = \dfrac{cos\,60^0\,25' \cdot sin\,89^0\,19'}{sin\,34^0\,41'}$

folglich nach Hilfsrechnung 6:
$z' = 60^0\,12'$
$z = 59^0\,54'$
$z' - z = 0^0\,18'$.

2. α Eridani.
Chron. $10^h\ 27^m\ 8^s$
Stand $= +\ 24\ \ 55$
mittl. Greenw. Zeit $10^h\,52^m\ 3^s$ nachm. 24./3.
Länge $2\ \ 19\ \ 44$ W
mittlere Ortszeit $8^h\,32^m\,19^s$ nachm. 24./3.
$m \odot \alpha = 0\ \ 6\ \ 51$
Sternzeit $8^h\,39^m\,10^s$
$* \alpha = 1\ \ 34\ \ 0$
$t = 7^h\ \ 5^m\ 10^s$ W $= 106^0\,17{,}5'$

$\dfrac{t}{2} = 53^0\,9'$.

Nach Hilfsrechnung 8 ergibt sich aus der Beobachtung:
$z = 69^0\,26'$

Die Schiffahrt nach astronomischen Beobachtungen.

Hilfsrechnung 8.
Kimmabstand 20° 41′
Kimmtiefe = − 4,7′ (Tafel VIII)
───────────────────────
scheinbare Höhe 20° 36,3′
Refraktion − 2,6′ (Tafel IX)
───────────────────────
wahre Höhe 20° 33,7′
$z = 69° 26′$.

Nach Formel 67 ist:

$$\begin{cases} tang \dfrac{a+g}{2} = cotg \dfrac{t}{2} \cdot \dfrac{\cos \dfrac{\varphi - \delta}{2}}{\sin \dfrac{\varphi + \delta}{2}} \\[2ex] tang \dfrac{a-g}{2} = cotg \dfrac{t}{2} \cdot \dfrac{\sin \dfrac{\varphi - \delta}{2}}{\cos \dfrac{\varphi + \delta}{2}} \end{cases}$$

Hilfsrechnung 9.
$\delta = 57° 44′$ S
$\varphi = 34° 31′$ S
───────────────────────
$\delta + \varphi = 92° 15′$
$\delta - \varphi = 23° 13′$
$\dfrac{\delta + \varphi}{2} = 46° 7,5′$
$\dfrac{\delta - \varphi}{2} = 11° 36,5′$

Weil $\delta > \varphi$, so formt man auch hier wie bei der ersten Höhe so um:

Formel 71:
$$\begin{cases} tang \dfrac{g+a}{2} = cotg \dfrac{t}{2} \cdot \dfrac{\cos \dfrac{\delta - \varphi}{2}}{\sin \dfrac{\delta + \varphi}{2}} \\[2ex] tang \dfrac{g-a}{2} = cotg \dfrac{t}{2} \cdot \dfrac{\sin \dfrac{\delta - \varphi}{2}}{\cos \dfrac{\delta + \varphi}{2}} \end{cases}$$

Nach Einsetzung der in Hilfsrechnung 9 gefundenen Zahlenwerte erhält man:

$$\begin{cases} t\dot{a}ng \dfrac{g+a}{2} = cotg\, 53° 9′ \dfrac{\cos 11° 36,5′}{\sin 46° 7,5′} \\[2ex] tang \dfrac{g-a}{2} = cotg\, 53° 9′ \dfrac{\sin 11° 36,5′}{\cos 46° 7,5′} \end{cases}$$

Hilfsrechnung 10.
log $cotg$ 53° 9′ = 9,8747 − 10
log cos 11° 36,5′ = 9,9910 − 10
───────────────────────
9,8657 − 10
log sin 46° 7,5′ = 9,8578 − 10
───────────────────────
log $tang \dfrac{g+a}{2} = 0{,}0079 - 10$

$\dfrac{g+a}{2} = 45° 31,3′$

log $cotg$ 53° 9′ = 9,8747 − 10
log sin 11° 36,5′ = 9,3037 − 10
───────────────────────
9,1784 − 10
log cos 46° 7,5′ = 9,8408 − 10
───────────────────────
log $tang \dfrac{g-a}{2} = 9{,}3376 - 10$

$\dfrac{g-a}{2} = 12° 16,5′$.

oder nach Hilfsrechnung 10:

$\dfrac{g+a}{2} = 45° 31,3′$

$\dfrac{g-a}{2} = 12° 16,5′$

Formel 72: $a = \dfrac{g+a}{2} - \dfrac{g-a}{2}$

$a = 33° 15′$.

Da das Azimut nach Figur 65 gleichnamig mit der Breite und dem Stundenwinkel ist, so ist das wahre Azimut S 33° W.

Nach Formel 69 ist endlich:

$$\sin z' = \frac{\cos \delta \cdot \sin t}{\sin a}$$

oder nach Einsetzung der Zahlenwerte:

$$\sin z' = \frac{\cos 57° 44′ \sin 106° 17,5′}{\sin 33° 15′}$$

folglich nach Hilfsrechnung 11:
$z' = 69° 9′$
$z = 69° 26′$
$z' - z = -17′$.

Hilfsrechnung 11.
log cos 57° 44′ = 9,7274 − 10
log sin 106° 17,5′ = 9,9822 − 10
───────────────────────
9,7096 − 10
log sin 33° 15′ = 9,7390 − 10
───────────────────────
log $sin\, z′$ = 9,9706 − 10
$z' = 69° 9′$.

Da bei der ersten Höhe $z' - z$ positiv ($z' > z$), so muss man die Differenz 18 nach der Richtung des Azimuts, also S 35° O rechnen. Weil aber bei der zweiten Höhe $z' - z$ negativ ($z' < z$), so muss man hier die Differenz 17 nach der entgegengesetzten

150   Die Nautik in elementarer Behandlung.

Figur 77.

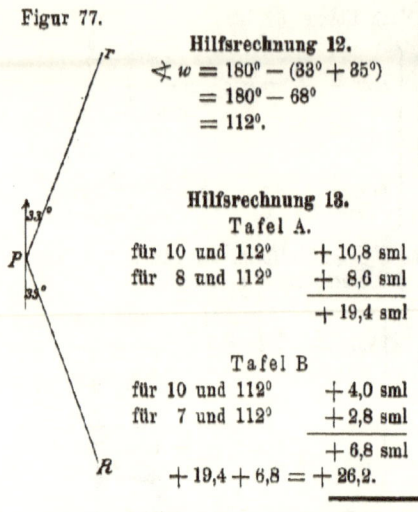

Hilfsrechnung 12.
$\sphericalangle w = 180° - (33° + 35°)$
$= 180° - 68°$
$= 112°$.

Hilfsrechnung 13.
Tafel A.
für 10 und 112°   + 10,8 sml
für 8 und 112°   + 8,6 sml
                  ───────────
                  + 19,4 sml

Tafel B
für 10 und 112°   + 4,0 sml
für 7 und 112°   + 2,8 sml
                  ───────────
                  + 6,8 sml

$+ 19{,}4 + 6{,}8 = + 26{,}2$.

Richtung des Azimuts also N 33° O rechnen (siehe Figur 77). Nach Hilfsrechnung 12 ist $\sphericalangle w = 112°$.
Die beiden zu koppelnden Kurse sind N 33° O und N 123° O oder S 57° O und zwar auf ersterem 17 sml, auf letzterem nach Hilfsrechnung 13 26 sml. Mithin:

N 33° O 17 sml   14,3 N   9,3 O
S 57° O 26 sml   14,2 S   21,8 O
                       ─────────────────
                        0,1 N   31,1 O

Nach Tafel 3 sind für $\varphi = 34{,}5°$:
31,1 sml Abweichung = 38' Längenunterschied. Demnach ist:

Besteckort $\varphi = 34° 31'$ S $\lambda = 34° 56'$ W
Br.-Unt. =   0,1' N L.-U. =   38' O
astron. Ort $\varphi = 34° 31'$ S $\lambda = 34° 18'$ W

Ungelöste Aufgaben.

Aufgabe 242. Am 22. September 1901 beobachtet man morgens in etwa 26° 50' N und 32° 57' W (nach der Besteckrechnung) aus 5 m Augeshöhe nach einem Chronometer, dessen Stand — $0^m 28^s$ beträgt,
 Chron. $6^h 49^m 59^s$ Rigel $\pm$ 54° 26'
          und Procyon $\pm$ 43° 57'
beide östlich vom Meridian.
 Welche Breite und Länge folgt hieraus?

Andeutung. Die Aufgaben 242 bis 244 werden analog dem Beispiel 84 gelöst.

Aufgabe 243. Am 14. Juli 1901 beobachtet man morgens in etwa 41° 42' N und 39° 50' W (nach der Besteckrechnung) aus 6 m Augeshöhe nach einem Chronometer, dessen Stand — 40^s beträgt,
 Chron. $4^h 35^m 18^s$ Capella $\pm$ 14° 15'
 Chron. $4^h 36^m 39^s$ Fomalhaut $\pm$ 15° 30'
beide östlich vom Meridian.
 Welche Breite und Länge folgt hieraus?

Aufgabe 244. Am 1. August 1901 in etwa 53° 13' N und 8° 27' O beobachtet man über dem künstlichen Horizont nach einem Chronometer, dessen Stand $+ 1^m 11^s$ beträgt,
 Chron. $9^h 13^m 26^s$ ☽ 91° 15' 10''
           14   30   30   0
           16   5   51   40
und einige Stunden später:
 Chron. $1^h 22^m 5^s$ ☉ 98° 2' 50''
           24   19   97 33 10
           26   45   97   6 30
 Welche Breite und Länge folgt hieraus?

III. Die Bestimmung der Gesamtmissweisung und der Deviation des Kompasses.

Frage 79. Wie bestimmt man die Gesamtmissweisung des Kompasses? Siehe Antwort auf Frage 36, S. 63.)

Antwort. Da die Gesamtmissweisung des Kompasses die algebraische Summe von Ortsmissweisung und Deviation ist (siehe Antwort auf Frage 30 sowie Erkl. 48 und 49), mithin den Winkel zwischen dem geographischen Meridian und der Nord-Süd-Richtung des Kompasses bedeutet, so lässt sich die Gesamtmissweisung eines Kompasses bestimmen, indem man das vom geographischen Meridian gezählte **wahre Azimut** eines Himmelskörpers mit der durch den Kompass erhaltenen **Peilung** desselben vergleicht. Da die Peilung eines Gestirns mit dem Kompass stets in derselben Weise vor sich geht (siehe den vierten Abschnitt „Die nautischen Instrumente und ihr Gebrauch"), so unterscheiden sich die verschiedenen Methoden zur Bestimmung der Gesamtmissweisung nur durch die Art der Berechnung des wahren Azimuts eines Himmelskörpers. Man unterscheidet besonders drei verschiedene Arten:

1. durch Amplituden der Sonne,
2. bei Chronometerlängen,
3. bei Standlinienberechnungen.

---

a) Die Berechnung des wahren Azimuts eines Himmelskörpers.

1. Durch Amplituden der Sonne.

Frage 80. Was versteht man unter Amplitude der Sonne?

Antwort. Wenn in umstehender Figur 78 PP' die Lage der Weltachse, NS den wahren Horizont eines Ortes mit dem Zenith Z und G resp. G' den Punkt bedeutet, in welchem der Mittelpunkt der Sonne den wahren Horizont passiert, so nennt man den Bogen des Horizontes zwischen dem wahren Ost- oder Westpunkt und dem Auf- oder Untergangspunkt, also OG resp. OG' die **Amplitude** der Sonne. Dieselbe

Figur 78.

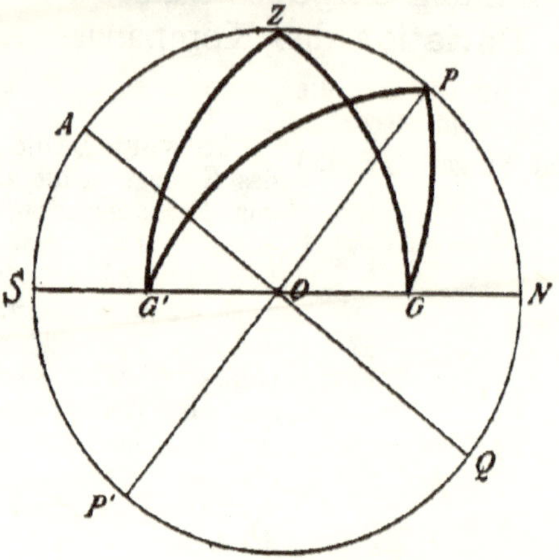

zählt beim Aufgang von Ost, beim Untergang von West und zwar, wie Fig. 78 lehrt, nach der mit der Deklination gleichnamigen Seite, also z. B. O 14⁰ N, O 11⁰ S, W 21⁰ N u. s. w.

Frage 81. Wann passiert der Mittelpunkt der Sonne den wahren Horizont?

Erkl. 87. Da die scheinbare Mondhöhe wegen der grossen Parallaxe kleiner ist als die wahre, so lässt sich der Mond im wahren Horizont nicht beobachten, weil er in dieser Stellung noch unter der Kimm steht. Die übrigen Gestirne kommen für Amplituden aus dem Grunde nicht in Betracht, weil sie infolge der starken Absorption der Lichtstrahlen durch die Atmosphäre in so kleinen Höhen nicht sichtbar sind.

Antwort. Dies findet statt, wenn der Unterrand der Sonne etwa 20′ oder nach dem Augenmass um reichlich einen Sonnenradius über der Kimm sich befindet, denn, da in diesem Falle bei einer mittleren Augeshöhe von etwa 8 m die Kimmtiefe 5′ beträgt, so ist die scheinbare Unterrandhöhe etwa 15′. Subtrahiert man hiervon die dieser Höhe entsprechende Refraktion von etwa 32′ und addiert den Sonnenhalbmesser 16′, so gelangt man zur wahren Höhe 0⁰.

Frage 82. Wie berechnet man die Amplitude der Sonne?

Antwort. Nach dem Cosinussatze der sphärischen Trigonometrie ist im $\triangle ZGP$:

Formel 73: $\cos PG = \cos PZ \cdot \cos GZ + \sin PZ \cdot \sin GZ \cdot \cos PZG$.

Erkl. 88. Bezeichnet man die drei Seiten eines Dreiecks mit a, b und c, die gegenüberliegenden Winkel mit α, β und γ, so gelten nach dem Cosinussatze folgende Beziehungen:

$\cos a = \cos b \cdot \cos c + \sin b \cdot \sin c \cdot \cos \alpha$
$\cos b = \cos a \cdot \cos c + \sin a \cdot \sin c \cdot \cos \beta$
$\cos c = \cos a \cdot \cos b + \sin a \cdot \sin b \cdot \cos \gamma$.

da aber nach den Erklärungen zu Figur 61:

$PG = 90^0 \mp \delta$, $\quad PZ = 90^0 - \varphi$,
$\sphericalangle PZG = a$

und da ferner:

$ZG = 90^0$

ist, so folgt:

Die Schiffahrt nach astronomischen Beobachtungen.

$$cos(90° \mp \delta) = cos(90° - \varphi) \cdot cos\,90° + sin(90° - \varphi) \cdot sin\,90° \cdot cos\,a.$$

Mithin:
$$sin\,\delta = sin\,\varphi \cdot 0 + cos\,\varphi \cdot 1 \cdot cos\,a$$
$$sin\,\delta = cos\,\varphi \cdot cos\,a$$
$$\frac{sin\,\delta}{cos\,\varphi} = cos\,a$$

Erkl. 89. Nach der ebenen Trigonometrie ist:
$$sin\,a = cos(90° - a)$$
$$cos\,a = sin(90° - a)$$
$$sin\,0° = 0$$
$$cos\,0° = 1.$$

Da man als Azimut a auch den Bogen GN ansehen kann, so ist die Amplitude A gleich dem Komplement des Azimuts, folglich:

Formel 74: $\dfrac{sin\,\delta}{cos\,\varphi} = sin\,A.$

Zur grösseren Bequemlichkeit ist nach Formel 74 für die Breiten bis 60° und die Deklinationen bis $23^{1}/_{2}°$ die Amplitude der Sonne in Tafel 7 angegeben.

Beispiel 85.

Am 19. Juni 1901 peilt man in 51° 20′ N und 46° 30′ W die Sonne beim wahren Aufgang nach einem Chronometer, dessen Stand etwa $+ 3^m$ beträgt, um Chron.-Zeit $6^h 53^m$. Welches ist die wahre Amplitude?

Hilfsrechnung 1.
$\odot \delta = 23° 25{,}6′$ N um 0^h nachm. 19./6.
$5{,}1 \cdot 3{,}2'' = - 0{,}3$
$\odot \delta = 23° 25{,}3′$ N um $6{,}9^h$ morg. 19./6.

Hilfsrechnung 2.
$log\,sin\,23° 25′ = 9{,}5992 - 10$
$log\,cos\,51° 20′ = 9{,}7957 - 10$
$log\,sin\,A = 9{,}8035 - 10$
$A = 39° 30′.$

Auflösung.
Chron. $6^h 53^m$
Stand $+ 3$
mittl. Greenw. Zeit $6^h 56^m$ morg. 19./6.
Nach Formel 74 ist:
$$sin\,A = \frac{sin\,\delta}{cos\,\varphi}$$
oder nach Einsetzung der Zahlenwerte:
$$sin\,A = \frac{sin\,23° 25′}{cos\,51° 20′}$$
folglich nach Hilfsrechnung 2:
$$A = O\,39{,}5° N$$
Dasselbe Resultat erhält man mit Hilfe von Tafel 7.

Ungelöste Aufgaben.

Aufgabe 245. Am 9. Juli 1901 peilt man in 24° 13′ S und 57° O die Sonne beim wahren Untergang nach einem Chronometer, dessen Stand etwa $+ 5^m$ beträgt, um Chron.-Zeit $1^h 31^m$. Welches ist die wahre Amplitude?

Andeutung. Die Aufgaben 245 bis 246 werden analog dem Beispiel 85 gelöst.

Aufgabe 246. Am 3. September 1901 peilt man in 27° 16′ S und 122° W die Sonne beim wahren Aufgang nach einem Chronometer, dessen Stand etwa $- 1^m$ beträgt, um Chron.-Zeit $2^h 22^m$. Welches ist die wahre Amplitude?

2. Bei Chronometerlängen.

Frage 83. Wie berechnet man das wahre Azimut eines Himmelskörpers im Anschluss an eine Chronometerlänge? (Siehe Seite 132.)

Antwort. Da im $\triangle pog$ (Fig. 72) die drei Seiten:

$po = 90^0 - \varphi$, $pg = 90^0 \mp \delta$ und $og = z$

bekannt sind, so kann man in derselben Weise, wie bei den Chronometerlängen der Stundenwinkel berechnet wird, auch das Azimut ($\sphericalangle pog$) berechnen nach der Formel (siehe Erkl. 74):

$$\text{Formel 75:} \quad tang \frac{a}{2} = \sqrt{\frac{sin\left(\frac{s}{2} - po\right) \cdot sin\left(\frac{s}{2} - og\right)}{sin\frac{s}{2} \cdot sin\left(\frac{s}{2} - pg\right)}}$$

wenn man:

$po + og + pg = s$

Erkl. 90. Die Beobachtung geschieht in der Weise, dass zugleich mit den Höhen der Chronometerlängen korrespondierende Peilungen des Gestirns von einem zweiten Beobachter genommen werden. Ist nur ein einziger Beobachter da, so genügt es auch, je eine Peilung vor und nach den Höhenmessungen zu nehmen und dann aus diesen beiden das arithmetische Mittel zu bilden.

setzt. Da man in Figur 72 stets den mit der Breite gleichnamigen Pol nimmt, so ist das nach Formel 75 berechnete Azimut stets gleichnamig mit der Breite, d. h. es zählt auf Nordbreite von N, auf Südbreite von S und zwar nach O oder W, je nachdem der Stundenwinkel östlich oder westlich ist.

Beispiel 86.

Welches ist das wahre Azimut der Sonne in dem Beispiel 81 der Chronometerlängen?

Wiederholung der Rechnungselemente.

$\varphi = 37^0 43'$ N, folglich $po = 52^0 17'$
$\delta = 17^0 54'$ N, „ $pg = 72^0 6'$
$h = 36^0 23'$, „ $og = 53^0 37'$
$\phantom{h = 36^0 23', \text{,, }} s = 178^0 0'$
$\phantom{h = 36^0 23', \text{,, }} \frac{s}{2} = 89^0 0'$

Hilfsrechnung 1.

$\log sin\ 36^0 43' = 9{,}7766 - 10$
$\log sin\ 35^0 23' = 9{,}7627 - 10$
$ \overline{\log\ 9{,}5393}$
$ \log sin\ 89^0 = 9{,}9999 - 10$
$ \log sin\ 16^0 54' = 9{,}4634 - 10$
$ \overline{\log\ 9{,}4633}$
$ \log\ 9{,}5393$
$ \log\ 9{,}4633$
$ \overline{ 0{,}0760}$
$: 2$

$\log tang \frac{a}{2} = 0{,}0380$

$\frac{a}{2} = 47^0 30'$

$a = 95^0 0'$.

Auflösung. Nach Formel 75 ist:

$$tang \frac{a}{2} = \sqrt{\frac{sin\left(\frac{s}{2} - po\right) \cdot sin\left(\frac{s}{2} - og\right)}{sin\frac{s}{2} \cdot sin\left(\frac{s}{2} - pg\right)}}$$

oder nach Einsetzung der Zahlenwerte:

$$tang \frac{a}{2} = \sqrt{\frac{sin\ (89^0\ 0' - 52^0 17') \cdot sin\ (89^0 0' - 53^0 37')}{sin\ 89^0 0' \cdot sin\ (89^0 0' - 72^0 6')}}$$

$$tang \frac{a}{2} = \sqrt{\frac{sin\ 36^0 43' \cdot sin\ 35^0 23'}{sin\ 89^0 0' \cdot sin\ 16^0 54'}}$$

folglich nach Hilfsrechnung 1:

$a = 95^0 0'$,

da die Breite N und der Stundenwinkel O, so ist das wahre Azimut N $95^0 0'$ O oder S 85^0 O.

Die Schiffahrt nach astronomischen Beobachtungen.

Ungelöste Aufgaben.

Aufgabe 247. Welches ist das wahre Azimut der Sonne in der Aufgabe 233?

Andeutung. Die Aufgaben 247 bis 249 werden analog dem Beispiel 86 gelöst.

Aufgabe 248. Welches ist das wahre Azimut der Sonne in der Aufgabe 234?

Aufgabe 249. Welches ist das wahre Azimut des Aldebaran in dem Beispiel 82?

3. Bei der Berechnung einer Standlinie.

Da die Berechnung des wahren Azimuts eines Himmelskörpers sowohl bei der Konstruktion einer Standlinie in der Karte (siehe Beispiel 83) als auch bei der Berechnung des Schiffsortes aus zwei Höhen nach dem Prinzip der Standlinien (siehe Beispiel 84) erforderlich ist, so lässt sich in diesen Fällen das für die Berechnung der Standlinie nötige Azimut direkt durch Vergleichung mit einer gleichzeitigen Peilung des beobachteten Gestirns zur Bestimmung der Gesamtmissweisung des Kompasses verwenden.

b) Die Bestimmung der Gesamtmissweisung und der Deviation des Kompasses.

Frage 84. Wie findet man die Gesamtmissweisung des Kompasses durch Vergleichung des wahren Azimuts mit der Peilung?

Antwort. Der absolute Wert der Gesamtmissweisung ist gleich der Differenz zwischen wahrem Azimut und Peilung. Um zu erkennen, ob die Gesamtmissweisung den Namen Ost oder West erhält, möge man sich in Fig. 79 die Kompassrose *nosw* mit östlicher Gesamtmissweisung konzentrisch auf die wahre Rose *NOSW* gelegt denken. Rechnet man dann sowohl Azimut wie Peilung von Nord nach Ost herum, so ist der Winkel der Peilung um die Gesamtmissweisung kleiner als derjenige des wahren Azimuts. Daher auch umgekehrt: „Ist der Winkel der von Nord nach Ost herum gezählten Peilung kleiner, als der Winkel des im gleichen Sinne gezählten wahren Azimuts,

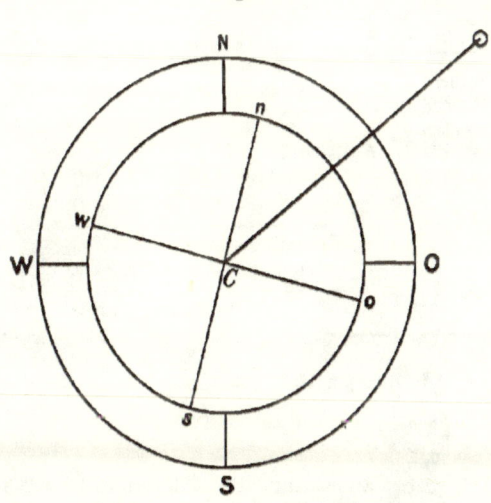

Figur 79.

Figur 80.

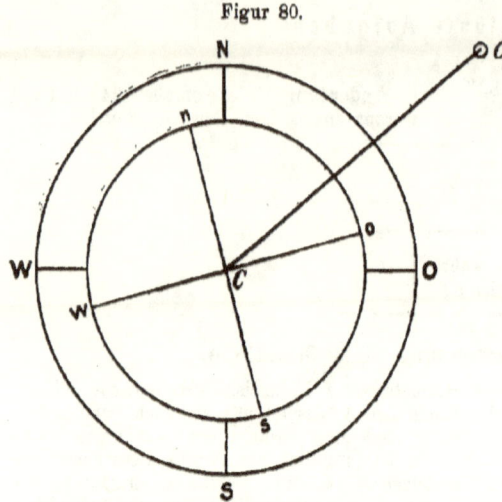

so ist die Gesamtmissweisung östlich."

Eine analoge Betrachtung des Falles, dass, wie in Figur 80 dargestellt, die Kompassrose westliche Gesamtmissweisung zeigt, führt hier zu der Regel: „Ist der Winkel der von Nord nach Ost herum gezählten Peilung grösser als der Winkel des im gleichen Sinne gezählten wahren Azimuts, so ist die Gesamtmissweisung westlich."

Frage 85. Wie findet man aus der berechneten Gesamtmissweisung des Kompasses bei bekannter Ortsmissweisung die Deviation desselben?

Antwort. Da die Gesamtmissweisung nach der Antwort auf Frage 36 die algebraische Summe von Ortsmissweisung und Deviation ist, so findet man die Deviation, indem man die Ortsmissweisung (siehe Erkl. 48, 49, 50) von der Gesamtmissweisung algebraisch, d. h. mit Rücksicht auf den Namen subtrahiert.

Erkl. 91. Um von einer Zahl eine zweite Zahl algebraisch zu subtrahieren, gibt man der letzteren das entgegengesetzte Vorzeichen und addiert sie dann zu der ersten Zahl.

Beispiel 87.

Die Amplitude der Sonne ist beim wahren Aufgange berechnet zu O 11° N, während die Peilung N 69° O ergibt. Die Ortsmissweisung beträgt 2° W. Welches ist die Deviation des Kompasses?

Auflösung.

Wahres Azimut	N 79° O
Peilung	N 69° O
Gesamtmissweisung	10° O
Ortsmissweisung	2° W
Deviation	12° O.

Ungelöste Aufgaben.

Aufgabe 250. Das wahre Azimut der Sonne bei einer Chronometerlänge betrug N 75° W, während die Peilung N 83° W ergab. Die Ortsmissweisung war 12° O. Welches ist die Deviation des Kompasses?

Andeutung. Die Aufgaben 250 bis 253 werden analog dem Beispiel 87 gelöst.

Aufgabe 251. Bei der Berechnung einer Standlinie ergibt sich das wahre Azimut von Aldebaran zu S 36° W, während derselbe in S 24° W gepeilt wurde. Die Ortsmissweisung beträgt 15° O. Welches ist die Deviation des Kompasses?

Aufgabe 252. Die Amplitude der Sonne ist beim wahren Untergange berechnet zu W 4° S, während die Peilung N 83° W ist. Die Ortsmissweisung ist 11° W. Welches ist die Deviation des Kompasses?

Aufgabe 253. Bei der Berechnung des Schiffsortes aus einer Sonnen- und Mondhöhe ergibt sich das wahre Azimut der Sonne S 33° W und dasjenige des Mondes S 58° O, während die Peilungen für die Sonne S 19° W und für den Mond S 74° O betragen. Die Ortsmissweisung ist 18° O. Welches ist die Deviation des Kompasses?

IV. Die Berechnung von Hoch- und Niedrigwasser.

Frage 86. Was versteht man unter Hoch- und Niedrigwasser?

Antwort. Das Niveau des Meeres ist in einem fortwährenden Schwanken begriffen und zwar in der Weise, dass sich dasselbe im regelmässigen Wechsel reichlich 6 Stunden hebt und ebenso lange senkt. Man bezeichnet dann den Zustand des höchsten Niveaus als Hochwasser, denjenigen des tiefsten Niveaus als Niedrigwasser.

Erkl. 92. Der regelmässige Wechsel zwischen Hebung und Senkung des Meeresniveaus heisst „Gezeiten" oder „Tiden" und zwar nennt man das Steigen des Wassers von Niedrigwasser bis Hochwasser **Flut**, das Fallen von Hochwasser bis Niedrigwasser **Ebbe**.

Frage 87. Wodurch werden diese periodischen Schwankungen hervorgerufen?

Antwort. Nach dem Newtonschen Gravitationsgesetze ziehen sich Erde und Mond gegenseitig an. Weil aber die Stärke der Anziehung um so grösser ist, je geringer die Entfernung ist, so muss der dem Monde zugekehrte Teil der Erde stärker angezogen werden als der Mittelpunkt der Erde, dieser aber wieder stärker als der dem Monde abgewandte Teil der Erde. Wenn also die Erde überall, wie in Figur 81 angenommen, mit tiefem Wasser umgeben wäre, so würde durch die Anziehung des Mondes die Oberfläche des Meeres die Fläche eines Ellipsoides annehmen,

Figur 81.

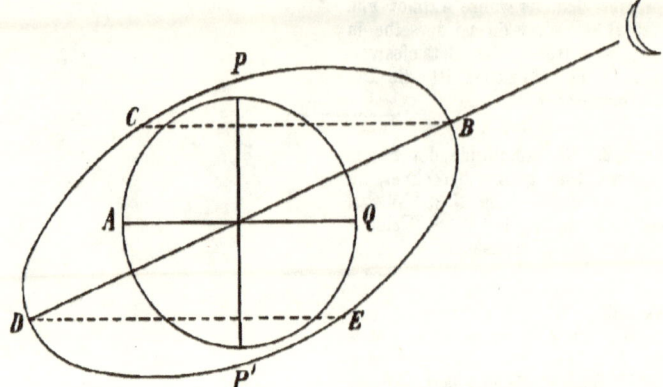

dessen grosse Achse mit der Verbindungslinie Erde-Mond zusammenfällt. Bei der täglichen Bewegung des Mondes von Ost nach West (in etwa $24^h\,48^m$ einmal um die Erde) würde diese Achse BD des Ellipsoides ebenfalls mit um die Erdachse PP' herumgeführt werden und dadurch an jedem Orte der Oberfläche täglich zwei Hoch- und zwei Niedrigwasser erzeugen, nämlich ein Hochwasser zu der Zeit, wo der Mond den oberen Meridian des Ortes passiert und ein zweites Hochwasser zu der Zeit, wo er den unteren Meridan passiert. Es würden sich also zwei **Flutwellen** in der Richtung von Ost nach West um die Erde herumbewegen.

Frage 88. Wodurch wird diese Flutwelle des Mondes beeinflusst?

Antwort. In Wirklichkeit gestalten sich die Verhältnisse auf der Erdoberfläche nicht so einfach. Erstens nämlich erzeugt die Anziehung der Sonne ebenfalls zwei Flutwellen, welche sich mit denen des Mondes zu einem einzigen System zusammensetzen und zwar derart, dass die Sonnenflutwellen sich einfach über die Mondflutwellen legen. Zweitens aber bedingt der Umstand, dass die Flutwellen wegen der vorgelagerten Ländermassen nicht überall ungehinderten Zutritt haben, erhebliche Modifikationen.

Erkl. 93. Die Höhe der Flutwelle der Sonne verhält sich zu derjenigen der Flutwelle des Mondes wie 2 zu 5.

Frage 89. In welcher Weise wird im speziellen die Mondflut von der Sonnenflut modifiziert.

Antwort. Die Modifikation ist eine doppelte, da sie sich sowohl auf die Höhe als auch auf die Zeit des Eintritts bezieht.

Wenn nämlich zur Zeit des Neumondes die Rektascensionen beider Gestirne einander gleich oder zur Zeit des Vollmondes um 12^h verschieden sind, so fallen die beiden Wellenberge von Mond und Sonne zusammen und es entstehen sehr hohe Hochwasser und infolge dessen sehr niedrige Niedrigwasser. Dagegen fällt etwa zur Zeit des ersten und letzten Viertels der Wellenberg der Mondflut mit dem Wellenthal der Sonnenflut zusammen, so dass wir dann ziemlich niedrige Hochwasser und ziemlich hohe Niedrigwasser haben.

Erkl. 94. Die bei Neu- und Vollmond auftretenden grossen Tiden werden **Springtiden** genannt; die beim ersten und letzten Viertel auftretenden Tiden heissen **Nipptiden**.

Hinsichtlich der Zeit des Eintreffens der wirklichen Flutwelle wird die Flutwelle der Sonne der Flutwelle des Mondes bald voraufgehen, bald derselben folgen und somit bald eine Verfrühung, bald eine Verspätung der Mondflutwelle erzeugen. Diese Korrektion wird, weil sie an die Periode eines halben Monats gebunden ist, **halbmonatliche Ungleichheit** genannt.

In Tafel XXIII des Nautischen Jahrbuches ist für jeden Tag die für halbmonatliche Ungleichheit korrigierte Zeit der Mondkulmination in Greenwich angegeben, jedoch ohne den störenden Einflüssen der Ländermassen Rechnung zu tragen.

Ausserdem ist die Aenderung für 1^h oder 15^0 Länge beigefügt, und da der Mond die Erde in der Richtung von Ost nach West zu umkreisen scheint (infolge der Achsendrehung der Erde von West nach Ost), so ist die Korrektion für Westlänge zu der für Greenwich ausgenommenen Tafelzeit zu addieren, für Ostlänge zu subtrahieren.

Frage 90. Wie wird diesen störenden Einflüssen bei der Berechnung der Hochwasserzeit Rechnung getragen.

Antwort. Die Verspätung, welche der Eintritt des Hochwassers an einem Orte durch die Lage desselben gegen die kombinierte Mond-Sonne-Flutwelle

Die Nautik in elementarer Behandlung.

Erkl. 95. Die Hafenzeiten verschiedener Orte sind in den Seekarten angegeben.

Erkl. 96. In engen Gewässern, wie Buchten und Flussläufen weichen die thatsächlichen Verhältnisse in der Regel sehr stark von diesen Bestimmungen ab; hier können infolge dessen nur Beobachtungen Aufschluss geben.

erleidet, lässt sich nur durch Beobachtungen bestimmen. Dieselbe führt den Namen Hafenzeit des Ortes. Man findet also die Zeit des Hochwassers an einem Orte für ein bestimmtes Datum, indem man aus Tafel XXIII die der Länge entsprechende Ortszeit entnimmt und zu dieser dann die Hafenzeit des Ortes addiert. Da die Zeit zwischen der oberen und unteren Kulmination des Mondes durchschnittlich etwa $12^h 24^m$ beträgt, so findet man die Zeit des zweiten Hochwassers, indem man zu der zuerst gefundenen Zeit $12^h 24^m$ addiert oder subtrahiert. Da im allgemeinen Niedrigwasser mitten zwischen zwei Hochwasser fällt, so erhält man die Zeiten des Niedrigwassers, indem man an beide Hochwasserzeiten $6^h 12^m$ anbringt.

Bei der Benutzung von Tafel XXIII ist zu beachten, dass erstens die Zeiten derselben astronomisch angegeben sind (siehe Seite 108) und dass zweitens so eingegangen werden muss, dass man nach Addition der Hafenzeit auf das gegebene bürgerliche Datum kommt.

Beispiel 88.

Wann ist am 27. April 1901 in Valparaiso ($71^0 38'$ W) Hoch- und Niedrigwasser, wenn die Hafenzeit daselbst $9^h 32^m$ beträgt?

Auflösung.

Mondkulm. in Greenw. mit halbm. Ungleichh. $6^h 20^m$ nachm. 26./4. (Tafel XXIII)
Korr. für Länge $4,8 \cdot 2,9^m = + 14^m$

$6^h 34^m$ nachm. 26./4.
Hafenzeit $= + 9\ 32$

erstes Hochwasser $4^h 6^m$ morg. 27./4.
$+ 12\ 24$

zweites Hochwasser $4^h 30^m$ nachm. 27./4.
erstes Niedrigwasser $10^h 18^m$ morg. 27./4.
zweites Niedrigwasser $10^h 42^m$ nachm. 27./4.

Hilfsrechnung 1.

$60^0 = 4^h$
$11^0 = 44^m$
$30' = 2^m$
$8' = 32^s$

$71^0 38' = 4^h 46^m 32^s$
$= 4,8^h$

Die Schiffahrt nach astronomischen Beobachtungen.

Beispiel 89.

Wann ist am 23. Januar in Sidney ($151^0\,14'$ O) Hoch- und Niedrigwasser, wenn die Hafenzeit daselbst $8^h\,38^m$ beträgt?

Auflösung.

Mondkulm. in Greenw. mit halbm. Ungleichh. $2^h\,6^m$ nachm. 23./1. (Tafel XXIII)
Korr. für Länge $10,1 \cdot 1,7 = -19$
$\overline{1^h\,47^m}$ nachm. 23./1.
Hafenzeit $= 8\,38$
zweites Hochwasser $10^h\,25^m$ nachm. 23./1.
$-12\,24$
erstes Hochwasser $10^h\,1^m$ morg. 23./1.
erstes Niedrigwasser $3^h\,49^m$ morg. 23./1.
zweites Niedrigwasser $4^h\,13^m$ nachm. 23./1.

Hilfsrechnung 1.

$150^0 = 10^h$
$1^0 = 4^m$
$14' = 56^s$
$\overline{151^0\,14' = 10^h\,4^m\,56^s}$
$ = 10{,}1^h$

Ungelöste Aufgaben.

Aufgabe 254. Wann ist am 11. August 1901 in Zanzibar ($39^0\,15'$ O) Hoch- und Niedrigwasser, wenn die Hafenzeit daselbst $4^h\,15^m$ beträgt?

Andeutung. Die Aufgaben 254 bis 256 werden analog den Beispielen 88 und 89 gelöst.

Aufgabe 255. Wann ist am 20. März 1901 in Melbourne ($144^0\,59'$ O) Hoch- und Niedrigwasser, wenn die Hafenzeit daselbst $2^h\,48^m$ beträgt?

Aufgabe 256. Wann ist am 12. November 1901 in New-York (74^0 W) Hoch- und Niedrigwasser, wenn die Hafenzeit daselbst $8^h\,13^m$ beträgt?

Anmerkung 9. Für Orte der deutschen Nordseeküste lässt sich die Rechnung dadurch abkürzen, dass in Tafel XXIV des Nautischen Jahrbuches für jeden Tag des Jahres beide Hoch- und beide Niedrigwasser für Cuxhaven vorausberechnet sind und dann mit Hilfe von Tafel XXV für jene Orte die Zeiten von Hoch- und Niedrigwasser dadurch gefunden werden können, dass für dieselben angegeben ist, wie viel das Hochwasser früher oder später eintritt, als in Cuxhaven. Ein ganz analoges Verfahren gestatten die Tafeln XXVI und XXVII für verschiedene Orte der niederländischen, belgischen, französischen und britischen Küste durch Reduktion auf London.

Beispiel 90.

Wann ist am 18. August 1901 in Helgoland Hoch- und Niedrigwasser?

Auflösung.

In Cuxhaven: erstes Hochw. $3^h\,4^m$ morg. 18   zweites Hochw. $3^h\,20^m$ nachm. 18
Nach Tafel XXV $-1\,19$ $1\,19$

In Helgoland: erstes Hochw. $1^h\,45^m$ morg. 18   zweites Hochw. $2^h\,1^m$ nachm. 18

In Cuxhaven: erstes Niedrigw. $9^h\,54^m$ morg. 18   zweites Niedrigw. $10^h\,9^m$ morg. 18
Nach Tafel XXV $-1\,19$ $1\,19$

In Helgoland: erstes Niedrigw. $8^h\,35^m$ morg. 18   zweites Niedrigw. $8^h\,50^m$ morg. 18

162   Die Nautik in elementarer Behandlung.

Ungelöste Aufgaben.

Aufgabe 257. Wann ist am 3. April 1901 in Bremerhaven Hoch- und Niedrigwasser?

Andeutung. Die Aufgaben 257 bis 260 werden analog dem Beispiel 90 gelöst.

Aufgabe 258. Wann ist am 11. Oktober 1901 in Norderney Hoch- und Niedrigwasser?

Aufgabe 259. Wann ist am 27. Mai 1901 in Dover Hoch- und Niedrigwasser?

Aufgabe 260. Wann ist am 4. November 1901 in Liverpool Hoch- und Niedrigwasser?

Vierter Abschnitt.

Die nautischen Instrumente und ihr Gebrauch.

I. Der Kompass.

Figur 82.

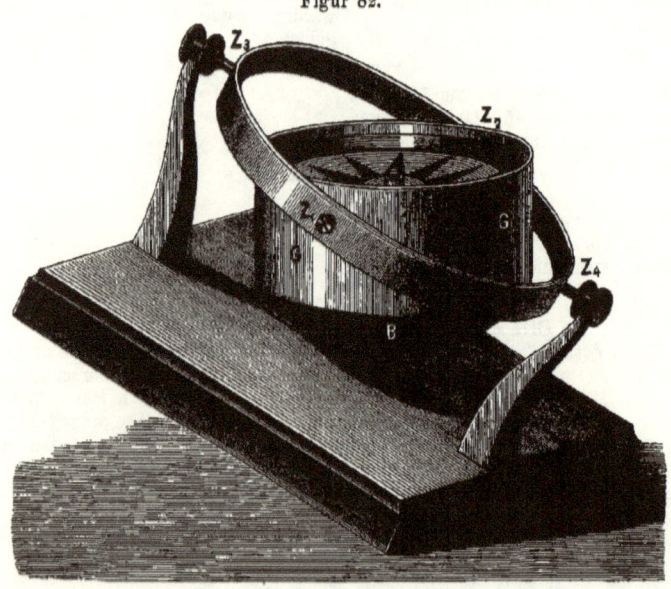

Frage 91. Wie ist der Kompass im allgemeinen eingerichtet?

Antwort. Im Innern eines cylinderförmigen Gefässes (G in Figur 82 u. 83) aus Rotguss, dessen Boden kesselartig abgerundet ist, des sog. Kompasskessels (auch Kompassbüchse genannt), ist centrisch ein stählerner Stift,

Figur 83.

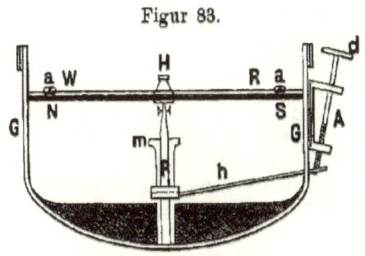

Figur 84.

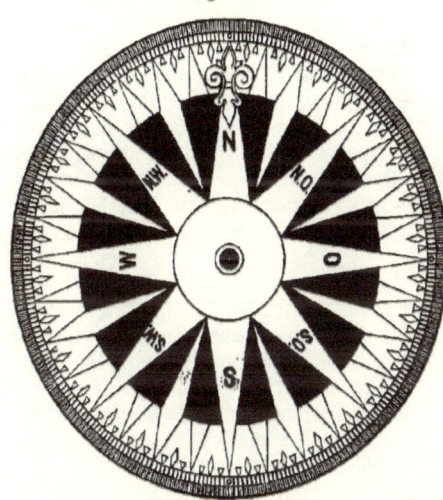

Figur 85.

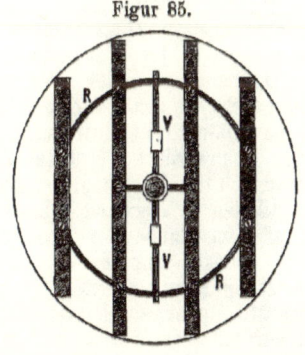

Erkl. 97. Der Gebrauch der Kompasse zur Orientierung auf See war schon den Chinesen vor dem Jahre 1200 n. Chr. bekannt. Die Einrichtung war derart, dass die Magnetnadel auf einem auf Wasser schwimmenden Stück Kork, die sog. Kompasspinne (P) angebracht, welche oben in eine sehr feine, harte Spitze ausläuft. Auf dieser Spitze dreht sich horizontal in einem harten Stein (Saphir, Rubin oder Beryll), auch Hütchen genannt (H), die Magnetnadel (NS), welche an einer horizontalen, aus Papier oder Glimmer hergestellten Scheibe, der sog. Kompassrose, befestigt ist. Im Innern des Kompasskessels ist genau vorne, d. h. in der durch den Rosenmittelpunkt gehenden Längsschiffsrichtung ein vertikaler schwarzer Strich, der sog. Steuerstrich, angebracht, welcher durch seine Lage gegenüber der Randteilung der Rose (Figur 84) den Kurs des Schiffes direkt abzulesen gestattet. Oben ist der Kessel durch einen Glasdeckel verschlossen.

Damit die Kompassrose durch die Schwankungen des Schiffes auf See möglichst wenig aus ihrer horizontalen Lage gebracht wird, ist der Kompasskessel mit einer kardanischen Aufhängung versehen, wie in Figur 82 ersichtlich. Diese Einrichtung besteht darin, dass der Kessel zunächst um eine Achse $Z_1 Z_2$ drehbar ist, welche dann in einem Ringe ruht, der wiederum sich um die zur ersten Achse senkrechte Achse $Z_3 Z_4$ drehen kann. Ferner ist der Boden des Kessels mit Blei (B) ausgegossen, um eine Drehung aus seiner ruhigen Lage zu erschweren.

Bei den modernen Kompassen treten an die Stelle einer einzigen Magnetnadel zwei oder vier Magnetstäbe (Figur 85) von der Form dünner Plättchen. Um das Gewicht der Rose und damit die Reibung auf der Pinne zu verkleinern, wird der innere Teil der Rose in der Regel ausgeschnitten.

Um die Pinnenspitze während der Zeit, wo der Kompass nicht gebraucht wird, zu schonen, ist die aus Figur 83 ersichtliche Einrichtung getroffen, dass durch eine an der Aussenseite des Kessels angebrachte Schraube A der Hebel h mit der die Pinne umgebenden Hülse m

Holz oder dergl. angebracht war. Die Idee, die Rose mit der Nadel zu vereinigen, stammt vermutlich von dem Italiener Flavio Gioja (Anfang des 14. Jahrhunderts). gehoben und dadurch die Rose von der Pinne abgehoben werden kann.

Anmerkung 10. Bei den Fluidkompassen ist der ganze Kessel mit einer Flüssigkeit, am besten einer Mischung von Alkohol und Wasser, ausgefüllt, in welcher sich die Rose befindet. Hierdurch wird eine Bewegung der Rose innerhalb des Kompasses durch die Schiffsbewegungen erheblich erschwert. Durch einen mit der Rose verbundenen Luftkasten, den Schwimmer, wird ausserdem erreicht, dass die Rose nur mit einem sehr geringen Gewicht auf der Pinne liegt, mithin schwere, kräftige Magnete angewandt werden dürfen.

Frage 92. Wozu wird der Kompass an Bord gebraucht?

Antwort. Der Kompass dient erstens dazu, den Kurs des Schiffes anzugeben. Derselbe wird, wie in der Antwort auf Frage 91 angegeben, durch die Stellung des Steuerstrichs bezeichnet. Die zur Angabe des Kurses dienenden Kompasse heissen **Steuerkompasse**. Dieselben sind vor der Steuervorrichtung so aufgestellt, dass „der Mann am Ruder" den Steuerstrich stets vor Augen hat. Er hat dann durch Drehung des Steuerruders stets dafür zu sorgen, dass derjenige Strich des Rosenrandes, welcher den ihm aufgegebenen Kurs angibt, stets dem Steuerstrich gegenüber steht.

Die zweite Verwendung des Kompasses besteht darin, dass mit ihm die Richtung bestimmt wird (das Azimut), in welcher ein terrestrisches Objekt oder auch ein Gestirn sich befindet, oder mit andern Worten, dass mit ihm Gegenstände gepeilt werden. Die Peilung eines terrestrischen Gegenstandes geschieht einfach in der Weise, dass von der dem zu peilenden Objekte entgegengesetzten Seite des Kompasses der Beobachter das Objekt mit dem nur wenig über den Kompassdeckel erhöhten Auge mit der durch das Rosenzentrum gehenden Vertikalen in Deckung bringt und dann auf dem Rande der Rose diese Richtung abliest. Zum Peilen von Gestirnen ist der Kompassdeckel mit einem um den Mittelpunkt drehbaren Durchmesser versehen, welcher an seinen beiden Enden zwei senkrecht stehende Diopter trägt, durch welche das Gestirn anvisiert wird. Mit dieser Peilvorrichtung versehene Kompasse werden **Peilkompasse** genannt.

II. Die Reflektionsinstrumente.
(Oktant und Sextant.)

Frage 93. Wozu dienen die Reflektionsinstrumente?

Antwort. Die Reflektionsinstrumente dienen dazu, den Winkelabstand zweier entfernter Gegenstände zu messen.

Frage 94. Wie sind die Reflektionsinstrumente im allgemeinen eingerichtet?

Antwort. Auf einem Kreissektor, dessen Centriewinkel beim Oktanten 45^0, beim Sextanten 60^0 beträgt, und dessen Bogen mit einer Gradteilung versehen ist, ist um eine durch den Mittelpunkt gehende Achse ein Radius drehbar, die sog. Alhidade. Diese trägt über ihrer Drehungsachse einen senkrecht zur Instrumentenebene stehenden Spiegel SS. Endlich ist noch fest mit dem Instrumentenkörper verbunden ein kleinerer Spiegel ss, welcher jedoch nur an der dem Instrumentenkörper zugewandten Hälfte belegt ist.

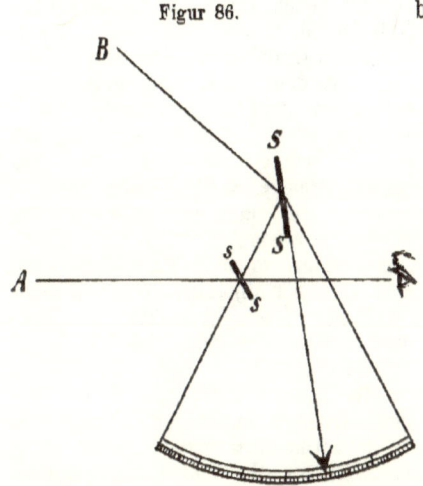

Figur 86.

Frage 95. Wie verfährt man, um den Winkelabstand zweier Objekte zu bestimmen?

Antwort. Zunächst bringt man das Instrument in diejenige Ebene, welche durch die beiden Objekte, deren Winkelabstand man messen will, sowie durch das Auge des Beobachters bestimmt ist. Dann sieht man durch den unbelegten Teil des kleinen Spiegels nach dem einen Gegenstand A (Figur 86) und dreht die Alhidade so weit, dass der von dem andern Gegenstand B in den grossen Spiegel SS fallende Lichtstrahl nach dem kleinen Spiegel ss reflektiert wird, von wo er dann durch den belegten Teil in das Auge reflektiert wird. Da die beiden Lichtstrahlen, nämlich der direkte von A und der doppelt reflektierte von B, dann aus derselben Richtung ins Auge gelangen, so sieht das-

Frage 96. Wo ist der wahre Nullpunkt der Teilung des Gradbogens?

Antwort. Der wahre Nullpunkt muss auf dem Gradbogen dort sein, wo die Alhidade sich befindet, wenn der Winkel zwischen dem direkten und dem doppelt reflektierten Lichtstrahl gleich Null ist, d. h. wenn die beiden Lichtstrahlen parallel sind. Letzteres ist der Fall mit den beiden von einem weit entfernten Punkte ausgehenden Lichtstrahlen, von denen der eine auf den kleinen Spiegel, der andere auf den grossen Spiegel fällt. Wenn also die beiden Bilder eines weit entfernten Objektes, etwa eines Gestirns G (Fig. 87) sich decken, so steht die Alhidade auf dem wahren Nullpunkte. Fällt derselbe nicht mit dem Nullpunkte des Gradbogens zusammen, so hat das Instrument einen **Indexfehler**. Steht die Alhidade bei der Deckung der beiden Bilder eines und desselben entfernten Gegenstandes rechts vom Mittelpunkte der Teilung, so liest man alle Winkel **zu klein** ab, also ist die **Indexkorrektion**, welche an alle Ablesungen anzubringen ist, positiv. Im andern Fall, d. h. wenn die Alhidade links vom Nullpunkt der Teilung steht, ist die Indexkorrektion negativ.

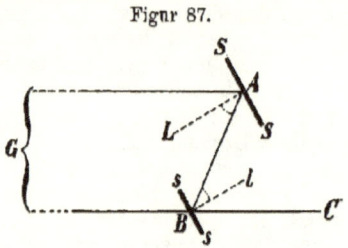

Figur 87.

selbe die beiden Gegenstände sich decken. Dann lässt sich aus der Stellung der Alhidade, wie sogleich gezeigt werden soll, der Winkelabstand zwischen A und B bestimmen.

Erkl. 98. Wenn die beiden Bilder eines weit entfernten Objektes G sich decken, so stehen die Spiegel parallel. Denn da (Fig. 87) $GA \parallel GC$, so ist:

$$\sphericalangle\, GAB = \sphericalangle\, ABC.$$

Bezeichnet man nun die Einfallslote mit AL und Bl, so ist nach dem Reflektionsgesetze:

$$\sphericalangle\, GAL = \sphericalangle\, LAB$$

und ebenso:

$$\sphericalangle\, ABl = \sphericalangle\, lBC,$$

folglich auch:

$$\sphericalangle\, LAB = \sphericalangle\, ABl,$$

mithin $AL \parallel Bl$ und daher auch $SS \parallel ss$.

Frage 97. In welcher Beziehung steht der Drehungswinkel der Alhidade mit dem Winkelabstand der beiden Objekte?

Antwort. Wenn (Figur 88) die Alhidade um den Winkel w gedreht wird, so können natürlich, da der grosse Spiegel ebenfalls um den Winkel w gedreht wird, die beiden Bilder desselben Objektes G nicht mehr in Deckung bleiben, sondern es möge in der neuen Stellung des grossen Spiegels der von einem Gestirn G' kommende Lichtstrahl so in den grossen Spiegel fallen, dass er von diesem in den kleinen Spiegel ss und von diesem in das Auge reflektiert wird, so dass das

Figur 88.

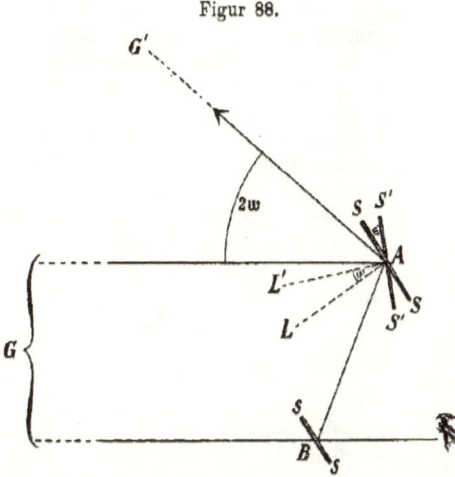

Auge die beiden Bilder von G und G' in Deckung sieht. Durch die Drehung der Alhidade um w hat sich auch das Einfallslot des grossen Spiegels um w gedreht (von AL nach AL'). Da also der Ausfallswinkel des grossen Spiegels um w gewachsen ist, muss der Einfallswinkel ebenfalls um w gewachsen sein, mithin der ganze Winkel GAB um $2w$. Folglich ist $\sphericalangle G'AG = 2w$ oder mit andern Worten:

Der durch die Stellung der Alhidade auf dem Gradbogen angegebene Winkel ist halb so gross, wie der Winkelabstand zwischen den beiden Objekten, deren Bilder bei der betreffenden Alhidadenstellung in Deckung stehen.

Um aber bei den Beobachtungen der Verdoppelung des abgelesenen Winkels enthoben zu sein, sind auf dem Gradbogen direkt die doppelten Winkelwerte angegeben, so dass also die Oktantenteilung bis 90°, die Sextantenteilung bis 120° geht (in Wirklichkeit reicht dieselbe noch einige Grade weiter).

Frage 98. Welche Hilfsvorrichtungen sind an den Reflektionsinstrumenten angebracht?

Antwort. Ausser den in der Antwort auf Frage 94 angegebenen notwendigen Bestandteilen sind die Reflektionsinstrumente, insbesondere die feineren Messungen dienenden Sextanten, mit einer Reihe von Hilfsvorrichtungen versehen, welche den Genauigkeitsgrad der Messungen erhöhen.

Zur Erhöhung der Festigkeit sind die Radien und der Bogen des Instrumentenkörpers durch Verstärkungsstücke verbunden, an denen ein Handgriff zur bequemen Handhabung des Instrumentes befestigt ist. Ausserdem ist das Instrument mit einem Fernrohr versehen, dessen Achse parallel der Ebene des Instrumentes liegt in einer solchen Entfernung von dem letztern, dass ein Teil des Objektivs der unbelegten, der andere Teil der belegten Hälfte des kleinen Spiegels

Erkl. 99. Während die älteren Oktanten so eingerichtet waren, dass man mit Hilfe des Nonius den Winkel auf die volle Minute ablesen konnte, gestatten die Nonius bei den neueren Sextanten fast allgemein Ablesungen auf 10''.

gegenübersteht. Die Alhidade trägt an ihrem Ende einen Nonius zur genaueren Ablesung, und ausserdem ist über dem Nonius eine Lupe angebracht. Endlich ist das Instrument für Beobachtungen der Sonne und des Mondes mit Blendgläsern versehen, und zwar sowohl für die direkten als auch für die doppelt reflektierten Lichtstrahlen; die ersteren sind vor dem kleinen Spiegel, die letzteren zwischen beiden Spiegeln angebracht.

Frage 99. Wie hat man bei der Messung von Winkelabständen zu verfahren?

Antwort. Zunächst hat man die Alhidade ungefähr auf Null zu stellen und dann das Instrument in diejenige Ebene zu bringen, welche durch die beiden zu beobachtenden Gegenstände und durch das Auge des Beobachters bestimmt ist, also bei der Messung von Winkeln zwischen zwei terrestrischen Objekten angenähert horizontal, bei der Messung von Höhenwinkeln vertikal. Im ersteren Falle hält man das Instrument so, dass der Handgriff unten ist und sieht, zunächst ohne Fernrohr, durch den unbelegten Teil des kleinen Spiegels nach dem rechtsliegenden Objekte hin. Da der Nullpunkt des Nonius ungefähr mit dem Nullpunkt des Gradbogens zusammenfällt, wird man dann die beiden Bilder dieses rechts liegenden Objektes ungefähr übereinander sehen. Hierauf dreht man die Alhidade langsam über den Gradbogen, also von sich ab und verfolgt das hierdurch nach links wandernde reflektierte Bild des anvisierten Objektes so weit, bis es mit dem links liegenden Objekte sich deckt. Die genauere Einstellung geschieht dann, nachdem das Fernrohr eingeschraubt ist.

In analoger Weise visiert man bei Höhenbeobachtungen über dem künstlichen Horizont zunächst ohne Fernrohr das Gestirn am Himmel an bei vertikaler Haltung des Instrumentes und holt dann das reflektierte Bild durch Drehung der Alhidade so weit herunter, bis es sich mit dem Spiegelbilde im künstlichen Horizonte deckt. Dann ergibt ebenfalls

Die nautischen Instrumente und ihr Gebrauch. 169

Erkl. 100. Bei den Planeten stellt man wie bei den Fixsternen auf Deckung ein, weil in den Sextantenfernröhren die Planeten nicht als Scheiben, sondern als Punkte erscheinen. Aus diesem Grunde dürfen die Halbmesser der Planeten bei der Reduktion der Höhen nicht angebracht werden.

das eingeschraubte Fernrohr die genaue Einstellung mit Hilfe der sogenannten Tangentenschraube, welche tangential zum Gradbogen angebracht ist.

Hierbei ist jedoch zu bemerken, dass man bei Beobachtungen von Sonne und Mond wegen der grösseren Genauigkeit nicht auf Deckung, sondern auf Berührung einstellt und zwar entweder des Unterrandes oder des Oberrandes.

Soll endlich die Höhe eines Gestirns oder eines terrestrischen Objektes über der Kimm gemessen werden, so holt man das reflektierte Bild bis zur Kimm herab. Um sicher zu sein, dass man wirklich den Winkelabstand des Gestirns von dem vertikal unter demselben liegenden Punkte der Kimm misst, dreht man das Instrument um die Achse des Fernrohrs hin und her. Dann beschreibt das reflektierte Bild des Gestirns einen Bogen, für welchen die direkt gesehene Kimm Tangente sein soll.

Bei allen Beobachtungen ist besonders darauf zu achten, dass die beiden Bilder möglichst gleiche Helligkeit haben. Diese Forderung wird erreicht einerseits durch eine passende Auswahl der Blendgläser, andererseits durch eine Annäherung oder Entfernung des Fernrohres gegen die Ebene des Instrumentes durch eine Schraube am Ende des Fernrohrträgers, da durch diese Verschiebung das Verhältnis der auf das Objekt fallenden direkten Lichtstrahlen gegen die doppelt reflektierten Lichtstrahlen je nach Wahl geändert werden kann.

Frage 100. Wie bestimmt man die Indexkorrektion?

Antwort. Da der wahre Nullpunkt des Gradbogens dort liegt, wo der Nullpunkt des Nonius steht, wenn die beiden Bilder eines und desselben weit entfernten Gegenstandes sich decken (siehe Antwort auf Frage 96), so gibt die Ablesung bei genauer Deckung der beiden Bilder eines Sternes, einer entfernten Turmspitze oder der Kimm direkt die Indexkorrektion an, wobei eine Einstellung des Nonius rechts vom Nullpunkte der Teilung einer positiven, links einer negativen Korrektion

Erkl. 101. Wegen einer etwaigen Durchbiegung des Instrumentes ist es bei genaueren Messungen erwünscht, den Indexfehler in derselben Lage des Instrumentes zu bestimmen, in welcher der Winkel selbst gemessen wird und zwar empfiehlt es sich, den Indexfehler vor und nach der Beobachtung zu bestimmen und dann aus beiden Werten das Mittel zu nehmen.

entspricht. Bei der Sonne verfährt man am zweckmässigsten so, dass man nacheinander die beiden Randberührungen einstellt und von beiden Ablesungen das arithmetische Mittel, also die halbe algebraische Summe bildet.

III. Das Lot.

Frage 101. Wie ist das Lot eingerichtet?

Antwort. An einer langen Leine ist ein konisches Bleistück angebracht, dessen Gewicht je nach der zu messenden Wassertiefe 5 bis 30 kg beträgt. Die Leine ist an dem dünneren Ende befestigt. Das nach unten hängende dickere Ende ist ausgehöhlt und die Höhlung mit Talg ausgeschmiert. Wenn also das Lot den Meeresboden berührt hat, so drückt sich in die Höhlung eine Probe desselben hinein, aus welcher dann in Verbindung mit der ermittelten Wassertiefe ein Schluss auf den Schiffsort gezogen werden kann, da die Seekarten ausser den Tiefenangaben auch die Bezeichnung des Meeresbodens enthalten (Sand, Steine, Muscheln, Schlick und dergleichen).

Erkl. 102. Des Mittels der Lotung zur Bestimmung des Schiffsortes wird schon in der Apostelgeschichte Kap. 27, Vers 28 Erwähnung gethan.

Frage 102. Wie wird auf einem in Fahrt befindlichen Schiffe gelotet?

Antwort. Der lotende Schiffsoffizier, welcher auf dem hinteren Teil des Schiffes steht, lässt das Lot durch einen Matrosen aussenbords soweit nach vorne bringen, wie es der zu erwartenden Wassertiefe entspricht. Auf sein bestimmtes Kommando wirft der Matrose das Lot, während der lotende Offizier genau darauf achtet, wann der Lotkörper auf den Meeresboden aufschlägt, wobei natürlich im Moment des Aufschlagens die Leine möglichst senkrecht stehen soll. Die an der Leine angebrachten Marken geben dann unmittelbar die ermittelte Tiefe in Faden (1 Faden = 6 Fuss) oder in Metern an, während nach Einholen des Lotes die im Talg haftenden Teile des Meeresbodens Aufschluss über die Beschaffenheit des letzteren geben.

Tafel 1.
Sichtweite eines Feuers in Seemeilen für gegebene Augeshöhen.

Höhe des Feuers	Höhe des Auges über dem Meeresspiegel in Metern									
	4 m	5 m	6 m	7 m	8 m	9 m	10 m	11 m	12 m	13 m
	Seemeilen										
5 m	8,8	9,3	9,7	10,1	10,5	10,9	11,3	11,6	11,9	12,2
10	10,7	11,2	11,7	12,1	12,5	12,8	14,2	14,5	13,8	14,1
15	12,2	12,7	13,2	13,6	14,0	14,3	14,7	15,0	15,3	15,6
20	13,5	14,0	14,4	14,8	15,2	15,5	15,9	16,2	16,5	16,8
25	14,6	15,1	15,5	15,9	16,3	16,6	17,0	17,3	17,6	17,9
30	15,5	16,0	16,5	16,9	17,3	17,6	18,0	18,3	18,6	18,9
35	16,5	17,0	17,4	17,8	18,2	18,5	18,9	19,2	19,5	19,8
40	17,3	17,8	18,3	18,7	19,1	19,4	19,8	20,1	20,4	20,7
45	18,1	18,6	19,1	19,5	19,9	20,2	20,6	20,9	21,2	21,5
50	18,9	19,4	19,8	20,2	20,6	20,9	21,3	21,6	21,9	22,3
55	19,6	20,1	20,5	20,9	21,3	21,7	22,0	22,3	22,6	22,9
60	20,3	20,8	21,2	31,6	22,0	22,4	22,7	23,0	23,3	23,6
65	20,9	21,4	21,9	22,3	22,7	23,0	23,4	23,7	24,0	24,3
70	21,6	22,1	22,5	22,9	23,3	23,6	24,0	24,3	24,6	24,9
75	22,2	22,7	23,1	23,5	23,9	24,3	24,6	24,9	25,2	25,5
80	22,8	23,3	23,7	24,1	24,5	24,8	25,2	25,6	25,9	26,2
85	23,3	23,8	24,3	24,7	25,1	25,4	25,8	26,1	26,4	26,7
90	23,9	24,4	24,8	25,2	25,6	26,0	26,3	26,6	26,9	27,2
95	24,4	24,9	25,4	25,8	26,2	26,5	26,9	27,2	27,5	27,8
100	25,0	25,5	25,9	26,3	26,7	27,0	27,4	27,7	28,0	28,3
110	25,9	26,4	26,9	27,3	27,7	28,0	28,4	28,7	29,0	29,3
120	26,8	27,4	27,9	28,3	28,7	29,0	29,4	29,7	30,0	30,2
130	27,7	28,3	28,8	29,2	29,6	29,9	30,3	30,6	30,9	31,2
140	28,7	29,2	29,7	30,1	30,5	30,8	31,2	31,5	31,8	32,1
150	29,6	30,1	30,6	31,0	31,4	31,7	32,1	32,4	32,7	33,0
160	30,4	30,9	31,4	31,8	32,2	32,5	32,9	33,2	33,5	33,8
170	31,2	31,7	32,2	32,6	33,0	33,3	33,7	34,0	34,3	34,6
180	32,0	32,5	33,0	33,4	33,8	34,1	34,5	34,8	35,1	35,4
190	32,8	33,3	33,8	34,2	34,6	34,9	35,3	35,6	35,9	36,2
200	33,6	34,1	34,5	34,9	35,3	35,7	36,0	36,3	36,6	36,9

Tafel 2.
Tafel rechtwinkliger Dreiecke (nautische Gradtafel).

d.	$1°$		$2°$		$3°$		$4°$		$5°$	
	b.	a.	b.	a.	b.	a.	b.	a.	b.	a.
0	0,0	0,0	0,0	0,0	0,0	0,0	0,0	0,0	0,0	0,0
1	1,0	0,0	1,0	0,0	1,0	0,1	1,0	0,1	1,0	0,1
2	2,0	0,0	2,0	0,1	2,0	0,1	2,0	0,1	2,0	0,2
3	3,0	0,1	3,0	0,1	3,0	0,2	3,0	0,2	3,0	0,3
4	4,0	0,1	4,0	0,1	4,0	0,2	4,0	0,3	4,0	0,3
5	5,0	0,1	5,0	0,2	5,0	0,3	5,0	0,3	5,0	0,4
6	6,0	0,1	6,0	0,2	6,0	0,3	6,0	0,4	6,0	0,5
7	7,0	0,1	7,0	0,2	7,0	0,4	7,0	0,5	7,0	0,6
8	8,0	0,1	8,0	0,3	8,0	0,4	8,0	0,6	8,0	0,7
9	9,0	0,2	9,0	0,3	9,0	0,5	9,0	0,6	9,0	0,8
10	10,0	0,2	10,0	0,3	10,0	0,5	10,0	0,7	10,0	0,9
1	11,0	0,2	11,0	0,4	11,0	0,6	11,0	0,8	11,0	1,0
2	12,0	0,2	12,0	0,4	12,0	0,6	12,0	0,8	12,0	1,0
3	13,0	0,2	13,0	0,5	13,0	0,7	13,0	0,9	13,0	1,1
4	14,0	0,2	14,0	0,5	14,0	0,7	14,0	1,0	13,9	1,2
5	15,0	0,3	15,0	0,5	15,0	0,8	15,0	1,0	14,9	1,3
6	16,0	0,3	16,0	0,6	16,0	0,8	16,0	1,1	15,9	1,4
7	17,0	0,3	17,0	0,6	17,0	0,9	17,0	1,2	16,9	1,5
8	18,0	0,3	18,0	0,6	18,0	0,9	18,0	1,3	17,9	1,6
9	19,0	0,3	19,0	0,7	19,0	1,0	19,0	1,3	18,9	1,7
20	20,0	0,3	20,0	0,7	20,0	1,0	20,0	1,4	19,9	1,7
1	21,0	0,4	21,0	0,7	21,0	1,1	20,9	1,5	20,9	1,8
2	22,0	0,4	22,0	0,8	22,0	1,2	21,9	1,5	21,9	1,9
3	23,0	0,4	23,0	0,8	23,0	1,2	22,9	1,6	22,9	2,0
4	24,0	0,4	24,0	0,8	24,0	1,3	23,9	1,7	23,9	2,1
5	25,0	0,4	25,0	0,9	25,0	1,3	24,9	1,7	24,9	2,2
6	26,0	0,5	26,0	0,9	26,0	1,4	25,9	1,8	25,9	2,3
7	27,0	0,5	27,0	0,9	27,0	1,4	26,9	1,9	26,9	2,4
8	28,0	0,5	28,0	1,0	28,0	1,5	27,9	2,0	27,9	2,4
9	29,0	0,5	29,0	1,0	29,0	1,5	28,9	2,0	28,9	2,5
30	30,0	0,5	30,0	1,0	30,0	1,6	29,9	2,1	29,9	2,6
1	31,0	0,5	31,0	1,1	31,0	1,6	30,9	2,2	30,9	2,7
2	32,0	0,6	32,0	1,1	32,0	1,7	31,9	2,2	31,9	2,8
3	33,0	0,6	33,0	1,2	33,0	1,7	32,9	2,3	32,9	2,9
4	34,0	0,6	34,0	1,2	34,0	1,8	33,9	2,4	33,9	3,0
5	35,0	0,6	35,0	1,2	35,0	1,8	34,9	2,4	34,9	3,1
6	36,0	0,6	36,0	1,3	36,0	1,9	35,9	2,5	35,9	3,1
7	37,0	0,6	37,0	1,3	36,9	1,9	36,9	2,6	36,9	3,2
8	38,0	0,7	38,0	1,3	37,9	2,0	37,9	2,7	37,9	3,3
9	39,0	0,7	39,0	1,4	38,9	2,0	38,9	2,7	38,9	3,4
40	40,0	0,7	40,0	1,4	39,9	2,1	39,9	2,8	39,8	3,5
d.	a.	b.	a.	b.	a.	b.	a.	b.	a.	b.
	$89°$		$88°$		$87°$		$86°$		$85°$	

Tafel 2.
Tafel rechtwinkliger Dreiecke (nautische Gradtafel).

d.	6°		7°		8°		9°		10°	
	b.	a.	b.	a.	b.	a.	b.	a.	b.	a.
0	0,0	0,0	0,0	0,0	0,0	0,0	0,0	0,0	0,0	0,0
1	1,0	0,1	1,0	0,1	1,0	0,1	1,0	0,2	1,0	0,2
2	2,0	0,2	2,0	0,2	2,0	0,3	2,0	0,3	2,0	0,3
3	3,0	0,3	3,0	0,4	3,0	0,4	3,0	0,5	3,0	0,5
4	4,0	0,4	4,0	0,5	4,0	0,6	4,0	0,6	3,9	0,7
5	5,0	0,5	5,0	0,6	5,0	0,7	4,9	0,8	4,9	0,9
6	6,0	0,6	6,0	0,7	5,9	0,8	5,9	0,9	5,9	1,0
7	7,0	0,7	6,9	0,9	6,9	1,0	6,9	1,1	6,9	1,2
8	8,0	0,8	7,9	1,0	7,9	1,1	7,9	1,3	7,9	1,4
9	9,0	0,9	8,9	1,1	8,9	1,3	8,9	1,4	8,9	1,6
10	9,9	1,0	9,9	1,2	9,9	1,4	9,9	1,6	9,8	1,7
1	10,9	1,1	10,9	1,3	10,9	1,5	10,9	1,7	10,8	1,9
2	11,9	1,3	11,9	1,5	11,9	1,7	11,9	1,9	11,8	2,1
3	12,9	1,4	12,9	1,6	12,9	1,8	12,8	2,0	12,8	2,3
4	13,9	1,5	13,9	1,7	13,9	1,9	13,8	2,2	13,8	2,4
5	14,9	1,6	14,9	1,8	14,9	2,1	14,8	2,3	14,8	2,6
6	15,9	1,7	15,9	1,9	15,8	2,2	15,8	2,5	15,8	2,8
7	16,9	1,8	16,9	2,1	16,8	2,4	16,8	2,7	16,7	3,0
8	17,9	1,9	17,9	2,2	17,8	2,5	17,8	2,8	17,7	3,1
9	18,9	2,0	18,9	2,3	18,8	2,6	18,8	3,0	18,7	3,3
20	19,9	2,1	19,9	2,4	19,8	2,8	19,8	3,1	19,7	3,5
1	20,9	2,2	20,8	2,6	20,8	2,9	20,7	3,3	20,7	3,6
2	21,9	2,3	21,8	2,7	21,8	3,1	21,7	3,4	21,7	3,8
3	22,9	2,4	22,8	2,8	22,8	3,2	22,7	3,6	22,7	4,0
4	23,9	2,5	23,8	2,9	23,8	3,3	23,7	3,8	23,6	4,2
5	24,9	2,6	24,8	3,0	24,8	3,5	24,7	3,9	24,6	4,3
6	25,9	2,7	25,8	3,2	25,7	3,6	25,7	4,1	25,6	4,5
7	26,9	2,8	26,8	3,3	26,7	3,8	26,7	4,2	26,6	4,7
8	27,8	2,9	27,8	3,4	27,7	3,9	27,7	4,4	27,6	4,9
9	28,8	3,0	28,8	3,5	28,7	4,0	28,6	4,5	28,6	5,0
30	29,8	3,1	29,8	3,7	29,7	4,2	29,6	4,7	29,5	5,2
1	30,8	3,2	30,8	3,8	30,7	4,3	30,6	4,8	30,5	5,4
2	31,8	3,3	31,8	3,9	31,7	4,5	31,6	5,0	31,5	5,6
3	32,8	3,4	32,8	4,0	32,7	4,6	32,6	5,2	32,5	5,7
4	33,8	3,6	33,7	4,1	33,7	4,7	33,6	5,3	33,5	5,9
5	34,8	3,7	34,7	4,3	34,7	4,9	34,6	5,5	34,5	6,1
6	35,8	3,8	35,7	4,4	35,6	5,0	35,6	5,6	35,5	6,3
7	36,8	3,9	36,7	4,5	36,6	5,1	36,5	5,8	36,4	6,4
8	37,8	4,0	37,7	4,6	37,6	5,3	37,5	5,9	37,4	6,6
9	38,8	4,1	38,7	4,8	38,6	5,4	38,5	6,1	38,4	6,8
40	39,8	4,2	39,7	4,9	39,6	5,6	39,5	6,3	39,4	6,9
d.	a.	b.	a.	b.	a.	b.	a.	b.	a.	b.
	84°		83°		82°		81°		80°	

Tafel 2.
Tafel rechtwinkliger Dreiecke (nautische Gradtafel).

d.	11°		12°		13°		14°		15°	
	b.	a.	b.	a.	b.	a.	b.	a.	b.	a.
0	0,0	0,0	0,0	0,0	0,0	0,0	0,0	0,0	0,0	0,0
1	1,0	0,2	1,0	0,2	1,0	0,2	1,0	0,2	1,0	0,3
2	2,0	0,4	2,0	0,4	1,9	0,4	1,9	0,5	1,9	0,5
3	2,9	0,6	2,9	0,6	2,9	0,7	2,9	0,7	2,9	0,8
4	3,9	0,8	3,9	0,8	3,9	0,9	3,9	1,0	3,9	1,0
5	4,9	1,0	4,9	1,0	4,9	1,1	4,9	1,2	4,8	1,3
6	5,9	1,1	5,9	1,2	5,8	1,3	5,8	1,5	5,8	1,6
7	6,9	1,3	6,8	1,5	6,8	1,6	6,8	1,7	6,8	1,8
8	7,9	1,5	7,8	1,7	7,8	1,8	7,8	1,9	7,7	2,1
9	8,8	1,7	8,8	1,9	8,8	2,0	8,7	2,2	8,7	2,3
10	9,8	1,9	9,8	2,1	9,7	2,2	9,7	2,4	9,7	2,6
1	10,8	2,1	10,8	2,3	10,7	2,5	10,7	2,7	10,6	2,8
2	11,8	2,3	11,7	2,5	11,7	2,7	11,6	2,9	11,6	3,1
3	12,8	2,5	12,7	2,7	12,7	2,9	12,6	3,1	12,6	3,4
4	13,7	2,7	13,7	2,9	13,6	3,1	13,6	3,4	13,5	3,6
5	14,7	2,9	14,7	3,1	14,6	3,4	14,6	3,6	14,5	3,9
6	15,7	3,1	15,7	3,3	15,6	3,6	15,5	3,9	15,5	4,1
7	16,7	3,2	16,6	3,5	16,6	3,8	16,5	4,1	16,4	4,4
8	17,7	3,4	17,6	3,7	17,5	4,0	17,5	4,4	17,4	4,7
9	18,7	3,6	18,6	4,0	18,5	4,3	18,4	4,6	18,4	4,9
20	19,6	3,8	19,6	4,2	19,5	4,5	19,4	4,8	19,3	5,2
1	20,6	4,0	20,5	4,4	20,5	4,7	20,4	5,1	20,3	5,4
2	21,6	4,2	21,5	4,6	21,4	4,9	21,3	5,3	21,3	5,7
3	22,6	4,4	22,5	4,8	22,4	5,2	22,3	5,6	22,2	6,0
4	23,6	4,6	23,5	5,0	23,4	5,4	23,3	5,8	23,2	6,2
5	24,5	4,8	24,5	5,2	24,4	5,6	24,3	6,0	24,1	6,5
6	25,5	5,0	25,4	5,4	25,3	5,8	25,2	6,3	25,1	6,7
7	26,5	5,2	26,4	5,6	26,3	6,1	26,2	6,5	26,1	7,0
8	27,5	5,3	27,4	5,8	27,3	6,3	27,2	6,8	27,0	7,2
9	28,5	5,5	28,4	6,0	28,3	6,5	28,1	7,0	28,0	7,5
30	29,4	5,7	29,3	6,2	29,2	6,7	29,1	7,3	29,0	7,8
1	30,4	5,9	30,3	6,4	30,2	7,0	30,1	7,5	29,9	8,0
2	31,4	6,1	31,3	6,7	31,2	7,2	31,0	7,7	30,9	8,3
3	32,4	6,3	32,3	6,9	32,2	7,4	32,0	8,0	31,9	8,5
4	33,4	6,5	33,3	7,1	33,1	7,6	33,0	8,2	32,8	8,8
5	34,4	6,7	34,2	7,3	34,1	7,9	34,0	8,5	33,8	9,1
6	35,3	6,9	35,2	7,5	35,1	8,1	34,9	8,7	34,8	9,3
7	36,3	7,1	36,2	7,7	36,1	8,3	35,9	9,0	35,7	9,6
8	37,3	7,3	37,2	7,9	37,0	8,5	36,9	9,2	36,7	9,8
9	38,3	7,4	38,1	8,1	38,0	8,8	37,8	9,4	37,7	10,1
40	39,3	7,6	39,1	8,3	39,0	9,0	38,8	9,7	38,6	10,4
	a.	b.	a.	b.	a.	b.	a.	b.	a.	b.
d.	79°		78°		77°		76°		75°	

Tafel 2.
Tafel rechtwinkliger Dreiecke (nautische Gradtafel).

d.	16°		17°		18°		19°		20°	
	b.	a.	b.	a.	b.	a.	b.	a.	b.	a.
0	0,0	0,0	0,0	0,0	0,0	0,0	0,0	0,0	0,0	0,0
1	1,0	0,3	1,0	0,3	1,0	0,3	0,9	0,3	0,9	0,3
2	1,9	0,6	1,9	0,6	1,9	0,6	1,9	0,7	1,9	0,7
3	2,9	0,8	2,9	0,9	2,9	0,9	2,8	1,0	2,8	1,0
4	3,8	1,1	3,8	1,2	3,8	1,2	3,8	1,3	3,8	1,4
5	4,8	1,4	4,8	1,5	4,8	1,5	4,7	1,6	4,7	1,7
6	5,8	1,7	5,7	1,8	5,7	1,9	5,7	2,0	5,6	2,1
7	6,7	1,9	6,7	2,0	6,7	2,2	6,6	2,3	6,6	2,4
8	7,7	2,2	7,7	2,3	7,6	2,5	7,6	2,6	7,5	2,7
9	8,7	2,5	8,6	2,6	8,6	2,8	8,5	2,9	8,5	3,1
10	9,6	2,8	9,6	2,9	9,5	3,1	9,5	3,3	9,4	3,4
1	10,6	3,0	10,5	3,2	10,5	3,4	10,4	3,6	10,3	3,8
2	11,5	3,3	11,5	3,5	11,4	3,7	11,3	3,9	11,3	4,1
3	12,5	3,6	12,4	3,8	12,4	4,0	12,3	4,2	12,2	4,4
4	13,5	3,9	13,4	4,1	13,3	4,3	13,2	4,6	13,2	4,8
5	14,4	4,1	14,3	4,4	14,3	4,6	14,2	4,9	14,1	5,1
6	15,4	4,4	15,3	4,7	15,2	4,9	15,1	5,2	15,0	5,5
7	16,3	4,7	16,3	5,0	16,2	5,3	16,1	5,5	16,0	5,8
8	17,3	5,0	17,2	5,3	17,1	5,6	17,0	5,9	16,9	6,2
9	18,3	5,2	18,2	5,6	18,1	5,9	18,0	6,2	17,9	6,5
20	19,2	5,5	19,1	5,8	19,0	6,2	18,9	6,5	18,8	6,8
1	20,2	5,8	20,1	6,1	20,0	6,5	19,9	6,8	19,7	7,2
2	21,1	6,1	21,0	6,4	20,9	6,8	20,8	7,2	20,7	7,5
3	22,1	6,3	22,0	6,7	21,9	7,1	21,7	7,5	21,6	7,9
4	23,1	6,6	23,0	7,0	22,8	7,4	22,7	7,8	22,6	8,2
5	24,0	6,9	23,9	7,3	23,8	7,7	23,6	8,1	23,5	8,6
6	25,0	7,2	24,9	7,6	24,7	8,0	24,6	8,5	24,4	8,9
7	26,0	7,4	25,8	7,9	25,7	8,3	25,5	8,8	25,4	9,2
8	26,9	7,7	26,8	8,2	26,6	8,7	26,5	9,1	26,3	9,6
9	27,9	8,0	27,7	8,5	27,6	9,0	27,4	9,4	27,3	9,9
30	28,8	8,3	28,7	8,8	28,5	9,3	28,4	9,8	28,2	10,3
1	29,8	8,5	29,6	9,1	29,5	9,6	29,3	10,1	29,1	10,6
2	30,8	8,8	30,6	9,4	30,4	9,9	30,3	10,4	30,1	10,9
3	31,7	9,1	31,6	9,6	31,4	10,2	31,2	10,7	31,0	11,3
4	32,7	9,4	32,5	9,9	32,3	10,5	32,1	11,1	31,9	11,6
5	33,6	9,6	33,5	10,2	33,3	10,8	33,1	11,4	32,9	12,0
6	34,6	9,9	34,4	10,5	34,2	11,1	34,0	11,7	33,8	12,3
7	35,6	10,2	35,4	10,8	35,2	11,4	35,0	12,0	34,8	12,7
8	36,5	10,5	36,3	11,1	36,1	11,7	35,9	12,4	35,7	13,0
9	37,5	10,7	37,3	11,4	37,1	12,1	36,9	12,7	36,6	13,3
40	38,5	11,0	38,3	11,7	38,0	12,4	37,8	13,0	37,6	13,7
	a.	b.	a.	b.	a.	b.	a.	b.	a.	b.
d.	74°		73°		72°		71°		70°	

Tafel 2.
Tafel rechtwinkliger Dreiecke (nautische Gradtafel).

d.	21° b.	21° a.	22° b.	22° a.	23° b.	23° a.	24° b.	24° a.	25° b.	25° a.
0	0,0	0,0	0,0	0,0	0,0	0,0	0,0	0,0	0,0	0,0
1	0,9	0,4	0,9	0,4	0,9	0,4	0,9	0,4	0,9	0,4
2	1,9	0,7	1,9	0,7	1,8	0,8	1,8	0,8	1,8	0,8
3	2,8	1,1	2,8	1,1	2,8	1,2	2,7	1,2	2,7	1,3
4	3,7	1,4	3,7	1,5	3,7	1,6	3,7	1,6	3,6	1,7
5	4,7	1,8	4,6	1,9	4,6	2,0	4,6	2,0	4,5	2,1
6	5,6	2,2	5,6	2,2	5,5	2,3	5,5	2,4	5,4	2,5
7	6,5	2,5	6,5	2,6	6,4	2,7	6,4	2,8	6,3	3,0
8	7,5	2,9	7,4	3,0	7,4	3,1	7,3	3,3	7,3	3,4
9	8,4	3,2	8,3	3,4	8,3	3,5	8,2	3,7	8,2	3,8
10	9,3	3,6	9,3	3,7	9,2	3,9	9,1	4,1	9,1	4,2
1	10,3	3,9	10,2	4,1	10,1	4,3	10,0	4,5	10,0	4,6
2	11,2	4,3	11,1	4,5	11,0	4,7	11,0	4,9	10,9	5,1
3	12,1	4,7	12,1	4,9	12,0	5,1	11,9	5,3	11,8	5,5
4	13,1	5,0	13,0	5,2	12,9	5,5	12,8	5,7	12,7	5,9
5	14,0	5,4	13,9	5,6	13,8	5,9	13,7	6,1	13,6	6,3
6	14,9	5,7	14,8	6,0	14,7	6,3	14,6	6,5	14,5	6,8
7	15,9	6,1	15,8	6,4	15,6	6,6	15,5	6,9	15,4	7,2
8	16,8	6,5	16,7	6,7	16,6	7,0	16,4	7,3	16,3	7,6
9	17,7	6,8	17,6	7,1	17,5	7,4	17,4	7,7	17,2	8,0
20	18,7	7,2	18,5	7,5	18,4	7,8	18,3	8,1	18,1	8,5
1	19,6	7,5	19,5	7,9	19,3	8,2	19,2	8,5	19,0	8,9
2	20,5	7,9	20,4	8,2	20,3	8,6	20,1	8,9	19,9	9,3
3	21,5	8,2	21,3	8,6	21,2	9,0	21,0	9,4	20,8	9,7
4	22,4	8,6	22,3	9,0	22,1	9,4	21,9	9,8	21,8	10,1
5	23,3	9,0	23,2	9,4	23,0	9,8	22,8	10,2	22,7	10,6
6	24,3	9,3	24,1	9,7	23,9	10,2	23,8	10,6	23,6	11,0
7	25,2	9,7	25,0	10,1	24,9	10,5	24,7	11,0	24,5	11,4
8	26,1	10,0	26,0	10,5	25,8	10,9	25,6	11,4	25,4	11,8
9	27,1	10,4	26,9	10,9	26,7	11,3	26,5	11,8	26,3	12,3
30	28,0	10,8	27,8	11,2	27,6	11,7	27,4	12,2	27,2	12,7
1	28,9	11,1	28,7	11,6	28,5	12,1	28,3	12,6	28,1	13,1
2	29,9	11,5	29,7	12,0	29,5	12,5	29,2	13,0	29,0	13,5
3	30,8	11,8	30,6	12,4	30,4	12,9	30,1	13,4	29,9	13,9
4	31,7	12,2	31,5	12,7	31,3	13,3	31,1	13,8	30,8	14,4
5	32,7	12,5	32,5	13,1	32,2	13,7	32,0	14,2	31,7	14,8
6	33,6	12,9	33,4	13,5	33,1	14,1	32,9	14,6	32,6	15,2
7	34,5	13,3	34,3	13,9	34,1	14,5	33,8	15,0	33,5	15,6
8	35,5	13,6	35,2	14,2	35,0	14,8	34,7	15,5	34,4	16,1
9	36,4	14,0	36,2	14,6	35,9	15,2	35,6	15,9	35,3	16,5
40	37,3	14,3	37,1	15,0	36,8	15,6	36,5	16,3	36,3	16,9
d.	69° a.	69° b.	68° a.	68° b.	67° a.	67° b.	66° a.	66° b.	65° a.	65° b.

Tafel 2.
Tafel rechtwinkliger Dreiecke (nautische Gradtafel).

d.	26°		27°		28°		29°		30°	
	b.	a.	b.	a.	b.	a.	b.	a.	b.	a.
0	0,0	0,0	0,0	0,0	0,0	0,0	0,0	0,0	0,0	0,0
1	0,9	0,4	0,9	0,5	0,9	0,5	0,9	0,5	0,9	0,5
2	1,8	0,9	1,8	0,9	1,8	0,9	1,7	1,0	1,7	1,0
3	2,7	1,3	2,7	1,4	2,6	1,4	2,6	1,5	2,6	1,5
4	3,6	1,8	3,6	1,8	3,5	1,9	3,5	1,9	3,5	2,0
5	4,5	2,2	4,5	2,3	4,4	2,3	4,4	2,4	4,3	2,5
6	5,4	2,6	5,3	2,7	5,3	2,8	5,2	2,9	5,2	3,0
7	6,3	3,1	6,2	3,2	6,2	3,3	6,1	3,4	6,1	3,5
8	7,2	3,5	7,1	3,6	7,1	3,8	7,0	3,9	6,9	4,0
9	8,1	3,9	8,0	4,1	7,9	4,2	7,9	4,4	7,8	4,5
10	9,0	4,4	8,9	4,5	8,8	4,7	8,7	4,8	8,7	5,0
1	9,9	4,8	9,8	5,0	9,7	5,2	9,6	5,3	9,5	5,5
2	10,8	5,3	10,7	5,4	10,6	5,6	10,5	5,8	10,4	6,0
3	11,7	5,7	11,6	5,9	11,5	6,1	11,4	6,3	11,3	6,5
4	12,6	6,1	12,5	6,4	12,4	6,6	12,2	6,8	12,1	7,0
5	13,5	6,6	13,4	6,8	13,2	7,0	13,1	7,3	13,0	7,5
6	14,4	7,0	14,3	7,3	14,1	7,5	14,0	7,8	13,9	8,0
7	15,3	7,5	15,1	7,7	15,0	8,0	14,9	8,2	14,7	8,5
8	16,2	7,9	16,0	8,2	15,9	8,5	15,7	8,7	15,6	9,0
9	17,1	8,3	16,9	8,6	16,8	8,9	16,6	9,2	16,5	9,5
20	18,0	8,8	17,8	9,1	17,7	9,4	17,5	9,7	17,3	10,0
1	18,9	9,2	18,7	9,5	18,5	9,9	18,4	10,2	18,2	10,5
2	19,8	9,6	19,6	10,0	19,4	10,3	19,2	10,7	19,1	11,0
3	20,7	10,1	20,5	10,4	20,3	10,8	20,1	11,2	19,9	11,5
4	21,6	10,5	21,4	10,9	21,2	11,3	21,0	11,6	20,8	12,0
5	22,5	11,0	22,3	11,3	22,1	11,7	21,9	12,1	21,7	12,5
6	23,4	11,4	23,2	11,8	23,0	12,2	22,7	12,6	22,5	13,0
7	24,3	11,8	24,1	12,3	23,8	12,7	23,6	13,1	23,4	13,5
8	25,2	12,3	24,9	12,7	24,7	13,1	24,5	13,6	24,2	14,0
9	26,1	12,7	25,8	13,2	25,6	13,6	25,4	14,1	25,1	14,5
30	27,0	13,2	26,7	13,6	26,5	14,1	26,2	14,5	26,0	15,0
1	27,9	13,6	27,6	14,1	27,4	14,6	27,1	15,0	26,8	15,5
2	28,8	14,0	28,5	14,5	28,3	15,0	28,0	15,5	27,7	16,0
3	29,7	14,5	29,4	15,0	29,1	15,5	28,9	16,0	28,6	16,5
4	30,6	14,9	30,3	15,4	30,0	16,0	29,7	16,5	29,4	17,0
5	31,5	15,3	31,2	15,9	30,9	16,4	30,6	17,0	30,3	17,5
6	32,4	15,8	32,1	16,3	31,8	16,9	31,5	17,5	31,2	18,0
7	33,3	16,2	33,0	16,8	32,7	17,4	32,4	17,9	32,0	18,5
8	34,2	16,7	33,9	17,3	33,6	17,8	33,2	18,4	32,9	19,0
9	35,1	17,1	34,7	17,7	34,4	18,3	34,1	18,9	33,8	19,5
40	36,0	17,5	35,6	18,2	35,3	18,8	35,0	19,4	34,6	20,0
d.	a.	b.	a.	b.	a.	b.	a.	b.	a.	b.
	64°		63°		62°		61°		60°	

Bolte, Die Nautik in elementarer Behandlung.

Tafel 2.
Tafel rechtwinkliger Dreiecke (nautische Gradtafel).

d.	31° b.	31° a.	32° b.	32° a.	33° b.	33° a.	34° b.	34° a.	35° b.	35° a.
0	0,0	0,0	0,0	0,0	0,0	0,0	0,0	0,0	0,0	0,0
1	0,9	0,5	0,8	0,5	0,8	0,5	0,8	0,6	0,8	0,6
2	1,7	1,0	1,7	1,1	1,7	1,1	1,7	1,1	1,6	1,1
3	2,6	1,5	2,5	1,6	2,5	1,6	2,5	1,7	2,5	1,7
4	3,4	2,1	3,4	2,1	3,4	2,2	3,3	2,2	3,3	2,3
5	4,3	2,6	4,2	2,6	4,2	2,7	4,1	2,8	4,1	2,9
6	5,1	3,1	5,1	3,2	5,0	3,3	5,0	3,4	4,9	3,4
7	6,0	3,6	5,9	3,7	5,9	3,8	5,8	3,9	5,7	4,0
8	6,9	4,1	6,8	4,2	6,7	4,4	6,6	4,5	6,6	4,6
9	7,7	4,6	7,6	4,8	7,5	4,9	7,5	5,0	7,4	5,2
10	8,6	5,2	8,5	5,3	8,4	5,4	8,3	5,6	8,2	5,7
1	9,4	5,7	9,3	5,8	9,2	6,0	9,1	6,2	9,0	6,3
2	10,3	6,2	10,2	6,4	10,1	6,5	9,9	6,7	9,8	6,9
3	11,1	6,7	11,0	6,9	10,9	7,1	10,8	7,3	10,6	7,5
4	12,0	7,2	11,9	7,4	11,7	7,6	11,6	7,8	11,5	8,0
5	12,9	7,7	12,7	7,9	12,6	8,2	12,4	8,4	12,3	8,6
6	13,7	8,2	13,6	8,5	13,4	8,7	13,3	8,9	13,1	9,2
7	14,6	8,8	14,4	9,0	14,3	9,3	14,1	9,5	13,9	9,8
8	15,4	9,3	15,3	9,5	15,1	9,8	14,9	10,1	14,7	10,3
9	16,3	9,8	16,1	10,1	15,9	10,3	15,8	10,6	15,6	10,9
20	17,1	10,3	17,0	10,6	16,8	10,9	16,6	11,2	16,4	11,5
1	18,0	10,8	17,8	11,1	17,6	11,4	17,4	11,7	17,2	12,0
2	18,9	11,3	18,7	11,7	18,5	12,0	18,2	12,3	18,0	12,6
3	19,7	11,8	19,5	12,2	19,3	12,5	19,1	12,9	18,8	13,2
4	20,6	12,4	20,4	12,7	20,1	13,1	19,9	13,4	19,7	13,8
5	21,4	12,9	21,2	13,2	21,0	13,6	20,7	14,0	20,5	14,3
6	22,3	13,4	22,0	13,8	21,8	14,2	21,6	14,5	21,3	14,9
7	23,1	13,9	22,9	14,3	22,6	14,7	22,4	15,1	22,1	15,5
8	24,0	14,4	23,7	14,8	23,5	15,2	23,2	15,7	22,9	16,1
9	24,9	14,9	24,6	15,4	24,3	15,8	24,0	16,2	23,8	16,6
30	25,7	15,5	25,4	15,9	25,2	16,3	24,9	16,8	24,6	17,2
1	26,6	16,0	26,3	16,4	26,0	16,9	25,7	17,3	25,4	17,8
2	27,4	16,5	27,1	17,0	26,8	17,4	26,5	17,9	26,2	18,4
3	28,3	17,0	28,0	17,5	27,7	18,0	27,4	18,5	27,0	18,9
4	29,1	17,5	28,8	18,0	28,5	18,5	28,2	19,0	27,9	19,5
5	30,0	18,0	29,7	18,5	29,4	19,1	29,0	19,6	28,7	20,1
6	30,9	18,5	30,5	19,1	30,2	19,6	29,8	20,1	29,5	20,6
7	31,7	19,1	31,4	19,6	31,0	20,2	30,7	20,7	30,3	21,2
8	32,6	19,6	32,2	20,1	31,9	20,7	31,5	21,2	31,1	21,8
9	33,4	20,1	33,1	20,7	32,7	21,2	32,3	21,8	31,9	22,4
40	34,3	20,6	33,9	21,2	33,5	21,8	33,2	22,4	32,8	22,9
d.	59° a.	59° b.	58° a.	58° b.	57° a.	57° b.	56° a.	56° b.	55° a.	55° b.

Tafel 2.
Tafel rechtwinkliger Dreiecke (nautische Gradtafel).

d.	36°		37°		38°		39°		40°	
	b.	a.	b.	a.	b.	a.	b.	a.	b.	a.
0	0,0	0,0	0,0	0,0	0,0	0,0	0,0	0,0	0,0	0,0
1	0,8	0,6	0,8	0,6	0,8	0,6	0,8	0,6	0,8	0,6
2	1,6	1,2	1,6	1,2	1,6	1,2	1,6	1,3	1,5	1,3
3	2,4	1,8	2,4	1,8	2,4	1,8	2,3	1,9	2,3	1,9
4	3,2	2,4	3,2	2,4	3,2	2,5	3,1	2,5	3,1	2,6
5	4,0	2,9	4,0	3,0	3,9	3,1	3,9	3,1	3,8	3,2
6	4,9	3,5	4,8	3,6	4,7	3,7	4,7	3,8	4,6	3,9
7	5,7	4,1	5,6	4,2	5,5	4,3	5,4	4,4	5,4	4,5
8	6,5	4,7	6,4	4,8	6,3	4,9	6,2	5,0	6,1	5,1
9	7,3	5,3	7,2	5,4	7,1	5,5	7,0	5,7	6,9	5,8
10	8,1	5,9	8,0	6,0	7,9	6,2	7,8	6,3	7,7	6,4
1	8,9	6,5	8,8	6,6	8,7	6,8	8,5	6,9	8,4	7,1
2	9,7	7,1	9,6	7,2	9,5	7,4	9,3	7,6	9,2	7,7
3	10,5	7,6	10,4	7,8	10,2	8,0	10,1	8,2	10,0	8,4
4	11,3	8,2	11,2	8,4	11,0	8,6	10,9	8,8	10,7	9,0
5	12,1	8,8	12,0	9,0	11,8	9,2	11,7	9,4	11,5	9,6
6	12,9	9,4	12,8	9,6	12,6	9,9	12,4	10,1	12,3	10,3
7	13,8	10,0	13,6	10,2	13,4	10,5	13,2	10,7	13,0	10,9
8	14,6	10,6	14,4	10,8	14,2	11,1	14,0	11,3	13,8	11,6
9	15,4	11,2	15,2	11,4	15,0	11,7	14,8	12,0	14,6	12,2
20	16,2	11,8	16,0	12,0	15,8	12,3	15,5	12,6	15,3	12,9
1	17,0	12,3	16,8	12,6	16,5	12,9	16,3	13,2	16,1	13,5
2	17,8	12,9	17,6	13,2	17,3	13,5	17,1	13,8	16,9	14,1
3	18,6	13,5	18,4	13,8	18,1	14,2	17,9	14,5	17,6	14,8
4	19,4	14,1	19,2	14,4	18,9	14,8	18,7	15,1	18,4	15,4
5	20,2	14,7	20,0	15,0	19,7	15,4	19,4	15,7	19,2	16,1
6	21,0	15,3	20,8	15,6	20,5	16,0	20,2	16,4	19,9	16,7
7	21,8	15,9	21,6	16,2	21,3	16,6	21,0	17,0	20,7	17,4
8	22,7	16,5	22,4	16,9	22,1	17,2	21,8	17,6	21,4	18,0
9	23,5	17,0	23,2	17,5	22,9	17,9	22,5	18,3	22,2	18,6
30	24,3	17,6	24,0	18,1	23,6	18,5	23,3	18,9	23,0	19,3
1	25,1	18,2	24,8	18,7	24,4	19,1	24,1	19,5	23,7	19,9
2	25,9	18,8	25,6	19,3	25,2	19,7	24,9	20,1	24,5	20,6
3	26,7	19,4	26,4	19,9	26,0	20,3	25,6	20,8	25,3	21,2
4	27,5	20,0	27,2	20,5	26,8	20,9	26,4	21,4	26,0	21,9
5	28,3	20,6	28,0	21,1	27,6	21,5	27,2	22,0	26,8	22,5
6	29,1	21,2	28,8	21,7	28,4	22,2	28,0	22,7	27,6	23,1
7	29,9	21,7	29,5	22,3	29,2	22,8	28,8	23,3	28,3	23,8
8	30,7	22,3	30,3	22,9	29,9	23,4	29,5	23,9	29,1	24,4
9	31,6	22,9	31,1	23,5	30,7	24,0	30,3	24,5	29,9	25,1
40	32,4	23,5	31,9	24,1	31,5	24,6	31,1	25,2	30,6	25,7
	a.	b.	a.	b.	a.	b.	a.	b.	a.	b.
d.	54°		53°		52°		51°		50°	

Tafel 2.
Tafel rechtwinkliger Dreiecke (nautische Gradtafel).

d.	41°		42°		43°		44°		45°	
	b.	a.	b.	a.	b.	a.	b.	a.	b.	a.
0	0,0	0,0	0,0	0,0	0,0	0,0	0,0	0,0	0,0	0,0
1	0,8	0,7	0,7	0,7	0,7	0,7	0,7	0,7	0,7	0,7
2	1,5	1,3	1,5	1,3	1,5	1,4	1,4	1,4	1,4	1,4
3	2,3	2,0	2,2	2,0	2,2	2,0	2,2	2,1	2,1	2,1
4	3,0	2,6	3,0	2,7	2,9	2,7	2,9	2,8	2,8	2,8
5	3,8	3,3	3,7	3,3	3,7	3,4	3,6	3,5	3,5	3,5
6	4,5	3,9	4,5	4,0	4,4	4,1	4,3	4,2	4,2	4,2
7	5,3	4,6	5,2	4,7	5,1	4,8	5,0	4,9	4,9	4,9
8	6,0	5,2	5,9	5,4	5,9	5,5	5,8	5,6	5,7	5,7
9	6,8	5,9	6,7	6,0	6,6	6,1	6,5	6,3	6,4	6,4
10	7,5	6,6	7,4	6,7	7,3	6,8	7,2	6,9	7,1	7,1
1	8,3	7,2	8,2	7,4	8,0	7,5	7,9	7,6	7,8	7,8
2	9,1	7,9	8,9	8,0	8,8	8,2	8,6	8,3	8,5	8,5
3	9,8	8,5	9,7	8,7	9,5	8,9	9,4	9,0	9,2	9,2
4	10,6	9,2	10,4	9,4	10,2	9,5	10,1	9,7	9,9	9,9
5	11,3	9,8	11,1	10,0	11,0	10,2	10,8	10,4	10,6	10,6
6	12,1	10,5	11,9	10,7	11,7	10,9	11,5	11,1	11,3	11,3
7	12,8	11,2	12,6	11,4	12,4	11,6	12,2	11,8	12,0	12,0
8	13,6	11,8	13,4	12,0	13,2	12,3	12,9	12,5	12,7	12,7
9	14,3	12,5	14,1	12,7	13,9	13,0	13,7	13,2	13,4	13,4
20	15,1	13,1	14,9	13,4	14,6	13,6	14,4	13,9	14,1	14,1
1	15,8	13,8	15,6	14,1	15,4	14,3	15,1	14,6	14,8	14,8
2	16,6	14,4	16,3	14,7	16,1	15,0	15,8	15,3	15,6	15,6
3	17,4	15,1	17,1	15,4	16,8	15,7	16,5	16,0	16,3	16,3
4	18,1	15,7	17,8	16,1	17,6	16,4	17,3	16,7	17,0	17,0
5	18,9	16,4	18,6	16,7	18,3	17,0	18,0	17,4	17,7	17,7
6	19,6	17,1	19,3	17,4	19,0	17,7	18,7	18,1	18,4	18,4
7	20,4	17,7	20,1	18,1	19,7	18,4	19,4	18,8	19,1	19,1
8	21,1	18,4	20,8	18,7	20,5	19,1	20,1	19,5	19,8	19,8
9	21,9	19,0	21,6	19,4	21,2	19,8	20,9	20,1	20,5	20,5
30	22,6	19,7	22,3	20,1	21,9	20,5	21,6	20,8	21,2	21,2
1	23,4	20,3	23,0	20,7	22,7	21,1	22,3	21,5	21,9	21,9
2	24,2	21,0	23,8	21,4	23,4	21,8	23,0	22,2	22,6	22,6
3	24,9	21,6	24,5	22,1	24,1	22,5	23,7	22,9	23,3	23,3
4	25,7	22,3	25,3	22,8	24,9	23,2	24,5	23,6	24,0	24,0
5	26,4	23,0	26,0	23,4	25,6	23,9	25,2	24,3	24,7	24,7
6	27,2	23,6	26,8	24,1	26,3	24,6	25,9	25,0	25,5	25,5
7	27,9	24,3	27,5	24,8	27,1	25,2	26,6	25,7	26,2	26,2
8	28,7	24,9	28,2	25,4	27,8	25,9	27,3	26,4	26,9	26,9
9	29,4	25,6	29,0	26,1	28,5	26,6	28,1	27,1	27,6	27,6
40	30,2	26,2	29,7	26,8	29,3	27,3	28,8	27,8	28,3	28,3
d.	a.	b.	a.	b.	a.	b.	a.	b.	a.	b.
	49°		48°		47°		46°		45°	

Tafel 3.
Verwandlung von Seemeilen Abweichung in Minuten Längenunterschied.

Breite	1 sml	2 sml	3 sml	4 sml	5 sml	6 sml	7 sml	8 sml	9 sml
0°	1,00'	2,00'	3,00'	4,00'	5,00'	6,00'	7,00'	8,00'	9,00'
1°	1,00	2,00	3,00	4,00	5,00	6,00	7,00	8,00	9,00
2°	1,00	2,00	3,00	4,00	5,00	6,00	7,00	8,00	9,00
3°	1,00	2,00	3,00	4,01	5,01	6,01	7,01	8,01	9,01
4°	1,00	2,00	3,01	4,01	5,01	6,01	7,02	8,02	9,02
5°	1,00	2,01	3,01	4,02	5,02	6.02	7,03	8,03	9,03
6°	1,01	2,01	3,02	4,02	5,03	6,03	7,04	8,04	9,05
7°	1,01	2,02	3,03	4,03	5,04	6,05	7,05	8,06	9,07
8°	1,01	2,02	3,03	4,04	5,05	6,06	7,07	8,08	9,09
9°	1,01	2,03	3,04	4,05	5,06	6,08	7,09	8,10	9,11
10°	1,01	2,03	3,05	4,06	5,08	6,09	7,11	8,12	9,14
11°	1,02	2,04	3,06	4,08	5,10	6,11	7,13	8,15	9,17
12°	1,02	2,04	3,07	4,09	5,11	6,13	7,15	8,18	9,20
13°	1,03	2,05	3,08	4,10	5,13	6,16	7,18	8,21	9,24
14°	1,03	2,06	3,09	4,12	5,15	6,18	7,21	8,24	9,28
15°	1,04	2,07	3,11	4,14	5,18	6,21	7,25	8,28	9,32
16°	1,04	2,08	3,12	4,16	5,20	6,24	7,28	8,32	9,36
17°	1,05	2,09	3,14	4,18	5,23	6,27	7,32	8,36	9,41
18°	1,05	2,10	3,15	4,21	5,26	6,31	7,36	8,41	9,46
19°	1,06	2,12	3,17	4,23	5,29	6,35	7,40	8,46	9,52
20°	1,06	2,13	3,19	4,26	5,32	6,39	7,45	8,51	9,58
21°	1,07	2,14	3,21	4,28	5,36	6,43	7,50	8,57	9,64
22°	1,08	2,16	3,24	4,31	5,39	6,47	7,55	8,63	9,71
23°	1,09	2,17	3,26	4,35	5,43	6,52	7,60	8,69	9,78
24°	1,09	2,19	3,28	4,38	5,47	6,57	7,66	8,76	9,85
25°	1,10	2,21	3,31	4,41	5,52	6,62	7,72	8,83	9,93
26°	1,11	2,23	3,34	4,45	5,56	6,68	7,79	8,90	10,01
27°	1,12	2,24	3,37	4,49	5,61	6,73	7,86	8,98	10,10
28°	1,13	2,27	3,40	4,53	5,66	6,80	7,93	9,06	10,19
29°	1,14	2,29	3,43	4,57	5,72	6,86	8,00	9,15	10,29
30°	1,15	2,31	3,46	4,62	5,77	6,93	8,08	9,24	10,39

Tafel 3.
Verwandlung von Seemeilen Abweichung in Minuten Längenunterschied.

Breite	1 sml	2 sml	3 sml	4 sml	5 sml	6 sml	7 sml	8 sml	9 sml
30°	1,15'	2,31'	3,46'	4,62'	5,77'	6,93'	8,08'	9,24'	10,39'
31°	1,17	2,33	3,50	4,67	5,83	7,00	8,17	9,33	10,50
32°	1,18	2,36	3,54	4,72	5,90	7,08	8,25	9,43	10,61
33°	1,19	2,38	3,58	4,77	5,96	7,15	8,35	9,54	10,73
34°	1,21	2,41	3,62	4,82	6,03	7,24	8,44	9,65	10,86
35°	1,22	2,44	3,66	4,88	6,10	7,32	8,55	9,77	10,99
36°	1,24	2,47	3,71	4,94	6,18	7,42	8,65	9,89	11,12
37°	1,25	2,50	3,76	5,01	6,26	7,51	8,76	10,02	11,27
38°	1,27	2,54	3,81	5,08	6,35	7,61	8,88	10,15	11,42
39°	1,29	2,57	3,86	5,15	6,43	7,72	9,01	10,29	11,58
40°	1,31	2,61	3,92	5,22	6,53	7,83	9,14	10,44	11,75
41°	1,33	2,65	3,98	5,30	6,63	7,95	9,28	10,60	11,93
42°	1,35	2,69	4,04	5,38	6,73	8,07	9,42	10,77	12,11
43°	1,37	2,73	4,10	5,47	6,84	8,20	9,57	10,94	12,31
44°	1,39	2,78	4,17	5,56	6,95	8,34	9,73	11,12	12,51
45°	1,41	2,83	4,24	5,66	7,07	8,49	9,90	11,31	12,73
46°	1,44	2,88	4,32	5,76	7,20	8,64	10,08	11,52	12,96
47°	1,47	2,93	4,40	5,87	7,33	8,80	10,26	11,73	13,20
48°	1,49	2,99	4,48	5,98	7,47	8,97	10,46	11,96	13,45
49°	1,52	3,05	4,57	6,10	7,62	9,15	10,67	12,19	13,72
50°	1,56	3,11	4,67	6,22	7,78	9,33	10,89	12,45	14,00
51°	1,59	3,18	4,77	6,36	7,95	9,53	11,12	12,71	14,30
52°	1,62	3,25	4,87	6,50	8,12	9,75	11,37	12,99	14,62
53°	1,66	3,32	4,98	6,65	8,31	9,97	11,63	13,29	14,95
54°	1,70	3,40	5,10	6,81	8,51	10,21	11,91	13,61	15,31
55°	1,74	3,49	5,23	6,97	8,72	10,46	12,20	13,95	15,69
56°	1,79	3,58	5,36	7,15	8,94	10,73	12,52	14,31	16,09
57°	1,84	3,67	5,51	7,34	9,18	11,02	12,85	14,69	16,52
58°	1,89	3,77	5,66	7,55	9,44	11,32	13,21	15,10	16,98
59°	1,94	3,88	5,82	7,77	9,71	11,65	13,59	15,53	17,47
60°	2,00	4,00	6,00	8,00	10,00	12,00	14,00	16,00	18,00

Tafel 4.
Verwandlung von Minuten Längenunterschied in Seemeilen Abweichung.

Breite	1′	2′	3′	4′	5′	6′	7′	8′	9′
	sml	sml	sml	sml	sml	sml	sml	sml	sml
0°	1,00	2,00	3,00	4,00	5,00	6,00	7,00	8,00	9,00
1°	1,00	2,00	3,00	4,00	5,00	6,00	7,00	8,00	9,00
2°	1,00	2,00	3,00	4,00	5,00	6,00	7,00	8,00	8,99
3°	1,00	2,00	3,00	3,99	4,99	5,99	6,99	7,99	8,99
4°	1,00	2,00	2,99	3,99	4,99	5,99	6,98	7,98	8,98
5°	1,00	1,99	2,99	3,98	4,98	5,98	6,97	7,97	8,97
6°	0,99	1,99	2,98	3,98	4,97	5,97	6,96	7,96	8,95
7°	0,99	1,99	2,98	3,97	4,96	5,96	6,95	7,94	8,93
8°	0,99	1,98	2,97	3,96	4,95	5,94	6,93	7,92	8,91
9°	0,99	1,98	2,96	3,95	4,94	5,93	6,91	7,90	8,89
10°	0,98	1,97	2,95	3,94	4,92	5,91	6,89	7,88	8,86
11°	0,98	1,96	2,94	3,93	4,91	5,89	6,87	7,85	8,83
12°	0,98	1,96	2,93	3,91	4,89	5,87	6,85	7,83	8,80
13°	0,97	1,95	2,92	3,90	4,87	5,85	6,82	7,80	8,77
14°	0,97	1,94	2,91	3,88	4,85	5,82	6,79	7,76	8,73
15°	0,97	1,93	2,90	3,86	4,83	5,80	6,76	7,73	8,69
16°	0,96	1,92	2,88	3,84	4,81	5,77	6,73	7,69	8,65
17°	0,96	1,91	2,87	3,82	4,78	5,74	6,69	7,65	8,61
18°	0,95	1,90	2,85	3,80	4,76	5,71	6,66	7,61	8,56
19°	0,95	1,89	2,84	3,78	4,73	5,67	6,62	7,56	8,51
20°	0,94	1,88	2,82	3,76	4,70	5,64	6,58	7,52	8,46
21°	0,93	1,87	2,80	3,73	4,67	5,60	6,54	7,47	8,40
22°	0,93	1,85	2,78	3,71	4,64	5,56	6,49	7,42	8,34
23°	0,92	1,84	2,76	3,68	4,60	5,52	6,44	7,36	8,28
24°	0,91	1,83	2,74	3,65	4,57	5,48	6,39	7,31	8,22
25°	0,91	1,81	2,72	3,63	4,53	5,44	6,34	7,25	8,16
26°	0,90	1,80	2,70	3,60	4,49	5,39	6,29	7,19	8,09
27°	0,89	1,78	2,67	3,56	4,46	5,35	6,24	7,13	8,02
28°	0,88	1,77	2,65	3,53	4,41	5,30	6,18	7,06	7,95
29°	0,87	1,75	2,62	3,50	4,37	5,25	6,12	7,00	7,87
30°	0,87	1,73	2,60	3,46	4,33	5,20	6,06	6,93	7,79

Tafel 4.

Verwandlung von Minuten Längenunterschied in Seemeilen Abweichung.

Breite	1′	2′	3′	4′	5′	6′	7′	8′	9′
	sml	sml	sml	sml	sml	sml	sml	sml	sml
30°	0,87	1,73	2,60	3,46	4,33	5,20	6,06	6,93	7,79
31°	0,86	1,71	2,57	3,43	4,29	5,14	6,00	6,86	7,71
32°	0,85	1,70	2,54	3,39	4,24	5,09	5,94	6,78	7,63
33°	0,84	1,68	2,52	3,35	4,19	5,03	5,87	6,71	7,55
34°	0,83	1,66	2,49	3,32	4,15	4,97	5,80	6,63	7,46
35°	0,82	1,64	2,46	3,28	4,10	4,91	5,73	6,55	7,37
36°	0,81	1,62	2,43	3,24	4,05	4,85	5,66	6,47	7,28
37°	0,80	1,60	2,40	3,19	3,99	4,79	5,59	6,39	7,19
38°	0,79	1,58	2,36	3,15	3,94	4,73	5,52	6,30	7,09
39°	0,78	1,55	2,33	3,11	3,89	4,66	5,44	6,22	6,99
40°	0,77	1,53	2,30	3,06	3,83	4,60	5,36	6,13	6,89
41°	0,75	1,51	2,26	3,02	3,77	4,53	5,28	6,04	6,79
42°	0,74	1,49	2,23	2,97	3,72	4,46	5,20	5,95	6,69
43°	0,73	1,46	2,19	2,93	3,66	4,39	5,12	5,85	6,58
44°	0,72	1,44	2,16	2,88	3,60	4,32	5,04	5,75	6,47
45°	0,71	1,41	2,12	2,83	3,54	4,24	4,95	5,66	6,36
46°	0,69	1,39	2,08	2,78	3,47	4,17	4,86	5,56	6,25
47°	0,68	1,36	2,05	2,73	3,41	4,09	4,77	5,46	6,14
48°	0,67	1,34	2,01	2,68	3,35	4,01	4,68	5,35	6,02
49°	0,66	1,31	1,97	2,62	3,28	3,94	4,59	5,25	5,90
50°	0,64	1,29	1,93	2,57	3,21	3,86	4,50	5,14	5,79
51°	0,63	1,26	1,89	2,52	3,15	3,78	4,41	5,03	5,66
52°	0,62	1,23	1,85	2,46	3,08	3,69	4,31	4,93	5,54
53°	0,60	1,20	1,81	2,41	3,01	3,61	4,21	4,81	5,42
54°	0,59	1,18	1,76	2,35	2,94	3,53	4,11	4,70	5,29
55°	0,57	1,15	1,72	2,29	2,87	3,44	4,02	4,59	5,16
56°	0,56	1,12	1,68	2,24	2,80	3,36	3,91	4,47	5,03
57°	0,54	1,09	1,63	2,18	2,72	3,27	3,81	4,36	4,90
58°	0,53	1,06	1,59	2,12	2,65	3,18	3,71	4,24	4,77
59°	0,52	1,03	1,55	2,06	2,58	3,19	3,61	4,12	4,64
60°	0,50	1,00	1,50	2,00	2,50	3,00	3,50	4,00	4,50

Tafel 5.
Zur Berechnung der Breite aus Höhen des Polarsterns.

Stunden-winkel	Stunden-winkel	1900		1905		Stunden-winkel	Stunden-winkel
0ʰ 0ᵐ	24ʰ 0ᵐ	—	74′	72′	+	12ʰ 0ᵐ	12ʰ 0ᵐ
10	23 50	—	73	72	+	11 50	10
20	40	—	73	71	+	40	20
30	30	—	73	71	+	30	30
40	20	—	72	71	+	20	40
50	10	—	72	70	+	10	50
1ʰ 0ᵐ	23ʰ 0ᵐ	—	71	70	+	11ʰ 0ᵐ	13ʰ 0ᵐ
10	22 50	—	70	69	+	10 50	10
20	40	—	69	68	+	40	20
30	30	—	68	67	+	30	30
40	20	—	67	65	+	20	40
50	10	—	65	64	+	10	50
2ʰ 0ᵐ	22ʰ 0ᵐ	—	64	62	+	10ʰ 0ᵐ	14ʰ 0ᵐ
10	21 50	—	62	61	+	9 50	10
20	40	—	60	59	+	40	20
30	30	—	58	57	+	30	30
40	20	—	56	55	+	20	40
50	10	—	54	53	+	10	50
3ʰ 0ᵐ	21ʰ 0ᵐ	—	52	51	+	9ʰ 0ᵐ	15ʰ 0ᵐ
10	20 50	—	50	49	+	8 50	10
20	40	—	47	46	+	40	20
30	30	—	45	44	+	30	30
40	20	—	42	41	+	20	40
50	10	—	40	39	+	10	50
4ʰ 0ᵐ	20ʰ 0ᵐ	—	37	36	—	8ʰ 0ᵐ	16ʰ 0ᵐ
10	19 50	—	34	33	—	7 50	10
20	40	—	31	30	+	40	20
30	30	—	28	28	+	30	30
40	20	—	25	25	+	20	40
50	10	—	22	22	+	10	50
5ʰ 0ᵐ	19ʰ 0ᵐ	—	19	18	+	7ʰ 0ᵐ	17ʰ 0ᵐ
10	18 50	—	16	15	+	6 50	10
20	40	—	13	12	+	40	20
30	30	—	10	9	+	30	30
40	20	—	6	6	+	20	40
50	10	—	3	3	+	10	50
6ʰ 0ᵐ	18ʰ 0ᵐ	—	0	0	+	6ʰ 0ᵐ	18ʰ 0ᵐ

Tafel 6.
Zur Berechnung der Breite und Länge aus zwei Höhen.

Tafel A		Die grössere Differenz der Zenithdistanzen										
W		1	2	3	4	5	6	7	8	9	10	W
30°	+	2,0	4,0	6,0	8,0	10,0	12,0	14,0	16,0	18,0	20,0	+ 150°
31	+	1,9	3,9	5,8	7,7	9,7	11,6	13,6	15,5	17,5	19,4	+ 149
32	+	1,9	3,8	5,7	7,5	9,4	11,3	13,2	15,1	17,0	18,9	+ 148
33	+	1,8	3,7	5,5	7,3	9,2	11,0	12,9	14,7	16,5	18,4	+ 147
34	+	1,8	3,6	5,4	7,2	8,9	10,7	12,5	14,3	16,1	17,9	+ 146
35	+	1,7	3,5	5,2	7,0	8,7	10,5	12,2	13,9	15,7	17,4	+ 145
36	+	1,7	3,4	5,1	6,8	8,5	10,2	11,9	13,6	15,3	17,0	+ 144
37	+	1,7	3,3	5,0	6,6	8,3	10,0	11,6	13,3	15,0	16,6	+ 143
38	+	1,6	3,2	4,9	6,5	8,1	9,7	11,4	13,0	14,6	16,2	+ 142
39	+	1,6	3,2	4,8	6,3	7,9	9,5	11,1	12,7	14,3	15,9	+ 141
40	+	1,6	3,1	4,7	6,2	7,8	9,3	10,9	12,4	14,0	15,6	+ 140
41	+	1,5	3,0	4,6	6,1	7,6	9,1	10,7	12,2	13,7	15,2	+ 139
42	+	1,5	3,0	4,5	6,0	7,5	9,0	10,5	12,0	13,5	14,9	+ 138
43	+	1,5	2,9	4,4	5,9	7,3	8,8	10,3	11,7	13,2	14,7	+ 137
44	+	1,4	2,9	4,3	5,8	7,2	8,6	10,1	11,5	13,0	14,4	+ 136
45	+	1,4	2,8	4,2	5,7	7,1	8,4	9,9	11,3	12,7	14,1	+ 135
46	+	1,4	2,8	4,2	5,6	7,0	8,3	9,7	11,1	12,5	13,9	+ 134
47	+	1,4	2,7	4,1	5,5	6,8	8,2	9,6	10,9	12,3	13,7	+ 133
48	+	1,3	2,7	4,0	5,4	6,7	8,1	9,4	10,8	12,1	13,5	+ 132
49	+	1,3	2,7	4,0	5,3	6,6	8,0	9,3	10,6	11,9	13,3	+ 131
50	+	1,3	2,6	3,9	5,2	6,5	7,8	9,1	10,4	11,7	13,1	+ 130
51	+	1,3	2,6	3,9	5,1	6,4	7,7	9,0	10,3	11,6	12,9	+ 129
52	+	1,3	2,6	3,8	5,1	6,3	7,6	8,9	10,2	11,4	12,7	+ 128
53	+	1,3	2,5	3,8	5,0	6,3	7,5	8,8	10,0	11,3	12,5	+ 127
54	+	1,2	2,5	3,7	4,9	6,2	7,4	8,7	9,9	11,1	12,4	+ 126
55	+	1,2	2,5	3,7	4,9	6,1	7,3	8,5	9,8	11,0	12,2	+ 125
56	+	1,2	2,4	3,6	4,8	6,0	7,2	8,4	9,6	10,9	12,1	+ 124
57	+	1,2	2,4	3,6	4,8	6,0	7,2	8,3	9,5	10,7	11,9	+ 123
58	+	1,2	2,4	3,5	4,7	5,9	7,1	8,2	9,4	10,6	11,8	+ 122
59	+	1,2	2,3	3,5	4,7	5,8	7,0	8,1	9,3	10,5	11,7	+ 121
60	+	1,2	2,3	3,5	4,6	5,8	6,9	8,0	9,2	10,4	11,5	+ 120
62	+	1,1	2,3	3,4	4,5	5,7	6,8	7,9	9,1	10,2	11,3	+ 118
64	+	1,1	2,2	3,3	4,5	5,6	6,7	7,8	8,9	10,0	11,1	+ 116
66	+	1,1	2,2	3,3	4,4	5,5	6,6	7,7	8,8	9,9	10,9	+ 114
68	+	1,1	2,2	3,2	4,3	5,4	6,5	7,6	8,6	9,7	10,8	+ 112
70	+	1,1	2,1	3,2	4,3	5,3	6,4	7,5	8,5	9,6	10,6	+ 110
72	+	1,1	2,1	3,2	4,2	5,3	6,3	7,4	8,4	9,5	10,5	+ 108
74	+	1,0	2,1	3,1	4,2	5,2	6,2	7,3	8,3	9,4	10,4	+ 106
76	+	1,0	2,1	3,1	4,1	5,2	6,2	7,2	8,2	9,3	10,3	+ 104
78	+	1,0	2,0	3,1	4,1	5,1	6,1	7,2	8,2	9,2	10,2	+ 102
80	+	1,0	2,0	3,0	4,1	5,1	6,1	7,1	8,1	9,1	10,2	+ 100
82	+	1,0	2,0	3,0	4,0	5,0	6,1	7,1	8,1	9,1	10,1	+ 98
84	+	1,0	2,0	3,0	4,0	5,0	6,0	7,0	8,0	9,0	10,1	+ 96
86	+	1,0	2,0	3,0	4,0	5,0	6,0	7,0	8,0	9,0	10,0	+ 94
88	+	1,0	2,0	3,0	4,0	5,0	6,0	7,0	8,0	9,0	10,0	+ 92
90	+	1,0	2,0	3,0	4,0	5,0	6,0	7,0	8,0	9,0	10,0	+ 90

Tafel 6.
Zur Berechnung der Breite und Länge aus zwei Höhen.

Tafel B		Die kleinere Differenz der Zenithdistanzen										Tafel B
w		1	2	3	4	5	6	7	8	9	10		w
30°	−	1,7	3,5	5,2	6,9	8,7	10,4	12,1	13,9	15,6	17,3	+	150°
31	−	1,7	3,3	5,0	6,7	8,3	10,0	11,7	13,3	15,0	16,6	+	149
32	−	1,6	3,2	4,8	6,4	8,0	9,6	11,2	12,8	14,4	16,0	+	148
33	−	1,5	3,1	4,6	6,2	7,7	9,2	10,8	12,3	13,9	15,4	+	147
34	−	1,5	3,0	4,4	5,9	7,4	8,9	10,4	11,9	13,3	14,8	+	146
35	−	1,4	2,9	4,3	5,7	7,1	8,6	10,0	11,4	12,8	14,3	+	145
36	−	1,4	2,8	4,1	5,5	6,9	8,3	9,6	11,0	12,4	13,8	+	144
37	−	1,3	2,7	4,0	5,3	6,6	8,0	9,3	10,6	11,9	13,3	+	143
38	−	1,3	2,6	3,8	5,1	6,4	7,7	9,0	10,2	11,5	12,8	+	142
39	−	1,2	2,5	3,7	4,9	6,2	7,4	8,6	9,9	11,1	12,3	+	141
40	−	1,2	2,4	3,6	4,8	6,0	7,1	8,3	9,5	10,7	11,9	+	140
41	−	1,2	2,3	3,5	4,6	5,8	6,9	8,1	9,2	10,4	11,5	+	139
42	−	1,1	2,2	3,3	4,4	5,6	6,7	7,8	8,9	10,0	11,1	+	138
43	−	1,1	2,1	3,2	4,3	5,4	6,4	7,5	8,6	9,7	10,7	+	137
44	−	1,0	2,1	3,1	4,1	5,2	6,2	7,2	8,3	9,3	10,4	+	136
45	−	1,0	2,0	3,0	4,0	5,0	6,0	7,0	8,0	9,0	10,0	+	135
46	−	1,0	1,9	2,9	3,9	4,8	5,8	6,8	7,7	8,7	9,7	+	134
47	−	0,9	1,9	2,8	3,7	4,7	5,6	6,5	7,5	8,4	9,3	+	133
48	−	0,9	1,8	2,7	3,6	4,5	5,4	6,3	7,2	8,1	9,0	+	132
49	−	0,9	1,7	2,6	3,5	4,3	5,2	6,1	7,0	7,8	8,7	+	131
50	−	0,8	1,7	2,5	3,4	4,2	5,0	5,9	6,7	7,6	8,4	+	130
51	−	0,8	1,6	2,4	3,2	4,1	4,9	5,7	6,5	7,3	8,1	+	129
52	−	0,8	1,6	2,3	3,1	3,9	4,7	5,5	6,3	7,0	7,8	+	128
53	−	0,8	1,5	2,3	3,0	3,8	4,5	5,3	6,0	6,8	7,5	+	127
54	−	0,7	1,5	2,2	2,9	3,6	4,4	5,1	5,8	6,5	7,3	+	126
55	−	0,7	1,4	2,1	2,8	3,5	4,2	4,9	5,6	6,3	7,0	+	125
56	−	0,7	1,3	2,0	2,7	3,4	4,0	4,7	5,4	6,1	6,7	+	124
57	−	0,6	1,3	1,9	2,6	3,2	3,9	4,5	5,2	5,8	6,5	+	123
58	−	0,6	1,2	1,9	2,5	3,1	3,7	4,4	5,0	5,6	6,2	+	122
59	−	0,6	1,2	1,8	2,4	3,0	3,6	4,2	4,8	5,4	6,0	+	121
60	−	0,6	1,1	1,7	2,3	2,9	3,5	4,0	4,6	5,2	5,8	+	120
62	−	0,5	1,1	1,6	2,1	2,7	3,2	3,7	4,3	4,8	5,3	+	118
64	−	0,5	1,0	1,5	2,0	2,4	2,9	3,4	3,9	4,4	4,9	+	116
66	−	0,4	0,9	1,3	1,8	2,2	2,7	3,1	3,6	4,0	4,5	+	114
68	−	0,4	0,8	1,2	1,6	2,0	2,4	2,8	3,2	3,6	4,0	+	112
70	−	0,4	0,7	1,1	1,5	1,8	2,2	2,6	2,9	3,3	3,6	+	110
72	−	0,3	0,6	1,0	1,3	1,6	2,0	2,3	2,6	2,9	3,2	+	108
74	−	0,3	0,6	0,9	1,1	1,4	1,7	2,0	2,3	2,6	2,9	+	106
76	−	0,3	0,5	0,7	1,0	1,2	1,5	1,7	2,0	2,2	2,5	+	104
78	−	0,2	0,4	0,6	0,8	1,1	1,3	1,5	1,7	1,9	2,1	+	102
80	−	0,2	0,4	0,5	0,7	0,9	1,1	1,2	1,4	1,6	1,8	+	100
82	−	0,1	0,3	0,4	0,6	0,7	0,8	1,0	1,1	1,3	1,4	+	98
84	−	0,1	0,2	0,3	0,4	0,5	0,6	0,7	0,8	0,9	1,1	+	96
86	−	0,1	0,1	0,2	0,3	0,4	0,4	0,5	0,6	0,6	0,7	−	94
88	−	0,0	0,1	0,1	0,1	0,2	0,2	0,2	0,3	0,3	0,4	+	92
90	−	0,0	0,0	0,0	0,0	0,0	0,0	0,0	0,0	0,0	0,0	+	90

Tafel 7.
Amplituden.

Breite	Deklination											
	1°	2°	3°	4°	5°	6°	7°	8°	9°	10°	11°	12°
0°	1,0°	2,0°	3,0°	4,0°	5,0°	6,0°	7,0°	8,0°	9,0°	10,0°	11,0°	12,0°
2	1,0	2,0	3,0	4,0	5,0	6,0	7,0	8,0	9,0	10,0	11,0	12,0
4	1,0	2,0	3,0	4,0	5,0	6,0	7,0	8,0	9,0	10,0	11,0	12,0
6	1,0	2,0	3,0	4,0	5,0	6,0	7,0	8,0	9,1	10,1	11,1	12,1
8	1,0	2,0	3,0	4,0	5,1	6,1	7,1	8,1	9,1	10,1	11,1	12,1
10	1,0	2,0	3,0	4,1	5,1	6,1	7,1	8,1	9,1	10,2	11,2	12,2
12	1,0	2,1	3,1	4,1	5,1	6,1	7,2	8,2	9,2	10,2	11,3	12,3
14	1,0	2,1	3,1	4,1	5,2	6,2	7,2	8,2	9,3	10,3	11,3	12,4
16	1,0	2,1	3,1	4,2	5,2	6,2	7,3	8,3	9,4	10,4	11,4	12,5
18	1,0	2,1	3,2	4,2	5,3	6,3	7,4	8,4	9,5	10,5	11,6	12,6
20	1,1	2,1	3,2	4,3	5,3	6,4	7,5	8,5	9,6	10,6	11,7	12,8
22	1,1	2,2	3,2	4,3	5,4	6,5	7,6	8,6	9,7	10,8	11,9	13,0
24	1,1	2,2	3,3	4,4	5,5	6,6	7,7	8,8	9,9	11,0	12,1	13,2
26	1,1	2,2	3,3	4,4	5,6	6,7	7,8	8,9	10,0	11,2	12,3	13,4
28	1,1	2,3	3,4	4,5	5,7	6,8	7,9	9,1	10,2	11,4	12,5	13,6
30	1,2	2,3	3,5	4,6	5,8	6,9	8,1	9,2	10,4	11,6	12,7	13,9
32	1,2	2,4	3,5	4,7	5,9	7,1	8,3	9,4	10,6	11,8	13,0	14,2
34	1,2	2,4	3,6	4,8	6,0	7,2	8,5	9,7	10,9	12,1	13,3	14,5
36	1,2	2,5	3,7	4,9	6,2	7,4	8,7	9,9	11,2	12,4	13,6	14,9
38	1,3	2,5	3,8	5,1	6,4	7,6	8,9	10,2	11,5	12,7	14,0	15,3
40	1,3	2,6	3,9	5,2	6,5	7,8	9,2	10,5	11,8	13,1	14,4	15,7
41	1,3	2,7	4,0	5,3	6,6	8,0	9,3	10,6	12,0	13,3	14,6	16,0
42	1,3	2,7	4,0	5,4	6,7	8,1	9,4	10,8	12,2	13,5	14,9	16,2
43	1,4	2,7	4,1	5,5	6,8	8,2	9,6	11,0	12,4	13,7	15,1	16,5
44	1,4	2,8	4,2	5,6	7,0	8,4	9,8	11,2	12,6	14,0	15,4	16,8
45	1,4	2,8	4,2	5,7	7,1	8,5	9,9	11,4	12,8	14,2	15,7	17,1
46	1,4	2,9	4,3	5,8	7,2	8,7	10,1	11,6	13,0	14,5	15,9	17,4
47	1,5	2,9	4,4	5,9	7,4	8,8	10,3	11,8	13,3	14,8	16,2	17,7
48	1,5	3,0	4,5	6,0	7,5	9,0	10,5	12,0	13,5	15,0	16,6	18,1
49	1,5	3,0	4,6	6,1	7,6	9,2	10,7	12,2	13,8	15,3	16,9	18,5
50	1,6	3,1	4,7	6,2	7,8	9,4	10,9	12,5	14,1	15,7	17,3	18,9
51	1,6	3,2	4,8	6,4	8,0	9,6	11,2	12,8	14,4	16,0	17,7	19,3
52	1,6	3,2	4,9	6,5	8,1	9,8	11,4	13,1	14,7	16,4	18,1	19,7
53	1,7	3,3	5,0	6,7	8,3	10,0	11,7	13,4	15,1	16,8	18,5	20,2
54	1,7	3,4	5,1	6,8	8,5	10,2	12,0	13,7	15,4	17,2	18,9	20,7
55	1,7	3,5	5,2	7,0	8,7	10,5	12,3	14,1	15,8	17,6	19,4	21,3
56	1,8	3,6	5,4	7,2	9,0	10,8	12,6	14,4	16,2	18,1	20,0	21,8
57	1,8	3,7	5,5	7,4	9,2	11,1	12,9	14,8	16,7	18,6	20,5	22,4
58	1,9	3,8	5,7	7,6	9,5	11,4	13,3	15,2	17,2	19,1	21,1	23,1
59	1,9	3,9	5,8	7,8	9,7	11,7	13,7	15,7	17,7	19,7	21,7	23,8
60	2,0	4,0	6,0	8,0	10,0	12,1	14,1	16,2	18,2	20,3	22,4	24,6

Tafel 7.
Amplituden.

Breite	Deklination										
	13°	14°	15°	16°	17°	18°	19°	20°	21°	22°	23°	23½°
0°	13,0°	14,0°	15,0°	16,0°	17,0	18,0"	19,0°	20,0°	21,0°	22,0°	23,0°	23,5°
2	13,0	14,0	15,0	16,0	17,0	18,0	19,0	20,0	21,0	22,0	23,0	23,5
4	13,0	14,0	15,0	16,0	17,0	18,1	19,1	20,1	21,1	22,1	23,1	23,6
6	13,1	14,1	15,1	16,1	17,1	18,1	19,1	20,1	21,1	22,1	23,1	23,6
8	13,1	14,1	15,2	16,2	17,2	18,2	19,2	20,2	21,2	22,2	23,2	23,7
10	13,2	14,2	15,3	16,3	17,3	18,3	19,3	20,3	21,3	22,4	23,4	23,9
12	13,3	14,3	15,4	16,4	17,4	18,4	19,4	20,5	21,5	22,5	23,6	24,1
14	13,4	14,4	15,5	16,5	17,5	18,6	19,6	20,6	21,7	22,7	23,8	24,3
16	13,5	14,6	15,6	16,7	17,7	18,8	19,8	20,8	21,9	22,9	24,0	24,5
18	13,7	14,7	15,8	16,9	17,9	19,0	20,0	21,1	22,1	23,2	24,3	24,8
20	13,8	14,9	16,0	17,1	18,1	19,2	20,3	21,4	22,4	23,5	24,6	25,1
22	14,0	15,1	16,2	17,3	18,4	19,5	20,6	21,7	22,7	23,8	24,9	25,5
24	14,3	15,4	16,5	17,6	18,7	19,8	20,9	22,0	23,1	24,2	25,3	25,9
26	14,5	15,6	16,7	17,9	19,0	20,1	21,2	22,4	23,5	24,6	25,8	26,3
28	14,8	15,9	17,0	18,2	19,3	20,5	21,6	22,8	23,9	25,1	26,3	26,8
30	15,1	16,2	17,4	18,6	19,7	20,9	22,1	23,3	24,4	25,6	26,8	27,4
32	15,4	16,6	17,8	19,0	20,2	21,4	22,6	23,8	25,0	26,2	27,4	28,1
34	15,8	17,0	18,2	19,4	20,7	21,9	23,1	24,4	25,6	26,9	28,1	28,8
36	16,2	17,4	18,7	19,9	21,2	22,5	23,7	25,0	26,3	27,6	28,9	29,5
38	16,6	17,9	19,2	20,5	21,8	23,1	24,4	25,7	27,1	28,4	29,7	30,4
40	17,1	18,4	19,8	21,1	22,4	23,8	25,2	26,5	27,9	29,3	30,7	31,4
42	17,6	19,0	20,4	21,8	23,2	24,6	26,0	27,4	28,8	30,3	31,7	32,5
44	18,2	19,6	21,1	22,5	24,0	25,4	26,9	28,4	29,9	31,4	32,9	33,7
46	18,9	20,4	21,9	23,4	24,9	26,4	27,9	29,5	31,1	32,6	34,2	35,0
48	19,6	21,2	22,8	24,3	25,9	27,5	29,1	30,7	32,4	34,0	35,7	36,6
50	20,5	22,1	23,7	25,4	27,1	28,7	30,4	32,1	33,9	35,6	37,4	38,3
51	20,9	22,6	24,3	26,0	27,7	29,4	31,2	32,9	34,7	36,5	38,4	39,3
52	21,4	23,1	24,9	26,6	28,4	30,1	31,9	33,7	35,6	37,5	39,4	40,4
53	21,9	23,7	25,5	27,3	29,1	30,9	32,7	34,6	36,5	38,5	40,5	41,5
54	22,5	24,3	26,1	28,0	29,8	31,7	33,6	35,6	37,6	39,6	41,7	42,7
55	23,1	24,9	26,8	28,7	30,6	32,6	34,6	36,6	38,7	40,8	42,9	44,1
56	23,7	25,6	27,6	29,5	31,5	33,5	35,6	37,7	39,9	42,1	44,3	45,5
57	24,4	26,4	28,4	30,4	32,5	34,6	36,7	38,9	41,1	43,4	45,8	47,1
58	25,1	27,2	29,2	31,3	33,5	35,7	37,9	40,2	42,6	45,0	47,5	48,8
59	25,9	28,0	30,2	32,4	34,6	36,9	39,2	41,6	44,1	46,7	49,4	50,7
60	26,7	28,9	31,2	33,5	35,8	38,2	40,6	43,2	45,8	48,5	51,4	52,9

Druckfehler.

Vor der Reduktion der ungelösten Aufgaben sind folgende Druckfehler zu verbessern:

Seite 17, Aufgabe 23, Zeile 4 lies „N 74° W" statt „S 74° O".
    47,   65,   8 hinter „Kimm" einzuschalten „in N 40° O" und Zeile 6 hinter „das" einzuschalten „9,4 m hohe".
    69,   111,   4 lies „21°" statt „21° West".
   113,   193,   8 lies „Formalhaut" statt „Formalhaus".
   114,   198,   4 hinter „22" einzuschalten „beträgt, $1^h 19^m 13^s$.
   124,   216,   5 lies „88°" statt „61°".
   126,   219,   „ 3 lies „70° 20' N" statt „70° 20' S".
   132, Beispiel 80, Zeile 1 lies „Nach Tafel 5" statt „Nach Tafel 4".

Ergebnisse der ungelösten Aufgaben.

Aufgabe	Auflösung	Aufgabe	Auflösung	
1	20,8 sml	20	$SB = 4,2$ sml	
2	21,0		$ST = 3,9$	
3	21,9	21	$ST = 4,0$	
4	19,5 „		$SM = 3,2$	
5	19,2	22	$SI = 12,2$	
6	3,9 „		$SB = 18,4$	
7	4,8 „	23	$SS = 14,8$	(s. Druckfehler-
8	5,0 „		$SH = 8,6$	verzeichnis)
9	3,4 „	24	$SM = 6,4$	
10	3,5 „		$ST = 5,4$	
11	$S_1 M = 3,4$ sml	25	ST (nördl.) $= 7,5$	
	$S_2 M = 3,1$		ST (südl.) $= 9,7$	
12	$S_1 T = 3,6$	26	$SDa = 3,8$	
	$S_2 T = 5,6$ „		$SDo = 20,5$	
13	$S_1 F = 2,3$	27	$SF = 8,4$	
	$S_2 F = 4,1$		$SK = 5,7$	
14	$S_1 K = 2,4$	28	$SH = 14,2$	
	$S_2 K = 2,6$		$SC = 10,9$ „	
15	$S_1 F = 2,2$	29	$ST = 5,3$	
	$S_2 F = 3,8$		$SM = 6,7$	
16	3,6 sml	30	$SA = 1,8$	
17	5,0 „		$SB = 5,9$	
18	4,4 „			
19	$SL = 6,2$ sml	31	$ST_1 = 5,0$	
	$SF = 3,0$		$ST_2 = 6,5$ „	

Ergebnisse der ungelösten Aufgaben.

Aufgabe	Auflösung	Aufgabe	Auflösung
32	$SA = 2,2$ sml	58	$S\ 88^\circ\ O$; 2,6 kn
	$SB = 5,1$	59	$S\ 54^\circ\ W$; 2,3 sml
33	$SB = 2,4$	60	$S\ 75^\circ\ O$; 2,6
	$ST = 1,2$	61	$S\ 63^\circ\ W$; 9,6
34	ST (östl.) $= 2,2$	62	$N\ 1^\circ\ W$; 5,5 „
	ST (westl.) $= 6,2$	63	$N\ 35^\circ\ O$; 42 „
35	$S_1 T = 2,4$	64	$N\ 7^\circ\ O$; 7,2 „
	$S_2 M = 6,7$	65	$S\ 62^\circ\ O$; 2,4 „ (s. Druckfehler-
36	$S_1 A = 10,4$ „	66	$N\ 41^\circ\ O$; 10,3 sml verzeichnis)
	$S_2 B = 12,2$	67	$S\ 10^\circ\ O$; 3,2 St.
37	$S_1 A = 6,2$	68	$S\ 73^\circ\ O$; 2,7 St.
	$S_2 D = 9,5$	69	$N\ 19^\circ\ W$; 14,7 kn
38	$S_1 F = 7,4$	70	$S\ 59^\circ\ O$; 15,8 kn
	$S_2 K = 8,8$	71	$N\ 52^\circ\ W$; 5,1 St.
39	$S_1 P = 11,2$	72	$N\ 37^\circ\ W$; 8,2 St.
	$S_2 B = 10,8$	73	$S\ 18^\circ\ O$; 5,8 St.
40	$SA = 8,5$	74	$N\ 63^\circ\ W$; 5,8 St.
	$SB = 5,8$	75	$S\ 20^\circ\ W$; 70,8 sml
	$SC = 6,3$		$N\ 70^\circ\ O$; 55,0 sml
41	$SA = 6,8$	76	$N\ 20^\circ\ O$; 107,8 sml
	$SB = 6,5$		$S\ 20^\circ\ O$; 122,6 sml
	$SC = 6,0$	77	$N\ 30^\circ\ O$; 158,0 sml
42	$SA = 6,6$		$S\ 60^\circ\ W$; 136,8 sml
	$SB = 4,7$	78	$N\ 50^\circ\ W$; 18,4 sml
	$SC = 8,7$		$N\ 50^\circ\ O$; 70,8 sml
43	$SA = 6,1$	79	$S\ 24^\circ\ W$
	$SB = 2,8$	80	$N\ 37\ O$
	$SC = 4,7$	81	$N\ 82^\circ\ O$
44	$SS = 6,4$	82	$N\ 2^\circ\ O$
	$SL = 7,1$	83	W
	$SK = 8,1$	84	$N\ 21^\circ\ W$
45	$SW = 3,9$	85	$S\ 9^\circ\ O$
	$SN = 6,2$	86	$S\ 85^\circ\ O$
	$SC = 3,2$	87	$N\ 83^\circ\ W$
46	W 15 kn	88	$N\ 11^\circ\ W$
47	$N\ 38^\circ\ 5'\ O$; 7,0 kn	89	$S\ 28^\circ\ O$
48	$N\ 35^\circ\ 57'\ O$; 13,3 kn	90	$S\ 61^\circ\ O$
49	$N\ 57^\circ\ 33'\ W$; 40,6 sml	91	$N\ 9^\circ\ O$
50	$S\ 44^\circ\ 6'\ O$; 17,5 sml	92	$S\ 79^\circ\ W$
51	$N\ 60^\circ\ 34'\ O$; 10,1 kn	93	S
	11,8 St.; 130,1 sml	94	$S\ 13^\circ\ W$
52	$S\ 68^\circ\ 40'\ O$; 11,5 kn;	95	$N\ 4^\circ\ W$
	2,0 St.; 25,4 sml	96	$S\ 83^\circ\ O$
53	$S\ 28^\circ\ 16'\ W$; 5,9 kn;	97	$S\ 9^\circ\ O$
	22,8 St.; 182,3 sml	98	$N\ 86^\circ\ W$
54	$S\ 7^\circ\ 14'\ W$; 8,1 kn;	99	$N\ 3^\circ\ O$
	6,8 St.; 27,2 sml	100	$S\ 31^\circ\ O$
55	$N\ 28^\circ\ 27'\ O$; 9,6 kn;	101	$N\ 83^\circ\ W$
	$8^{1/4}$ St.; $41^{1/4}$ sml	102	$N\ 89^\circ\ O$
56	$N\ 63^\circ\ O$; 1,5 kn	103	$N\ 73^\circ\ O$
57	$N\ 47^\circ\ W$; 1,2 kn	104	$N\ 65^\circ\ O$

Die Nautik in elementarer Behandlung.

Aufgabe	Auflösung	Aufgabe	Auflösung
105	N 60° O	156	53° 46′ N; 36° 50′ W
106	S 11° O	157	1. Anfangskurs N 49° 30′ O
107	S 81° W		Endkurs S 88° 45′ O
108	O		Distanz 2812 sml
109	S 89° W		2. 49° 59′ N; 6° 50′ W
110	S 55° O		3. 44° 54′ N; 49° 13′ N
111	N 47° W (siehe Druckfehler-	158	1. Anfangskurs S 50° 43′ O
112	N 78° O verzeichnis)		Endkurs N 41° 10′ O
113	N 40° W		Distanz 5390 sml
114	S 44° O		2. 59° 11′ S; 82° 19′ O
115	N 25° O		3. 57° 11′ S; 57° 57′ S
116	S 50° O	159	1. Anfangskurs S 63° 11′ O
117	N 54° W		Endkurs N 84° 45′ O
118	N 76° O		Distanz 3270 sml
119	39° 32′ S; 41° 21′ W		2. 34° 43′ S; 9° 15′ O
120	45° 1′ S; 61° 19′ O		3. 34° 15′ S; 34° 22′ S
121	12° 11′ N; 21° 37′ W	160	1. Anfangskurs S 57° 55′ W
122	4° 1′ N; 25° 42′ W		Endkurs S 88° 40′ W
123	4° 32′ S; 26° 38′ W		Distanz 4516 sml
124	S 477 sml		2. 32° 43′ S; 25° 57′ O
125	N 486 sml		3. 22° 50′ S; 30° 24′ S
126	S 173 sml	161	1. Anfangskurs N 36° 15′ W
127	S 239 sml		Endkurs N 24° 7′ W
128	N 217 sml		Distanz 6252 sml
129	51° 19′ N; 40° 34′ W		2. 106° 35′ W
130	44° 18′ S; 12° 12′ O		3. 39° 59′ S; 9° 56′ N
131	10° 39′ S; 185° 33′ W	162	1. Anfangskurs N 78° 17′ W
132	42° 59′ W; 176° 46′ O		Endkurs N 36° 1′ W
133	48° 49′ S; 95° 29′ W		Distanz 6476 sml
134	W 244,5 sml		2. 143° 14′ W
135	O 277,1 sml		3. 45° 23′ S; 18° 43′ S
136	O 205,6 sml	163	1. Anfangskurs N 75° 15′ W
137	O 249,8 sml		Endkurs N 86° 39′ W
138	W 176,0 sml		Distanz 9236 sml
139	48° 21′ N; 17° 41′ W		2. 135° 54′ W
140	40° 8′ S; 82° 22′ O		3. 22° 56′ S; 4° 15′ S; 16° 25′ N; 30° 18′ N
141	40° 33′ N; 16° 0′ W		
142	48° 31′ N; 176° 34′ O	164	1. Anfangskurs N 80° 40′ W
143	48° 44′ S; 179° 53′ O		Endkurs N 67° 45′ W
144	N 86° O; 180 sml		Distanz 9530 sml
145	S 26° O; 208 sml		2. 153° 56′ W
146	S 79° O; 193 sml		3. 51° 45′ S; 20° 42′ S; 34° 35′ N
147	S 18° W; 264 sml	165	48° 29,4′
148	S 81° O; 222 sml	166	8° 39,4′
149	4° 19′ S; 27° 14′ W	167	65° 32,4′
150	0° 50′ N; 108° 13′ W	168	5° 50,9′
151	0° 37′ S; 178° 27′ O	169	38° 35,8′
152	60° 40′ N; 0° 36′ O	170	3° 57,9′
153	0° 31′ S; 23° 1′ W	171	30° 59,0′
154	17° 30′ S; 179° 47′ W	172	6° 48,6′
155	38° 55′ N; 177° 48′ W	173	50° 43,9′

Aufgabe	Auflösung
174	86° 4,7′
175	16° 30,4′
176	10° 6,5′
177	37° 16,8′
178	21° 7,7′
179	9° 16,5′
180	24° 25,9′
181	25° 40,8′
182	39° 18,5′
183	43° 18,9′
184	8° 4,1′
185	28° 51,6′
186	55° 1,9′
187	$4^h\,5^m\,1^s$ morgens 6./8.
188	$11^h\,30^m\,56^s$ morgens 13./1.
189	$7^h\,34^m\,4^s$ morgens 1./8.
190	$-\,47^m\,9^s$
191	$+\,16^m\,9^s$
192	$-\,25^m\,42^s$
193	⊙ $\delta = 11°\,35'\,40''$ N
	⊙ $\varrho = 15'\,56''$
	Zeitgleichung $= -\,1^m\,8^s$
	☾ $\alpha = 4^h\,0^m\,9^s$
	☾ $\delta = 19°\,43'\,36''$ N
	☾ $\varrho = 16'\,32''$
	☾ $\pi = 60°\,33''$
	♀ $\alpha = 1^h\,44^m\,36^s$
	♀ $\delta = 9°\,37'\,38''$ N
	♀ $\varrho = 5''$
	♀ $\pi = 5''$
	♂ $\alpha = 9^h\,51^m\,16^s$
	♂ $\delta = 15°\,36'\,59''$ N
	♂ $\varrho = 5''$
	♂ $\pi = 9''$
	♃ $\alpha = 18^h\,56^m\,2^s$
	♃ $\delta = 22°\,39'\,0''$ S
	♃ $\varrho = 19''$
	♃ $\pi = 2''$
	♄ $\alpha = 19^h\,10^m\,45^s$
	♄ $\delta = 21°\,55'\,0''$ S
	♄ $\varrho = 8''$
	♄ $\pi = 1''$
	m ⊙ $\alpha = 17^h\,21^m\,51^s$
	Rigel $\alpha = 5^h\,9^m\,48^s$
	Rigel $\delta = 8°\,19'\,8''$ S
	Fomalhaut $\alpha = 22^h\,52^m\,12^s$
	Fomalhaut $\delta = 30°\,8'\,35''$ S
194	⊙ $\delta = 18°\,1'\,29''$ N
	⊙ $\varrho = 15'\,47''$
	Zeitgleichung $= +\,6^m\,6^s$

Aufgabe	Auflösung
194	☾ $\alpha = 21^h\,55^m\,51^s$
	☾ $\delta = 7°\,20'\,29''$ S
	☾ $\varrho = 15'\,56''$
	☾ $\pi = 58'\,20''$
	♀ $\alpha = 10^h\,25^m\,16^s$
	♀ $\delta = 11°\,28'\,27''$ N
	♀ $\varrho = 6''$
	♀ $\pi = 6''$
	♂ $\alpha = 12^h\,41^m\,24^s$
	♂ $\delta = 4°\,23'\,3''$ S
	♂ $\varrho = 3''$
	♂ $\pi = 5''$
	♃ $\alpha = 18^h\,19^m\,39^s$
	♃ $\delta = 23°\,24'\,23''$ S
	♃ $\varrho = 22''$
	♃ $\pi = 2''$
	♄ $\alpha = 18^h\,48^m\,38^s$
	♄ $\delta = 22°\,33'\,10''$ S
	♄ $\varrho = 9''$
	♄ $\pi = 1''$
	m ⊙ $\alpha = 20^h\,7^m\,0^s$
	Aldebaran $\alpha = 4^h\,30^m\,17^s$
	Aldebaran $\delta = 16°\,18'\,38''$ N
	Capella $\alpha = 5^h\,9^m\,25^s$
	Capella $\delta = 45°\,53'\,41''$ N
195	13° 25′ 56″ S
196	$5^h\,3^m\,5^s$ W
197	$3^h\,52^m\,11^s$ O
198	$4^h\,10^m\,4^s$ O (s. Druckfehlerverzeichnis)
199	$4^h\,40^m\,9^s$ O
200	$0^h\,10^m\,31^s$ W
201	$2^h\,37^m\,34^s$ O
202	41° 5,8′ S
203	40° 44,9′ S
204	32° 3,8′ N
205	0° 38,9′ N
206	39° 28,1′ S
207	2° 51,4′ S
208	17° 30,6′ S
209	52° 18,8′ N
210	22° 34,7′ N
211	36° 26,7′ S
212	2° 20,7′ S
213	41° 40,7′ S
214	38° 41,6′ S
215	30° 10,9′ S
216	18° 49,2′ N (s. Druckfehlerverz.)
217	48° 24′ S
218	70° 26,5′ N
219	71° 27,7′ N (s. Druckfehlerverz.)
220	70° 15,3′ N

Die Nautik in elementarer Behandlung.

Aufgabe	Auflösung	Aufgabe	Auflösung
221	73° 54,7' N	248	N 87° 0' W
222	53° 11,2° N	249	0
223	38° 0,4' S	250	4° W
224	36° 26,4' N	251	3° W
225	55° 22,5' N	252	0°
226	71° 2,8' S	253	4° W und 2° W
227	69° 52,7' S	254	Hochwasser 1ʰ 26ᵐ morg. und 1ʰ 50ᵐ nachm.
228	75° 9,1' N		
229	73° 14,6' N		Niedrigwasser 7ʰ 38ᵐ morg. und 8ʰ 2ᵐ nachm.
230	31° 19,2' N		
231	35° 40,8' N	255	Hochwasser 2ʰ 24ᵐ morg. und 2ʰ 48ᵐ nachm.
232	38° 39,0' N		
233	128° 14' W		Niedrigwasser 8ʰ 36ᵐ morg. und 9ʰ 0ᵐ nachm.
234	131° 32' W	256	Hochwasser 8ʰ 42ᵐ morg. und 9ʰ 6ᵐ nachm.
235	107° 59' W		
236	154° 46' W		Niedrigwasser 2ʰ 30ᵐ morg. und 2ʰ 54ᵐ nachm.
237	158° 31' O		
238	61° 11' W	257	Hochwasser 0ʰ 42ᵐ morg. und 1ʰ 1ᵐ nachm.
239	N 15° O 15,0' die Standlinie läuft N 75° W		Niedrigwasser 7ʰ 32ᵐ morg. und 7ʰ 51ᵐ nachm.
240	S 16° W 5,2' die Standlinie läuft N 72° W	258	Hochwasser 10ʰ 30ᵐ morg. und 10ʰ 49ᵐ nachm.
241	S 74° W 18,2' die Standlinie läuft S 16° O		Niedrigwasser 5ʰ 22ᵐ morg. und 5ʰ 40ᵐ nachm.
242	26° 53' N; 32° 14' W	259	Hochwasser 5ʰ 53ᵐ morg. und 6ʰ 27ᵐ nachm.
243	41° 40' N; 39° 20' W		
244	53° 22' N; 8° 26' O		Niedrigwasser 0ʰ 10ᵐ nachm.
245	W 24,7° N	260	Hochwasser 4ʰ 37ᵐ morg. und 5ʰ 12ᵐ nachm.
246	O 8,6° N		
247	N 80° 12' W		Niedrigwasser 10ʰ 54ᵐ morg. u. 11ʰ 31ᵐ nachm.

Verweisungsregister

sowie Erklärung der in diesem Buche vorkommenden Kunstausdrücke der Seemannssprache.

Abtreiben. Siehe Antwort auf Frage 39.
Abtrift. Siehe Antwort auf Frage 39.
Abweichung. Siehe Antwort auf Frage 46.
Aequator. Erklärung siehe Seite 1.
Aldebaran. Fixstern im Sternbild des Stiers.
Alhidade. Siehe Antwort auf Frage 94.
Amplitude der Sonne. Siehe Antwort auf Frage 80.
Antares. Fixstern im Sternbild des Skorpions.
Arcturus. Fixstern im Sternbild des Bootes.
Augeshöhe. Höhe des Auges des Beobachters über der Meeresoberfläche.

Aviso. Schneller Kriegsdampfer für den Nachrichten- und Kundschafterdienst, von leichter Armierung.
Azimut. Die Richtung des Horizontes, über welcher ein Objekt sich befindet.

Backbord. Die linke Schiffsseite.
Bake. Orientierungszeichen für die Schiffahrt zur Bezeichnung des Fahrwassers oder der Untiefen.
Beidrehen. Das Schiff mit dem Kopf (Vorderteil) gegen den Wind und Seegang legen

bei schwerem Wetter; bei Segelschiffen nur soweit ausführbar, wie die Segelstellung gestattet. (Siehe Antwort auf Frage 26.)
Besteck. Erklärung siehe Seite 5.
Besteckrechnung. Erklärung siehe Seite 56.
Besteckversetzung. Siehe Erklärung 63 und Antwort auf Frage 77.
Bogen des grössten Kreises. Siehe Antwort auf Frage 56.
Boje. Tonnenartiges Orientierungszeichen für die Schiffahrt.
Breitenparallel, der. Erklärung siehe Seite 1.
Breitenunterschied, versegelter. Siehe Antwort auf Frage 43.

Capella. Fixstern im Sternbilde des Fuhrmanns.
α Centauri. Fixstern im Sternbilde des Centauer.
Chronometer. Besonders gute, gegen die Einflüsse der Temperatur kompensierte Uhr.
Chronometerlängen. Die Methode der astronomischen Längenbestimmung mit Hilfe eines Chronometers.
Contrebande. Schmuggelware, Schleichhandel.

Deklination. Der nördliche oder südliche Abstand eines Gestirns vom Himmelsäquator.
Deklinationsparallel, der. Kleinerer Kreis am Himmel, parallel zum Aequator.
Deviation. Siehe Antwort auf Frage 30.
Diopter. Siehe Antwort auf Frage 92.
Distanz. Die von einem Schiffe durchsegelte Strecke.
Dwars. Quer.

Einfallslot. Das in demjenigen Punkte eines Spiegels errichtete Lot, in welchem ein Lichtstrahl den Spiegel trifft.
Ekliptik. Die Bahn der Erde um die Sonne.
α Eridani. Fixstern im Sternbild des Eridanus.
Etmal, Siehe Erklärung 68.

Faden. Siehe Erkl. 14, Seite 5.
Fahrt des Stromes. Geschwindigkeit des Stromes in 1 Stunde.
Feuerschiff. Zur Orientierung für die Schiffahrt in Flussmündungen und auf See verankerte Schiffe, welche Nachts bestimmte Lichtsignale zeigen.
Flutwelle des Mondes. Siehe Antwort auf Frage 87—89.
Flutwelle der Sonne. Siehe Antwort auf Frage 87—89.
Fomalhaut. Fixstern im Sternbilde der südlichen Fische.

Gesamtmissweisung. Die Abweichung der Magnetnadel aus dem geographischen Meridian durch den Erd- und Schiffsmagnetismus.
Geschwader. Verband mehrerer Kriegsschiffe zum Zwecke einer gemeinschaftlichen Operation.
Gesichtswinkel. Höhenwinkel.
Gestirnshöhe. Winkelabstand eines Gestirns vom Horizont.
Gezeiten. Siehe Erkl. 92.

Heck. Hinterteil des Schiffes.
Hochwasser. Siehe Antwort auf Frage 86.
Höhengleiche. Siehe Antwort auf Frage 59.
Höhenparallel, der. Kleinerer Kreis parallel zum Horizont.
Horizontalwinkel. Winkelabstand zweier terrestrischer Objekte.

Indexkorrektion. Siehe Seite 169.
Interpolation. Das Auffinden eines unbekannten Zahlenwertes durch Einschaltung zwischen zwei bekannten Werten.

Jagdsegeln. Erklärung siehe Seite 47.

Kanonenboot. Kleineres, gepanzertes Kriegsschiff; meist flach gebaut, daher für weniger tiefes Fahrwasser geeignet.
Kardanische Aufhängung. Siehe Antwort auf Frage 91.
Kiel. Das unter dem Schiffsboden angebrachte, von vorn nach hinten gehende, aufrecht stehende Ansatzstück, welches den Zweck hat, die Abtrift (siehe Antw. auf Frage 39) zu verhindern.
Kielwasser. Das wirbelartige Zusammenlaufen der durch das Schiff seitlich gedrängten Wassermassen hinter dem Schiff, auf lange Strecken noch zu verfolgen.
Kimm. Seehorizont.
Knoten. Die stündliche Geschwindigkeit in Seemeilen angegeben (1 sml = 1852 m).
Kompass. Siehe Seite 162.
Kompasskurs. Kurs des Schiffes, durch den Kompass angegeben. (Siehe Antwort auf Frage 91.)
Kompassrose. Siehe Seite 5 und 163.
Kopf. Vorderteil des Schiffes.
Koppelkurs. Siehe Erklärung 63.
Koppeln. Siehe Antwort auf Frage 54.
Kreuzen, das. Erklärung siehe Seite 53.
Kreuzer. Schnelle, meist gepanzerte Kriegsschiffe, für den Auslanddienst bestimmt.
Kulmination. Durchgang eines Gestirns durch seinen höchsten oder niedrigsten Ort am Himmel.
Kurs. Richtung des Schiffes.
Kursdreieck. Siehe Antwort auf Frage 49.

Längenunterschied, versegelter. Siehe Antwort auf Frage 46.
Landfeuer. An den Küsten erbaute, zur Orientierung in der Schiffahrt dienende Türme mit Leuchtfeuern als Lichtsignalen.
Lavieren. Siehe Kreuzen.
Linie. Aequator.
Logge. Erklärung siehe Seite 3 u. ff.
Lot, loten. Siehe Seite 170.
Lotse. In engen Gewässern und Flussgebieten mit den Tiefwasserverhältnissen genau vertraute Persönlichkeit, dem Schiffsführer als Berater beigegeben.
Loxodrome. Siehe Antwort auf Frage 51 und Erkl. 61.

Magnetischer Kurs. Kurs des Schiffes, vom magnetischen Norden oder Süden ab gezählt.

Meridian. Erklärung siehe Seite 1.
Meridianbreite. Siehe Antwort auf Frage 65.
Meridianhöhe. Siehe Antwort auf Frage 64.
Meridiansegeln. Siehe Antwort auf Frage 42.
Missweisend. Vom magnetischen Norden oder Süden zählend.
Mittelbreite. Das Mittel der verlassenen und der erreichten Breite.

Nautik. Schiffahrtkunst, Steuermannskunst.
Navigieren. Ein Schiff über See bringen.
Niedrigwasser. Siehe Antwort auf Frage 86.
Nipptiden. Siehe Erkl. 94.

Oktant. Siehe Seite 165.
Ortsmissweisung. Siehe Antwort auf Frage 30 und Erkl. 48, 49 und 50.

Parallaktischer Winkel. Im sphärischen Dreieck zwischen Zenith, Himmelspol und Gestirn der Winkel am Gestirn.
Parallaxe. Veränderung der scheinbaren Gestirnhöhe beim Uebergange des Beobachters von der Erdoberfläche nach dem Erdmittelpunkte.
Parallelsegeln. Siehe Antwort auf Frage 45.
Peilen, Peilung. Erklärung siehe Seite 6.
Pol. Endpunkt der Erd- oder Himmelsachse.
Polaris. Polstern, Fixstern im Sternbild des kleinen Bären.
Procyon. Fixstern im Sternbild des kleinen Hundes.
Projektionspunkt. Siehe Antwort auf Frage 59.

Raumer Wind. Ein Wind, welcher aus einer Richtung kommt, die hinter der seitlichen Richtung liegt.
Rechtweisend. Vom geographischen Norden oder Süden aus zählend.
Reflektionsinstrumente. Siehe Seite 165.
Refraktion. Strahlenbrechung.
Regulus. Fixstern im Sternbild des Löwen.
Rektascension. Bogen des Himmelsäquators zwischen dem Widderpunkt und dem Deklinationskreise des Gestirns.
Rigel. Fixstern im Sternbilde des Orion.

Schiffsjournal. Gesetzlich vorgeschrieb. Schiffstagebuch, in welches die gesegelten Kurse und Distanzen, die um Mittag erreichten Positionen, die Beschaffenheit von Wind und Wetter, sowie alle wichtigen Begebenheiten während der Reise eingetragen werden müssen.
Schraube. Der am Hinterteile des Schiffes angebrachte Mechanismus, durch dessen Rotation das Schiff vor- oder rückwärts gebracht werden kann.
Seen, die. Wellen beim Sturm.
Segeln im grössten Kreise. Siehe Antwort auf Frage 55.

Segeln auf einem Meridian. Siehe Antwort auf Frage 42.
Sextant. Siehe Seite 165.
Sog. Der saugende Einfluss, den das Schiff bei seiner Fortbewegung durch das Wasser dadurch ausübt, dass hinter dem Schiff die Wassermassen den durch das Schiff im Wasser hervorgerufenen leeren Raum auszufüllen suchen.
Springtiden. Siehe Erkl. 94.
Standlinie. Die gerade Linie in der Karte, auf welcher sich das Schiff zufolge der Höhenbeobachtung eines Gestirns befindet.
Standlinie, astronomische. Siehe Antwort auf Frage 72 e) und 73.
Steuerbord. Die rechte Seite des Schiffes.
Steuerstrich. Siehe Antwort auf Frage 40.
Stop. Halt.
Strich. Seemännische Einheit für die Winkelmessung. 1 Rechter = 8 str, also 1 str. = 11,25°.
Strom. Erklärung siehe Seite 34 u. ff.
Stromschiffahrt. Erklärung siehe Seite 34 u. ff.
Stromversetzung. Erklärung siehe Seite 34.
Stundenwinkel der Gestirne. Siehe Seite 113.
Terrestrische Ortsbestimmung. Erklärung siehe Seite 7 u. ff.
Tiden. Siehe Erkl. 92.
Transporteur. Instrument zum Winkelmessen.
Treibt ab. Siehe Antwort auf Frage 39.
Turn. Kehr.

Uebersegler. Siehe Erkl. 47.

Variation. Siehe Erkl. 48.
Vega. Fixstern im Sternbilde der Leier.
Versegelung. Ortsveränderung des Schiffes.
Versetzen. Erklärung siehe Seite 34.
Vertikal, erster. Der Höhenkreis am Himmel, welcher durch den Ost- und Westpunkt geht.
Vertikalwinkel. Höhenwinkel.

Wahrer Kurs. Der vom geographischen Norden oder Süden aus gezählte Kurs des Schiffes.
Weg durch das Wasser. Erklärung siehe S. 34.
Weg über Grund. Erklärung siehe Seite 34.
Wenden. Erklärung 44.
Widderpunkt. Schnittpunkt von Himmelsäquator und scheinbarer jährlicher Sonnenbahn.
Wrack. Durch elementare Gewalten zerstörtes Schiff.

Zeitgleichung. Unterschied der mittleren und wahren Zeit.
Zenithdistanz. Siehe Antwort auf Frage 59.
Zweihöhenproblem. Siehe Antwort auf Frage 76.
Zwischenstrich. Siehe Antwort auf Frage 49.

www.ingramcontent.com/pod-product-compliance
Lightning Source LLC
Chambersburg PA
CBHW021707230426
43668CB00008B/757